Musarum, Godeline, decus sic ora ferebas,
  Lirida cum caneres, Berteriumque nemus:
Non meliora tuis tentabit Carmina Apollo,
  Tectosagum grato cum volet ore loqui.
                    Germanus Lafaille.

LAS OBROS

DE PIERRE

GOUDELIN,

Augmentados noubelomen de forço pessos, ambé le Dictiounari sur la lengo moundino;

Ount és més per ajustié sa Bido, Remarcos de l'antiquitat de la lengo de Toulouso, le Trinfle moundi, soun Oumbro; d'ambun Manadet de berses de Gautié, é d'aütres Pouetos de Toulouso.

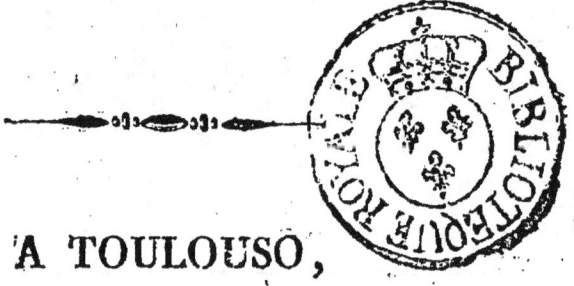

A TOULOUSO,

CHEZ J.-A. CAUNES, IMPRIMUR, A LA CARIERO DE LAS BALANÇOS.

1811.

L'IMPRIMEUR

AU LECTEUR.

Une personne de condition, qu'il n'est pas important de nommer, ayant appris que je travaillais à la sixième édition des Œuvres de Goudelin, m'a fait la faveur de me donner la copie d'une lettre écrite par un honnête homme de cette ville à un de ses amis de Paris, accompagnée d'un fragment de feu M. Cazeneuve. Cette lettre contient un abrégé de la vie de notre Auteur, avec une espèce de dissertation sur ses poésies ; et l'autre écrit nous apprend beaucoup de curiosités touchant la langue toulousaine. On voit par-là que ces deux pièces ont un rapport naturel à ce livre, et que je ne pouvais mieux faire que de les y ajouter. Le mérite de M. Cazeneuve est si reconnu, qu'on en doit estimer les plus petites choses. Pour l'auteur de la lettre, on m'en a caché le nom lorsqu'il m'a été permis de la rendre publique.

La cinquieme impression de ce livre a été si bien reçue, qu'il a fallu en faire une sixième édition, dans laquelle on a ajouté quelques vers oubliés que mes amis m'ont donnés, avec une augmentation des poésies de Gautié, et de quelques autres pièces qui ne seront pas désagréables au lecteur.

LETTRE

DE M***

A UN DE SES AMIS DE PARIS.

MONSIEUR,

Vous voulez donc connaître à fond notre poëte toulousain : vous me demandez l'histoire de sa vie ; vous me pressez même de vous écrire l'opinion que j'ai de ses poésies, pour savoir si elle s'accorde avec celle de tant d'honnêtes gens qui les ont en estime. La passion que j'ai de vous plaire me ferait surmonter les choses les plus mal-aisées ; mais celle-ci ne me sera pas difficile. Il n'y a pas plus de trente-cinq ou quarante ans que cet homme extraordinaire est mort ; quelques-uns de ses plus familiers amis sont encore en vie, qui en conservent chèrement la mémoire ; et je vous déclare que c'est d'eux que j'ai appris tout ce que je vais vous écrire de sa vie, de ses mœurs et de sa fortune.

Pierre Goudelin était natif de Toulouse, fils d'un chirurgien très-expérimenté en son art. Il étudia les lettres humaines au collège des PP. Jésuites, et s'y rendit fort savant, comme on en peut juger par la lecture de ses écrits, où il mêle souvent l'ancienne fable, et par le petit commentaire qu'il composa lui-même sur ses poésies, où il cite beaucoup de passages de Virgile et des autres poëtes latins qu'il a imités. Au sortir du collège, il se jeta dans l'étude de la jurisprudence, qui en ce temps-là était florissante dans Toulouse; mais il s'en retira bientôt : il en prit pourtant la licence, et se fit recevoir avocat au parlement, quoiqu'il n'en fît jamais la profession. L'on a fait cette remarque que tous ceux qui sont nés pour être de grands poëtes ont une particulière aversion pour l'étude des loix, comme si les épines dont cette science est remplie ne pouvaient s'accorder avec les fleurs du Parnasse. Ainsi les auteurs des vies de Pétrarque et du Tasse ont remarqué que leurs pères ne purent jamais les détourner du penchant qu'ils avaient l'un et l'autre à la poésie, pour leur faire embrasser cette autre sorte d'étude. Goudelin ne suivit pas seulement, comme ces deux célèbres poëtes, le penchant de son génie, mais comm'eux encore il songea d'aller au Parnasse par de nouvelles routes, je veux dire par ses poésies en la langue de son pays ; ce qui lui a si heureusement réussi, qu'il y a lieu de croire qu'il n'aura jamais d'égal. Il était encore dans sa jeunesse, lorsque feu M. le comte de Carmaing se retira de la cour pour venir faire son séjour en cette ville, aux environs de laquelle il avait la plus grande partie de ses terres, outre son gouvernement de Foix. C'était un des plus accomplis seigneurs du royaume : il avait infiniment d'esprit et beaucoup de savoir, joint à une extrême politesse. Comme il aimait passionnément les gens de lettres, sa maison était le rendez-vous de tous les savans spirituels. Goudelin était de ce nombre, et ce comte l'honorait d'une particulière amitié, qu'il lui conserva toute sa vie. J'ai ouï dire que pendant sa prison à la Bastille, où il fut mis par le ministère de M. le cardinal de Richelieu, il se divertissait souvent à relire les vers de notre poëte, et à les expliquer à M. de Bassompierre, qui y prenait beaucoup de plaisir. Il fut aussi particulièrement connu et aimé de M. le Duc de Mommorenci. Ce seigneur venait passer souvent le carnaval à Toulouse ; et comme sa cour était très-magnifique, et ressemblait à celle d'un

a...

grand prince, entre les autres parties de plaisir, l'on y dansait souvent des balets d'une grande dépense, et dont il me semble avoir lu des relations dans le Mercure français. Ce fut pour ces balets que Goudelin composa une partie de ces discours en prose qui sont imprimés avec ses poésies, sous le nom de *Prologue*, qu'il récitait en masque, selon l'usage de ce temps-là. J'ai ouï dire à ceux qui se souviennent de ces divertissemens, que le rôle de Goudelin faisait la plus grande partie du plaisir qu'on y prenait; car il avait une grace merveilleuse à tout ce qu'il disait et à tout ce qu'il faisait; il en avait même, pour ainsi dire, à ce qu'il ne faisait pas, parce qu'il n'avait qu'à se présenter dans une compagnie pour y exciter la joie. Au reste, Monsieur, que ce titre de *Prologue* ne vous fasse pas imaginer un bouffon de théâtre en sa personne; car il n'était rien moins que cela : il plaisoit en honnête homme, je veux dire, sans dessein ni affectation, et lors même qu'il ne songeoit pas à plaire. D'ailleurs il avoit une raillerie fine et délicate, et qu'il rendait agréable à ceux même qui en faisaient le sujet. Mais un de ses plus grands talens était les bons mots et les réparties ingénieuses, qu'il disait avec tant de naïveté, qu'elles lui semblaient tomber de la bouche sans y penser : je vous en rapporterais ici quelques-unes, si je ne considérais que vous n'êtes pas assez savant en la langue de ce pays, et que la traduction en français qu'il eût fallu vous en faire, en aurait ôté toute la grace. C'était-là une partie de ses biens d'esprit, car pour les biens de fortune, il en fut si mal partagé, qu'il eût manqué même du nécessaire sans la bonté que ses concitoyens eurent pour lui, comme j'aurai l'honneur de vous le dire plus bas. Ce n'est pas qu'il n'eût pu profiter de la faveur de ces deux seigneurs, et particulièrement de celle de M. de Mommorenci, qui était également puissant et libéral ; mais il n'était pas d'humeur de demander, et les grands ne s'avisent guère de donner sans qu'on leur demande. D'ailleurs, Monsieur, vous savez quelle est l'indifférence des poëtes à l'égard des richesses ; et vous n'avez pas oublié ce qu'en a dit un des plus célèbres d'entr'eux : * *L'esprit du poëte ne se laisse pas légèrement gagner à l'avarice : il n'aime que les vers : il s'applique uniquement à cette étude : il*

---

* Vatis avarus non tener est animus, versus amat, hoc studet unum ; detrimenta, fugas servorum, incendia ridet. HORAT.

rit de la fuite de ses esclaves, des incendies et autres maux de la fortune. De sorte qu'à juger des choses par le sentiment de ce galant homme, qui a su tous les secrets des Muses, l'on peut dire que tout poëte qui met trop de soin, non-seulement à s'enrichir, mais encore à conserver ce qu'il a, se tire en quelque sorte de son état, et pèche contre sa vertu propre. On ne peut rien reprocher à Goudelin de ce côté-là : il ne fut jamais d'homme plus désintéressé, et il n'eut pour tout bien qu'une métairie de deux charrues, qu'il avait eue de la succession de son père, encore fut-il contraint de la vendre, pièce à pièce, pour satisfaire à ses besoins. L'on dit que ne lui en étant demeuré que le bâtiment, avec quelque jardin auprès, il fit cette plaisanterie d'écrire sur la porte, en gros caractère : * *Métairie de deux paires*, et au-dessous, en petites lettres, *de poulets*. On dit encore, sur le même sujet, qu'un de ses amis le voulant détourner de vendre une vigne : *Qu'en ferais-je*, lui dit-il froidement, *il y pleut comme à la rue*; mais ces mots et autres semblables,

---

* Au langage de Paris, une métairie de deux paires veut dire une métairie de deux charrues, et pour toute volaille son métayer ne lui donnait que deux paires de poulets..... *La pointe est-là.*

n'ont de grace qu'en notre langue vulgaire, en laquelle il les disait. Ainsi ne lui restant que très-peu de bien, et ses grands patrons étant morts, il allait tomber dans une vieillesse nécessiteuse sans le secours de l'Hôtel-de-Ville, qui, par une délibération publique, lui donna une pension de trois cents livres, laquelle lui fut payée jusqu'à sa mort. Cette délibération est une preuve singulière de la grande amitié que tout le monde avait pour lui ; car cette ville n'a rien fait de semblable, que je sache, en faveur de quelqu'autre de ses citoyens. Imaginez-vous, Monsieur, quelqu'un de ces anciens philosophes d'Athènes, nourri dans le Pritanée aux dépens du public. Aussi ce nom n'appartient guère moins à notre Goudelin que celui de poëte ; car il était de très-bonnes mœurs et d'une grande innocence de vie, sans qu'on lui puisse rien reprocher, si ce n'est peut-être d'avoir un peu trop aimé la table ; mais c'était plutôt pour y jouir de la conversation de ses amis, que pour y faire bonne chère ou s'emporter à des excès ; que s'il lui est arrivé quelquefois de n'y avoir pas gardé les règles de la plus austère philosophie, c'est une légère faute qu'il faut bien que les honnêtes gens lui aient pardonnée, puisqu'il n'en a pas été moins dans leur approbation. Vous la lui pardonnerez vous-même, Monsieur, quelque sévère que vous soyez; autrement je déchaînerais contre vous une grande troupe d'honnêtes débauchés, qui, ayant le vieux Caton à leur tête, vous forceraient d'entrer malgré vous dans leur parti. Comme notre poëte passait avec peu, cette pension lui suffit le reste de ses jours, qu'il passa tranquillement en compagnie de ses bons amis et de ses chères Muses, qui ne le quittèrent jamais, et qu'il ne quitta jamais aussi. Il composa, étant vieux, ces vers de piété qui sont à la fin de son livre, et qui marquent les dispositions d'une âme fort chrétienne. Il mourut âgé d'environ soixante-sept ans, regretté de tous ses compatriotes, et de tous ceux qui l'avaient connu. Quelques jours avant sa dernière maladie, un de ses amis l'ayant rencontré qui se promenait dans le cloître des Augustins, et lui ayant demandé comme il se portait et ce qu'il faisait-là : *Vous le voyez*, lui dit-il, en frappant contre terre de la pointe du bâton dont il s'appuyait, *je heurte afin qu'on me vienne ouvrir*; par où il sembla prédire sa mort. Il était de taille médiocre, un peu gros et replet, et avait les cheveux châtains et le visage haut en couleur.

Ceux qui l'ont vu disent que son estampe et son buste de l'hôtel-de-ville lui ressemblent fort; car cette ville ne s'est pas contentée de ce qu'elle fit pour lui pendant sa vie : elle l'a honoré même après sa mort, en le plaçant parmi ses plus illustres citoyens qui sont représentés dans la grande galerie de l'hôtel-de-ville, où l'on voit son buste après celui de Maynard, avec ces quatre vers latins, qui sont aussi au bas de son estampe :

Musarum, GODELINE, decus, sic ora ferebas,
  Lirida cùm caneres, Berteriumque Nemus.
Non meliora tuis tentabit carmina Apollo,
  Tectosagum grato cùm volet ore loqui.

Liris est le nom feint d'une maîtresse poétique; car il n'en eut jamais de véritable, et mourut même garçon, quoiqu'il paraisse fort tendre dans ses vers ; et par *Berterium Nemus*, on entend le grand et beau jardin de M. le premier président de Montrave, qui enferme un petit bois dans son enceinte, et dont ce poëte a fait la description dans une de ses odes. Voilà, Monsieur, tout ce que je puis vous apprendre de la vie de Goudelin, de sa fortune et de son caractère : pour ses poésies, car je ne vous dirai rien de sa prose, je souscris à tout ce qui vous en a été dit de plus avantageux ; car on ne peut nier que ce ne soit un très-beau génie, qui a par-tout de l'agrément et de la douceur jointe à une grande élégance. Il a excellé sur-tout en la principale partie de la poésie, qui est l'invention ; car il est heureux dans ses fictions, et il les emploie avec une extrême adresse. Il a encore cela des plus grands poëtes, qu'il a affecté d'écrire en toutes sortes de caractères, qui tous lui ont également réussi ; car il a beaucoup de délicatesse dans les sujets simples, et s'élève sans enflure dans les grands, et qui demandent de la force, sans parler du burlesque, qu'il a traité aussi avec un enjouement tout particulier. Mais, direz-vous, tout cela s'est-il pu faire en une langue provinciale, une langue sans écrivains, et qui ne fait que ramper parmi le vulgaire ? Mais c'est de-là même, Monsieur, que je prétens que notre poëte doit tirer sa principale récommandation ; car il n'est pas difficile de réussir en une langue déjà établie en honneur par quantité de beaux écrits : les expressions alors coûtent peu ; on en trouve, pour ainsi dire, les moules tous faits ; mais lorsqu'on entreprend d'écrire en une langue qui n'a pas le même avantage, et dans laquelle on n'a ni bel usage, ni règles pour se conduire, il n'appartient qu'à un esprit très-éclairé de savoir faire le choix des

mots

mots et des expressions, et de se former en même-temps un style dont on n'a point d'exemple. Je souhaiterais, Monsieur, que vous connussiez assez le langage toulousain pour vous faire comprendre combien Goudelin a excellé dans ce discernement ; avec combien de jugement, par exemple, il a rejeté les méthaphores dures et grossières que cette langue lui présentait, pour ne se servir que de celles qui ont un rapport facile et naturel ; ce qu'il faut entendre des sujets sérieux ou de galanterie ; car pour le burlesque, ce discernement eût été un vice, et non pas une vertu. Pour moi, Monsieur, j'ai toujours eu une grande estime pour ces esprits qui ne voulant pas dépendre des langues étrangères, ont essayé les premiers de mettre en crédit celle de leur pays, de la défricher, et la rendre capable de porter les fleurs qui ne se trouvaient auparavant que dans le pays grec ou latin. On doit cette louange aux Italiens d'en avoir montré l'exemple aux autres nations de l'Europe. Les Français et les Espagnols les suivirent de près ; et il faut avouer que ces trois langues se trouvent maintenant enrichies de tant d'excellens écrits, qu'elles peuvent disputer de beauté avec les anciennes. Pourquoi donc Goudelin n'aura-t-il pu faire la même tentative en sa langue; et qu'est-ce qui a pu l'empêcher d'y réussir? Pour moi je trouve qu'il y a été si heureux, que j'ose dire qu'il a surpassé même ceux qui en ont fait de semblables avant lui; car si l'on examine attentivement ces premiers écrivains, on trouve qu'ils manquent d'ordinaire de force et de hardiesse. La nouveauté de leur dessein semble les étonner, et ils n'appuient qu'à demi sur les choses. Mais il n'en est pas de même de notre auteur; il est allé tout d'un coup à la perfection, et n'a rien laissé à ajouter après lui, semblable à ces fleuves qui sortent tout grands et navigables du sein de la terre, ou bien à cette mine si célèbre du Pérou, à l'ouverture de laquelle on trouva l'or dans sa dernière pureté. Je sais qu'il me serait difficile de persuader tout ce que je viens de dire à vos beaux esprits de Paris, qui, prévenus en faveur de leur langue, laquelle ils regardent aujourd'hui sur le trône, n'ont que du mépris pour celles des provinces. Voici néanmoins ce qu'en a dit un d'entr'eux, qui a su se tirer de cette prévention : *Chaque langue*, dit-il, *a ses beautés et ses agrémens, et Dieu a donné à tous les peuples des paroles pour faire connaître leurs pensées. Il y a un orgueil mal fondé de croire une langue plus diserte qu'une autre. En France même il y a des langages particuliers dans lesquels il y a des manières de s'exprimer qui sont inimitables.* Ce mot, aussi beau que solide, est de M. l'abbé Taleman : il est dans un discours prononcé depuis peu par ce célèbre académicien dans l'académie même, c'est-à-dire, devant les souverains protecteurs de la langue française ; et nous n'avons pas ouï dire que ces Messieurs l'aient trouvé mauvais, ni que M. l'abbé Taleman se soit rétracté. Permettez-moi, s'il vous plaît, Monsieur, de passer plus loin, et de vous donner, si je puis, une plus favorable idée de notre langue que celle que vous en avez eue apparemment jusqu'ici. Je ne doute point que vous n'ayez lu quelque chose de l'origine et du progrès de l'ancienne langue provençale : elle se forma du débris de la romaine, premièrement dans la Gaule Narbonnaise, d'où elle se répandit dans les provinces voisines, et se rendit si florissante, qu'aux neuvième et dixième siècles elle fut le langage des cours de plusieurs princes de l'Europe. Comme toutes les langues doivent leur avancement à la poésie, ce furent aussi les poëtes en cette langue qui lui donnèrent cette grande vogue. La principale cause de ce succès se doit attribuer à l'usage des rimes dont ces poëtes furent les premiers inventeurs. Les esprits de ce temps-là furent si enchantés de cette nouvelle espèce de poésie, qu'on ne se servait point d'autre manière d'écrire pour toutes sortes de sujets, ce qui fait voir à combien de révolutions est sujet l'empire des lettres, puisque de tant de choses écrites en cette langue, il ne nous reste que très-peu de manuscrits qui demeurent cachés dans les recoins de quelques bibliotheques. Cazeneuve, cet homme si savant dans les origines des langues, dans un fragment que j'ai de lui, prétend montrer que les trois plus beaux langages qui soient aujourd'hui en Europe, l'italien, le français et l'espagnol, se sont formés de l'ancien provençal. Le cardinal Bembe, dans le traité qu'il a fait de la poésie toscane, avoue que tout ce que cette poésie a de plus riche et de plus noble, soit pour les termes, soit pour les expressions, elle l'a emprunté des poëtes provençaux. Quoi qu'il en soit, on ne peut nier que notre langue toulousaine d'aujourd'hui, à quelques changemens près, ne soit la même que cette ancienne provençale; l'on n'a qu'à en faire la comparaison sur les fragmens de ces mêmes poëtes qui sont épars dans les livres ; on trouvera facilement qu'elle a le même génie, les mêmes phrases et les mêmes tours. De-là vient qu'elle a des expressions nobles et hardies, qu'elle abonde en tropes et en métaphores; en un mot, qu'elle a toutes les qualités des langues formées. Vous voyez donc par-là que notre langue n'est pas si méprisable que vous l'avez peut-être pensé; et qu'encore que sa mauvaise fortune l'ait réduite à la condition des langues vulgaires, elle ne laisse pas de se sentir beaucoup de son ancienne noblesse; à peu près comme cette princesse de la Jérusalem * du Tasse, laquelle, sous l'habit de bergère, conservait encore l'air et les manières de sa première qualité. Je reviens par-là à Goudelin pour vous dire que c'est en cela principalement que consiste son adresse d'avoir su purifier cette langue de ce qu'elle avait contracté d'impur parmi la lie du peuple, et de l'avoir comme tirée de la poussière pour lui redonner l'éclat de sa première dignité. Il a encore une autre sorte de pureté que j'oubliais de vous faire remarquer, qui est de ne sortir jamais des

---

* ERMINIE. Non copre habito villa nobil luce, è quanto è in lei daltero, et di gentile. Et fuor la Maestà de regio traluce per gli atti ancor de Jessercicio humile.

bornes de l'honnèteté : en quoi il serait à désirer qu'il fût imité plus qu'il ne l'est de nos poëtes vulgaires, à qui il n'arrive que trop souvent de tomber dans le sale.

Il serait temps, Monsieur, de mettre fin à une si longue lettre; mais parce que j'en ai déjà passé les bornes, et que vous m'ordonnez de ne rien oublier qui puisse contribuer à vous faire connaître notre poëte, je vais entrer dans un petit détail, et essayer de vous faire goûter quelques-uns de ses vers. Voici un sonnet que j'ai rencontré à l'ouverture de son livre : j'y ferai quelques remarques, et vous l'expliquerai en le parcourant, quoique peut-être vous n'ayez pas tout à fait besoin de cette explication.

SONNET.

Hier, tant que le caüs, le chot é la cabéco
Tratabon à l'escur de lours menuts afas,
É que la tristo néyt, per moustra sous lugras,
Del grand calél del cél amagabo la méco,
Un pastourél disio : b'é fayt uno grand péco
De douna moun amour à qui nous la bol pas,
A la bélo Liris, de qui l'armo de glas
Bol rendre pauromen ma persuto buféco.
Mentre que soun troupél rodo le communal,
Yeu soun anat cent cops parla-li de moun mal ;
Més la cruélo cour à las autros pastouros.
Ah ! Soulél de mous éls, se jamay sur toun se
Yeu podi fourrupa dous poutets à plaze,
Yeu faré ta gintet, que duraran trés houros !

Ce sonnet est dans le style tempéré; car le premier quatrain est élevé et fleuri comme le sujet le demandait; et dans la suite le poëte se tire quelquefois du style simple par le son des vers et par quelques termes qui tiennent du grand. Le Dante, grand poëte et grand savant tout ensemble, soutenait que le sonnet ne devait point sortir du caractère simple, non-plus que l'églogue et l'élégie; mais il s'est trompé en cela, et il en a été justement repris par le Tasse, dans les remarques qu'il a faites sur un sonnet de *Monsig. della Casa*, où il montre que ce petit ouvrage appartient à toute sorte de style, comme tenant de l'ode et de l'épigramme.

Notre poëte commence par une courte, mais très-élégante description de la nuit, durant laquelle un berger se plaint de la rigueur de sa bergère : il l'introduit se plaignant la nuit plutôt que le jour, parce que les amans sentent redoubler leur peines à ces heures-là. Ainsi Virgile, après cette admirable description de la nuit, qui est dans le quatrième livre de son Énéide, parlant de l'amoureuse Didon:

At non infelix animi Phœnissa, nec unquam
Solvitur in somnos, oculisque aut pectore noctem
Accipit: ingeminant curæ, rursusque resurgens
Sævit amor.

Et le grand Alcandre, dans Malherbe !

Comme la nuit arrive, et que par le silence,
Qui fait des bruits du jour cesser la violence,
    L'esprit est relâché ;
Je vois de tous côtés sur la terre et sur l'onde
Les pavots qu'elle sème assoupir tout le monde ;
    Et n'en suis point touché.
S'il m'avient quelquefois de clore les paupières,
Aussitôt ma douleur, en nouvelles manières,
    Fait de nouveaux efforts, etc.

Les Poëtes sont pleins de ces exemples.

Hiér, tant que le caüs, le chot et la cabéco.

C'est-à-dire, hier, pendant que le chat-huant, le hibou et la chevêche s'entretenaient, dans l'obscurité de la nuit, de leurs petites affaires ; mais le mot de *menuts afas* a plus de grace dans le toulousain que dans le français.

C'est aussi une adresse de notre poëte d'avoir introduit ces oiseaux nocturnes qui traitent d'affaires ; et il y a une finesse particulière d'avoir donné à ces oiseaux une action raisonnable. C'est ce qui nous rend les apologues si agréables dans Esope et ailleurs. Lorsqu'on voit, par exemple, dans Horace le rat de ville et le rat des champs raisonner en philosophes sur la vie civile et sur la vie rustique, notre imagination est touchée d'un singulier plaisir. Je vous rapporterais ici ce qu'un *

* Heinsius.

des plus savans critiques de ce siècle a remarqué là-dessus dans son livre *de Satyr. Horat*, mais vous savez cela mieux que moi.

É que la tristo néyt per moustra sous lugras,
Del gran calel del cél amagabo la méco.

C'est-à-dire, et que la triste nuit cachait la grande lampe du ciel pour étaler ses étoiles. Il est ordinaire aux poëtes d'appeler le soleil la lampe du ciel. *Virg.*

Postera Phœbeo lustrabat lampade terras.

Lugra signifie proprement l'étoile du jour; mais ici il se prend pour toutes sortes d'étoiles.

Au reste, comme les paroles doivent répondre aux idées des choses, il est remarquable que notre poëte, parlant du soleil et des étoiles, s'est élevé dans ces deux vers, qu'il a composés de grands mots, et qui ont une grande plénitude de son ; et comme de toutes les voyelles l'A est la plus sonnante, il a affecté d'en remplir le dernier vers, où cette voyelle se rencontre jusqu'à six fois.

Un pastourél disio: b'é fayt uno gran péco,
De douna mon amour à qui nou la bol pas,
A la bélo Liris, de qui l'armo de glas
Bol rendre pauromen ma persuto buféco.

C'est-à-dire, un berger disait : il faut avouer que j'ai fait une grande faute, d'avoir donné mon amour à qui n'en veut point, à la belle Liris, dont l'âme de glace veut rendre pitoyablement ma poursuite vaine.

Cette expression, *b'é fayt uno grand péco*, est une de ces expressions en notre langue qui sont inimitables à cause de cette particule, *b'é*, qui la rend très-vive, et lui donne un certain mouvement qui ne se fait sentir qu'à ceux à qui cette langue est naturelle. Ceci paraîtra mieux dans cet exemple. Notre auteur commence ainsi un de ses chants royaux :

La pastouro Liris mayti pren sa pernelo,
É le long del courset cordo sous anelets,
Entretan qu'el soulel, en plegan sa bounietto
Pencheno soun pel d'or dessus les tucoulets,
B'e s'en ba debés l'ort, etc.

Si vous retranchez cette particule, *b'é*, et que vous disiez simplement *s'en ba debés l'ort*, vous ôtez à cette expression toute sa vivacité et toute sa grace ; ce qui nous doit faire juger qu'il y a des particules dans le latin, par exemple, dans Plaute et dans Térence, dont nous ignorons l'énergie.

A qui nou la bol pas, à la bélo Liris.

Cette répétition, *à la bélo Liris*, fait une élégance, et rend l'expression plus vive que s'il avait dit simplement *à la bélo Liris, qui ne veut pas de moi, ou de mon amour,*

Bol randre pauromen

Cet adverbe *pauromen*, est très-élégant dans notre langue. Les Latins diraient *misere* ; mais il n'a pas la même beauté,

Ma persuto buféco.

Buféco, est une agréable métaphore, prise des fruits qui ont l'écorce dure. M. Doujat l'a remarqué dans son dictionnaire : *buféc*, creux, vuide, gâté. On dit dans le propre : *uno nouze buféco* d'une noix bouferète ou boufelète; et par métaphore on appelle *buféc* tout ce qui est inutile.

Mentre que soun troupél rodo le communal,
Yeu soun anat cent cops parla-li de moun mal;
Més la cruélo cour à las autros pastouros.

Il veut dire, pendant que son troupeau paît dans la prairie, j'ai voulu cent fois lui parler de mon mal ; mais la cruelle s'enfuit vers les autres bergères. Tout cela est fort naturel, et je pourrais vous faire voir ici que les poëtes les plus adroits représentent ainsi les belles qui s'échappent d'auprès de leurs amans pour ne pas écouter leurs douceurs ; au lieu que ceux qui n'ont pas la même adresse, leur mettent souvent dans la bouche des réponses dures et fières, et qui ne blessent guère moins l'imagination du lecteur que le cœur de l'amant.

Ah ! soulel de moús éls, se jamay sur toun se
You podi fourrupa dous poutets a plaze,
You faré ta gintet que duraran trés houros !

C'est-à-dire, ha ! soleil de mes yeux, si quelque jour je puis prendre sur ton sein deux baisers à mon aise, je les ménagerai si bien, que je les ferai durer trois heures. Ce dernier tercet contient un sentiment fort délicat, et que ce poëte exprime avec beaucoup de politesse. Cette exclamation, après les plaintes qu'il vient de faire, est également vive et naturelle. Ces deux métaphores aussi, *fourrupa* et *fa gintet*, ont beaucoup d'élégance. * *Fourrupa*, dans le sens propre veut dire sucer, et *fa gintet* se dit proprement du manger, et est opposé à manger *goulument* et à gros morceaux. Celui de tous les poëtes qui a mieux connu la nature et l'usage des baisers, et qui en a fait un livre entier, je veux dire Jean Second, ne compare pas seulement au nectar les baisers de sa Neère, mais il dit qu'ils sont le nectar même.

Non dat basia, dat Neæra nectar.

Le nectar, comme vous savez, Monsieur,

---

* C'est ce que les latins disent *sorbellare* ou *pitissare*.

est l'aliment des Dieux : par où vous voyez que cette métaphore n'a rien de dur, qu'elle est au contraire aussi naturelle que délicate. Cette pensée aussi de faire durer si long-temps un baiser est particulière à notre poëte. Catulle demandait à sa Lesbie un nombre presque infini de baisers.

Da mihi basia mille, deinde centum,
Dein mille altera, dein secunda centum,
Deinde usque altera mille, deinde centum.

Jean Second n'en demandait pas moins à sa Néère.

Da mihi basia centum,
Da tot basia quot dedit
Vati multivolo Lesbia quot tulit :
Quod blandæ veneres, quotque cupidines,
Et labella pererrant,
Et genas roseas tuas.

Mais notre poëte, plus modeste et plus retenu, n'en désire que deux ; mais qu'il ménagera de telle sorte, qu'il les fera durer le temps qui suffirait pour prendre ce grand nombre que les autres demandent.

Voilà, Monsieur, ce que j'ai remarqué, en passant, sur ce sonnet. S'il est assez heureux pour vous plaire et pour vous convaincre du mérite de son auteur, je puis vous assurer qu'il y a encore de plus belles choses parmi ses ouvrages. Les deux odes de la mort, celle qui commence: *Le Diu nenet* ; ses deux chants royaux et autres semblables, sont des chefs-d'œuvre de l'art, qui mettent sans difficulté notre poëte au rang des plus célèbres. Que si vous en doutez encore, vous avez deux grands oracles à Paris, que vous pouvez consulter; je veux dire, M. Pellisson et M. Doujat. Quelque changement qui se soit fait en eux depuis le temps qu'ils ont quitté la province, et quelques nouvelles idées que leurs esprits aient reçues, je ne crois pas que celle de Goudelin en soit effacée, et je m'assure qu'ils vous en diront les mêmes choses, à cela près qu'ils vous le diront incomparablement mieux que moi. Celui-ci l'a honoré d'un dictionnaire, qui est imprimé avec ses poésies, et l'un et l'autre se souviendront peut-être d'y avoir aperçu des graces qui sont échappées à mon peu de connaissance. Je suis votre, etc.

Comme j'allais fermer cette lettre, il m'est tombé dans l'esprit que peut-être vous ferai-je plaisir de vous envoyer ce fragment de M. Cazeneuve que j'y ai cité: il me fut donné il y a quelque temps par M. Tournier, son neveu. Il paraît que c'était la suite d'un plus long traité; car l'auteur y renvoie à ce qu'il en a dit auparavant, et finit avec un demi-sens, lorsqu'il allait commencer une narration. Il y a même lieu de croire qu'il y eût retouché; mais des grands hommes comme M. Cazeneuve, les moindres choses en sont précieuses.

FRAGMENT DE M. CAZENEUVE.

Après que les Français, recueillant avec les autres peuples du septentrion le débris de l'empire romain, eurent conquis les Gaules, ils jetèrent d'abord sur la douceur et sur la clémence les fondemens de cette belle monarchie, que le Ciel a depuis douze cents ans maintenue en sa grandeur. De sorte qu'ils laissèrent aux peuples qu'ils y avaient subjugué, la possession, non-seulement de leur religion et de leurs lois, mais encore de leur nom et de leur langage ; étant permis aux Gaulois de porter le nom de *Romains*, bien que ce fût une marque de la domination de leurs premiers maîtres, et de se servir du langage qu'ils avaient appris d'eux. Et ainsi la France garda cette différence de Français et de Romain jusqu'à la fin de la première race de nos rois, et celle de la langue teudesque et romaine presque jusqu'à la fin de la seconde ; tout ainsi que depuis que les Normands, peuple sorti du Danemark, se furent rendus maîtres du pays qui porte maintenant leur nom, on y vit long-temps durer cette différence de langues romaine et danoise; comme témoignent les paroles de Dudon, livre troisième de leur histoire : *Rothomagensis civitas, romaná potiùs, quàm daciscá utitur éloquentiá ; et bajocensis frequentiùs fruitur daciscá linguá, quàm romaná.*

La langue teudesque était celle que les Français avaient apportée d'Allemagne, lieu de leur origine. Le moine Offirdius, dans une lettre qu'il écrit à Luydbert, évêque de Mayence, laquelle se trouve parmi les œuvres d'Hincmar, archevêque de Reims, rendant raison de la traduction qu'il a faite des évangiles en langue teudesque, appelle indifféremment son langage *teudesque* et *français*. Or, cette langue était commune en la bouche de toutes les nations d'Allemagne ; car, dans la préface d'un auteur sans nom, qui dit avoir traduit en langue saxonique le vieux et nouveau testament, et laquelle il adresse à l'empereur Louis-le-Débonnaire, elle est appelée, tantôt *lingua saxonica*, tantôt *lingua teudistica*, et tantôt *germanica lingua*. La langue romaine était un latin corrompu, que la longue domination des Romains avait appris aux peuples de la Gaule, et premièrement à ceux de la Narbonnaise, qui pour avoir été la première conquise et réduite en province, se vit aussi la première en possession de cette langue, que tous les auteurs appellent, d'un commun accord, *lingua romana*. Il n'y a que le concile de Tours, tenu l'an 812, qui l'appelle *lingua romana rustica*; et c'est, à mon avis, pour désabuser la créance de ceux qui la pourraient prendre pour la latine, ou vraie langue romaine. Depuis ce temps-là on l'a insensiblement dépouillée du nom de *romaine*, et l'on ne lui a laissé que celui de *rustique*, comme l'on peut voir dans Helganet, moine de Fleury, en la vie du roi Robert: *Ornamentum*, dit-il, *quod erat in sex unciis auri dependens à genibus, et quod nos linguâ rusticâ* Labellos *vocamus*; et en un autre endroit: *Exuens se vestimento purpureo, quod linguâ rusticâ dicitur* Rochus. C'est de cette même langue que Rheginon, en sa chronique sur l'année 814, entend parler dans ces paroles: *Hæc quæ suprà expressa sunt, in quodam libro reperi, plebeïo et rusticano sermone composita, quæ ex parte ad latinam regulam correxi.* Elle est encore appelée *apertus sermo*; dans le titre 20 des capitulaires de Charles-le-Chauve. Mais si le latin, qui est la vraie langue romaine, lui a quelquefois envié ce beau nom, elle n'a pas laissé de se le donner, d'autant que depuis elle s'est qualifiée du nom de *Roman*, et que Jauffré Pradel, ancien poëte provençal, en quelqu'une de ses chansons, appelle sa langue, *plana lingua romana*.

Ces deux langues teudesque et romaine furent usitées dans les états de nos rois, jusqu'à ce que par le partage fait entre les enfans de Louis-le-Débonnaire, le pays qui est maintenant sujet à la couronne de France échut à Charles-le-Chauve ; et ce que nos rois avaient conquis en Allemagne à Louis son frère, avec le titre de roi de Germanie ; car dès-lors commença la division de ces deux langues ; la romaine demeurant dans les états de Charles-le-Chauve, et la teudesque dans ceux de Louis-le-Germanique.

Cependant cette langue romaine souffrit en peu de temps un notable changement ; car, comme les langues suivent d'ordinaire les fortunes des états et perdent la pureté dans leur décadence, après que l'Allemagne fut éclipsée de la couronne de France, la cour de nos rois, qui se tenait auparavant à Aix-la-Chapelle, se tint à Paris ; et d'autant que cette ville se trouva assise près de l'extrémité du royaume qui tient à l'Allemagne, et par conséquent éloignée de la Gaule Narbonnaise, où était l'usage de la langue romaine, il arriva qu'insensiblement à la cour de nos rois et aux provinces qui en étaient voisines, il se forma une troisième langue, qui retint bien le nom de *romaine*, mais qui se rendit avec le temps tout-à-fait différente de l'ancienne langue romaine, laquelle pourtant demeura en sa pureté dans les provinces qui sont de deçà la Loire. Et d'autant que les peuples de delà la Loire disaient *oui*, et ceux de deçà *oc*, la France fut enfin divisée en pays de langue d'*oui* ou française, et de langue d'*oc* ou provençale, dont le nom est demeuré à la province, auparavant appelée Septimanie.

Or, que cette langue d'*oc* ou provençale soit la même que l'ancienne langue romaine, cela se peut clairement justifier par les sermens qui se voient dans Nitard, et se lisent en la page 5. Puis donc qu'il est hors de doute que notre langue d'*oc* ou provençale est cette même langue romaine que les anciens Français parlaient devant la troisième race de nos rois, c'est-à-dire, auparavant le dixième siècle, ne pouvons-nous pas aussi, sans faire les vains et nous donner une gloire imaginaire, assurer que c'est de notre langue que celle que nous appelons maintenant *française* a pris son origine ?

Voilà bien à la vérité de grands avantages pour une chétive langue, que les inconstantes révolutions du temps ont avilie à ce point, que les honnêtes gens tiennent maintenant à une espèce de honte d'en exprimer leurs pensées ; et qui, après avoir été bannie de toutes sortes d'actions publiques, est à peine soufferte dans le coumerce des gens de basse condition. Toutefois si la considération d'avoir été autrefois heureux laisse quelque respect à la misère présente, ce lui est toujours de l'honneur d'être comme le cep d'où s'est provignée cette belle langue française, qui se fait maintenant voir parée de toutes les graces dont l'esprit humain est capable. Mais quand j'aurai fait voir de plus que c'est d'elle que les langues italienne et espagnole ont pris leur naissance, j'ose bien assurer qu'en tout cas on n'en fera pas moins d'estime qu'on en fait d'ordinaire des sources des grands fleuves, quelques petites qu'elles soient.

Quant a la langue italienne, certes ce n'est pas sans faire force à ma créance que je puis me persuader que l'Italie ait emprunté la langue romaine corrompue d'un pays à qui elle avait autrefois prêté la vraie et légitime, y ayant beaucoup plus d'apparence que cette corruption de langue ait été plutôt faite chez elle qu'ailleurs. Toutefois, puisque les Italiens même avouent la dette, et que sans contrainte ils publient qu'ils nous sont redevables, il me semble que nous les en devons croire. Speron-Sperone, au dialogue des langues, page 15, confesse ingénument que la langue italienne a tiré son origine et son accroissement de celle des Français et des Provençaux, et que c'est à eux qu'elle doit, non-seulement les noms, les verbes et les adverbes, mais encore l'art oratoire et la façon des vers. Car il est croyable que dans la longueur de trois siècles que l'Italie traîna les chaînes de sa captivité, sous la tyrannique domination des Gots, des Vandales, des Herules et des Lombards, elle perdit, avec la liberté, l'usage de la langue latine, et en son lieu en apprit quelqu'autre composée de divers jargons de tant de nations barbares. Mais après que Pepin et Charlemagne, en la délivrant des mains des Lombards, l'eurent soumise à une plus douce puissance, les Italiens voyant que la plus grande partie des Français parlaient la langue romaine corrompue, qui pour être sortie de la leur ancienne avait des accens à la prononciation desquels leur gosier avait une naturelle aptitude, ils s'y accoutumèrent insensiblement, et en formèrent avec le temps cette belle langue italienne.

Pour ce qui est de la langue espagnole, je ne doute aucunement que cette humeur fière et arrogante des Espagnols ne me fasse d'abord souffrir l'affront d'un démenti ; mais, quoi qu'il en arrive, je n'abandonnerai pas lâchement le parti de la vérité. Je vous laisse à penser quel devait être le langage de l'Espagne après qu'elle se vit peuplée des Vendales, des Alains, des Cattes, des Suèves, des Silingues et des Gots, et si durant le cours d'environ quatre cents ans qu'elle fut possédée par les derniers, il ne s'y forma pas une étrange confusion de langage, outre celle que les Sarasins y apportèrent, après en avoir chassé les Gots. L'Espagne parlerait encore le langage composé de tant de langues barbares, si Charlemagne et Louis-le-Débonnaire son fils, avec le secours que leur donnèrent leurs épées victorieuses, ne lui eussent apporté les semences de celui dont elle se sert aujourd'hui. Ces grands princes ayant conquis le pays de Catalogne, de Navarre et d'Aragon sur les Sarasins, y envoyèrent tant de colonies et de garnisons, prises de Languedoc et de Guienne, que ces provinces s'accoutumèrent insensiblement à la langue romaine ou provençale, laquelle a été depuis en Espagne, aussi-bien qu'en France, la source des autres langues; la provençale demeurant néanmoins en sa pureté dans la Catalogne, aussi-bien qu'elle a fait en Languedoc; d'où vient la grande conformité qui se voit encore ès langues de ces deux provinces. J'en appelle a témoin les Espagnols mêmes, s'il n'est pas vrai que la langue catalane est sortie de la provençale : Bernardus Gomes, liv. 12 de l'histoire de Jacques, roi d'Aragon, l'appelle tantôt *linguam aquitanam*, et tantôt *linguam lemovicensem*, et même il avance ces paroles : *catalanos aquitana seu lemovica verba usurpantes*. Mais ce que j'ai dit des garnisons et des colonies envoyées en Espagne n'est pas une petite preuve pour appuyer cette vérité, d'autant que les Grecs et les Romains ont fait voir dans nos Gaules, sans parler des autres endroits du monde, que les colonies peuvent facilement apprendre les langues aux provinces où elles sont transportées. Or, que l'Espagne ait autrefois reçu des colonies françaises, le nom même de Catalogne, qui a pris son origine de *catalanis*, en est une preuve invincible, comme j'ai fait voir dans la Catalogne française, me contentant d'y renvoyer le lecteur, et à ce qu'en a dit Miquel Cardonel, en sa chronique d'Espagne, qu'il a composée en langue catalane, chap. 19.

Encore qu'à mon avis j'aie assez bien prouvé que ces trois langues sont des rejetons de la nôtre, je ne suis pas si vain que je me persuade d'avoir porté cette vérité au-delà des doutes et des contradictions. Il est des esprits qui, vrais oiseaux de nuit, ne sauraient souffrir la lumière de la vérité, ou si par la force de sa clarté elle les oblige à la reconnaître, ils ne laissent pas de vouloir la flétrir du blâme de quelques défauts, semblables à ces nouveaux astrologues qui ont découvert depuis peu des tâches dans le soleil. Toutefois, puisque leurs auteurs mêmes s'intéressent en mon opinion, et demeurent d'accord avec moi, il me semble que je puis bien encore demeurer ferme en ma démarche, et ne pas reculer que je ne me voie pressé par des preuves plus fortes que les miennes. Au contraire, la hardiesse me croissant par l'heureux succès dont je crois mon dessein accompagné, je passerai encore plus avant; jusques-là que j'oserai bien soutenir que la poésie rimée, dont la

grace

grace rend maintenant jalouse la gloire des anciens poëtes grecs et latins, a non-seulement pris naissance de notre langue romaine ou provençale; mais que de plus elle a été enfantée dans la Gaule Narbonnaise.

Mario Equicola, liv. 1, ch. 1, *de la Nature d'Amour*, nous assure que plusieurs ont tenu que la Provence était l'inventrice des rimes, et que la façon en ayant été portée en Sicile, de-là elle se répandit dans toutes les provinces de l'Europe, et n'en exclut pas même l'Allemagne; car il est assuré, et Eginard même l'a remarqué, que l'empereur Charlemagne divertissait son esprit à écrire et à apprendre par cœur des vers barbares et très-anciens, où dans le récit des belles actions de guerre était conservée la gloire des rois ses prédécesseurs : *Barbara et antiquissima carmina quibus veterum regum actus et gesta canebat, scripsisse memoriæque mandasse*. Thegan, en la vie de Louis-le-Débonnaire son fils, rapporte aussi que ce prince, qui, à l'imitation de son père, avait en ses jeunes ans trouvé dans cette sorte de vers le plaisir d'un honnête divertissement, à la fin dégoûté par le chagrin d'une vieillesse traversée de soins et de sollicitudes, les prit tellement à contre-cœur, qu'il ne pouvait pas se donner la patience de les dire, ni même souffrir qu'on les récitât en sa présence: *Poetica carmina gentilia quæ in juventute didicerat, respuit, nec legere, nec audire, nec docere voluit.*

Or, puisque nous avons déjà fait voir que dès ce temps-là on ne connaissait en France l'usage d'autre langue que de la teudesque et de la romaine, et que le moine Offridius, témoin irréprochable, nous assure qu'à peine de son temps on commençait d'écrire en la teudesque; qui sera si hardi de révoquer en doute que les vers dont parlent Eginard et Thegan ne fussent composés en langue romaine, et qui est appelée *barbare*, en comparaison de la latine ou pure romaine, et que Thegan appelle *gentilia*, c'est-à-dire, de son pays et de sa nation, ou, pour mieux dire, du pays de cette province, qui a été langue de Toulouse et d'oc? Et bien que ces auteurs ne nous disent pas que ces vers fussent faits en rime, on ne saurait pourtant assurer le contraire sans faillir; car qui est-ce qui, et de qui a-t-on vu des vers barbares mesurés à la façon des Latins? Et s'il était vrai que ces vers ne fussent pas rimés, sur quel modèle veut-on que les premiers rois teudesques aient composé en rimes?

La principale gloire de tout ce que je viens de dire de la langue et de la poésie provençale appartient sans doute à la ville de Toulouse, comme en étant la ville capitale. Ici je supplie mon lecteur de rappeler la mémoire de cet endroit du livre précédent, où j'ai prouvé que le titre de *Provençal* n'était pas anciennement dû aux seuls habitans de la Provence; mais qu'il s'étendait sur ceux d'un grand nombre d'autres provinces, et que n'y ayant point en toutes ces provinces de ville plus grande que Toulouse, ni plus célèbre pour l'exercice des sciences, et où la cour d'un plus grand seigneur eût attiré un plus grand nombre de beaux esprits, on ne saurait facilement se défendre de croire que ce ne fût la ville maîtresse et capitale de cette langue provençale, quand même ce ne serait que d'autant que le comte de Toulouse, comme marquis de Provence, possédait la meilleure partie de cette province, qui était proprement appelée *Provence*; et c'est pourquoi, à mon avis, bien qu'il ne fût que marquis de Provence, et que le titre de *comte* en appartint à celui de Barcelonne, il est appelé par quelques auteurs *comte Provençal*. Pulcherius Carnotensis, liv. 2. Ex gestis peregrinantium francorum: *Reymundus verò comes*

Provincialis cum Gottis et Gasconibus; joignant à ces considérations, que la religion de Malte ayant compris la Provence, le Languedoc, la Gascogne et la Guienne sous le nom de *langue de Provence*, de deux grands prieurés qui ont été fondés dans cette langue, c'est à savoir Toulouse et Saint-Gilles, celui de Toulouse était le principal.

Il est écrit au premier registre des Jeux Floraux de Toulouse, etc.....

A MAGNIFIC, GRAN É DE TOUT BRABE SEIGNOU
ADRIEN DE MOUNLUC,

Prince de Chabanos, conte de Carmain, barou de Mountesquieu, San-Félix, Labastido, san Julia é autres locs, counseillé del rey en sous counsels d'estat é pribat, capitani de cinquanto homes d'armos de sas ourdounanços, goubernur é loctenent general per sa majestat al pays de Fouis, terros soubiranos d'Aumezan é Andorro.

Gran moussur,

Le ramelet moundi, descubert per un esprit nenet, coussi quicom a pres ouey couratge de bous beni fa la rebelencio coumo à la flou des brabes esprits è des couratges à probo de touto poou. Ramelet és le noum d'un piloutet de concepcius acatados, que desiron se releba jouts bostre noum, que rebuffò de glorio, entournejat de cent titres hounourables.

d...

Nostros flouretos escassopenos tiraon le cap, que le tens aujoulet emplumat éro prest de lour coupa l'herbo jouts le pé; le chichet de l'embejo courrio tabé per las blazi de sas enfecidos alenados, quand Pallas, de prim-abord, embalauzis l'un é le fa demoura couch, à l'autro trinco la dailho d'estrous en estrous. Le soulel, payre coumu de toutos flous, coumenço de pugni sul pu naut tucoulet de Parnasso, per beze s'aquestos meriton un cop d'él fabourable; més el s'abiso que n'an de re besoun, per que se soun esplandidos jouts la filho armado de Jupiter. Bous é Pallas éts uno metisso causo; car elo n'és qu'un rancountre miraculous de sagesso, de balou, de sabe, tres raros qualitats qu'en bous hurousomen se trobon, é formon un tout de perfecciu. Aquelo propio brabetat me gardo de recerca la de bostres aujols, grandissimes capitanis é mareschals de Franço, de qui les bélis cops pourtats à bras birat al miey de las armados ennemigos, encaro repompissen, encaro ne tiron l'echo per toutis les cou-fins de l'Europo. Bous, lour digne nebout, n'abets pas mens d'adresso ni d'ardiesso, tout cop que per le serbici de soun inbinciblo majestat cal mena l'ennemic à jubé. Aprép la guerro ben la pats, é d'amb'élo las Filhos de mémorio bous cridon à lour douces excercicis, é labets bostre bél esprit desplego sas rarctats per graba bostre noum sul malbré de l'éternitat.

Nou m'y fau pas à segui la mar de bostros louanjos dan le négofol de ma flaquiéro ; me cali : soulomen demandi que la boumo boulountat s'emmérce per la manco del poude. Agradats doun, magnific, gran é de tout brabe Mounluc, que le ramelet moundi s'azoumbre jouts las courounos dounados é diugudos à bostre meriti. Qui le bous presento, dan touto rebelencio, couo millo serbicis dedins l'armo per les espeli quand bous placio l'hounoura d'autant de coumandomens, coumo,

MOUNSEIGNOU,

Bostre bertadiéromen tout entié serbitou,

GOUDELIN.

IN SERTUM TOLOSANUN
DOMINI GOUDELINI.

VICTRICI rediviva cinge fronde,
Cinge tempora, nobilemque parto
Jam palmam tibi vindica triumpho,
Tanto clara superbiens alumno :
Jamque Io cane, jamque Io triumphe,
Per Tolosa, Io triumphe, clama,
 Victor Ausoniæque, Græciæque,
Galliæque tuo tuis ab hortis,
Quos nova tuus hic sed et beata
Nuper excoluit manu poeta,
Excerptam capiti inserit corollam ;
Quam Venus velit ; et suam Cupido,
Et suam Veneris velint ministræ.
O ! quantis micat hæc corolla gemmis,
Quas quisquis videt, optet hæc sibi esse,
Argi lumina, totque habere ocellos,
Quot cœlo astra, tacente nocte, fulgent.
O ! quantis quoque floribus renidet
Qui plusquam ambrosios vomunt odores ;
Unde serta sibi legant puellæ,
Exornentque sinum, et caput coronent.
Quos et lecta occitanicæ juventæ
Circum turba ferat, manuque gestet,
Imo pectore condat, osculetur ;
Unde hæc mella suæ suaviora,
Omni melle legat paretque linguæ,
Longè mella suaviora melle,
Queis cedant etiam Attici lepôres,
Nectarque Ausonium, tuæque cedant
Galliæ illecebræ. Poeta felix !
Qui dum nostræ Occitaniæ vetustum
Et reddis decus, simul et loquelam,

Linguas Tectosagum in tuos honores
Excitas, acuisque; dumque gemmis
Contextam quoque floribus corollam
Optimè capiti inseris parentis,
Omnium juvenum venustiorum,
Venustissime Godeline, nostræ
Prima gloria, honos decusque Musæ.
Grates gratior invicem rependit,
Donatamque sibi unicam ob corollam,
Sexcentas tribuit tibi corollas
Tolosa alma parens. Virens odore,
Flagravit tua sic suaviori
Semper fama nepotibus colenda,
Quamvis pestiferum tuis anhelet
Ætas invida floribus vaporem ;
Quantumvis rabidus petat canino
Livor dente, nihil nocebit illis :
Æternæ metuunt nihil corollæ.

MALARD.

AD LECTOREM,

DE POETICO GODELINI OPERE.

CARMINA, lector, habes docti ingeniosa poetæ;
   Elige quæ genio sunt magis apta tuo.
Omnibus ut placeat, serti Godelinus amœni
   Floricomum vario carmine pinxit opus.
Hic liricus dulci resonat modulamine cantus,
   Spargit et argutos hic epigramma sales :
Hic tenero molles versu scribuntur amores,
   Invenit hic partes utraque scena suas.
Pura tolosanæ nitet hic facundia linguæ,
   Quod solum Phœbo nunc idioma placet.
Barbarus est istam nescit quicumque loquelam;
   Invidus est quisquis despicit istud opus.

J. A. D. A. V. T.

A TOUTS,

D'AMB'UN TRINFLE D'ABERTISSOMEN.

Sion quitis dans les que dounon del nas à la lengo moundino, tant per nou se poude pas enprigoundi dedins la couneissenço de sa gracio, coumo per nous fa creyre qu'elis an troubat la fabo à la coco de la suffisenço. Acampen le mespréts dan le mespréts, é de toutos lours paraulos uflados é trufandieros fazan autant de mobles de boudouflo, RE. Béromen ô, coumo se la roso muscadélo resto de nous fiuleta le nas et les éls, encaro que le tabar à cabussets reboundo le fissou dins sas estatjos amourousos. Nouirigat de Toulouso, me play de manteni soun lengatge bel é capable de derrambulha toute sorto de concepcius, é per aco digne de se carra d'amb'un plumachou de préts é d'estimo. Aqueste reprochi ly poden manda, que debés qualque mout se taing é s'encadeno dan le Lati : amour, cel, terro, mar, tabés aufa le blous Francés, l'Italien é l'Espagnol, que dignomen se banton de touca le pu naut escalou de la perfecciu. Tal parentatge ben de l'estudi ô de la frequentaciu de l'un poble d'an l'autre. Garats aci de mouts del pays que biben de lours rendos : gof, pec, fec, crauc, ranc, brusc, granguié, perot, ranguil, royre, chichiu, soulfina, rampoyno, requinca, chambouta, chapouta, carrinca, miracouca, ajouata, chotum-boutum, espalabissa, à tustos é bustos, à malos endeberos, per milanto d'autres que deja se soun enginats dins nostre petit passo-tems. Per fét de lour antiquitat, quand del mandomen de Diu las lengos se troubéguen à la sepulturo de la temeritat del gigan Nembrot, qui dira que la nostro nou fouresso pas de l'asempre ? Segoun l'oupiniu communo, Tolus, petit nebout de Noé, fondéc Toulouso : l'aparenço dits douncos per nous que be pourtao qualque lengatge particulié d'aquelis qu'abion serbit à la confusiu del bastimen dount las girouetos debion frega le cél é despita le majenc de tout autre delutge. Asso sio dit de fregado contre les trufandiés, en fabou de la lengo moundino, toulousano, toulousenco, que nous a fournit de sas flouretos per fa le ramelet que cérco qui per destric et foro d'afas le bolgo beze de boun él. *Adi siats.*

———

A Moussur DE SAPORTA, NOUBEL
FABOURIT D'APOLLON.

PETITO GAYETAT.

SE tout ouéy moun humou s'amuso
A l'exercici de la Muso
Que d'Arnaud-Bernat al Sali
Porto le noum de Goudouli,
Acos qu'yeu cérqui dins ma beno
Coussi saluda per estreno
Un bél esprit de nostre tems,
Q'encaros es en soun printens,
De qui la joueno poésio
Nou se nouiris que d'ambrosio,
Per canta doussomen un jour
Las beziaduros de l'amour.
E léu, ma plumo, fay-li plaço :
Tabe le prince de Parnasso
Bol hounoura de sa fabou
Le fil del seignou de Cambou ;
Disen qu'aquel Dieu de scienço
Gardo le ramél de Clamenço,
E que léu le fara pourta
Al bél esprit de Saporta.   G.

LE RAMELET

LE RAMELET
MOUNDI.

PRUMIÈRO FLOURETO.

A L'HUROUSO MEMORIO
D'HENRIC LE GRAN,
INBINCIBLE REY DE FRANÇO É DE NABARRO.

STANSOS.

Jantis pastourelets, que dejouts las oumbretos
Sentéts apazima le calimas del jour,
Tant que les auzelets, per saluda l'amour,
Uflou le gargaillol de milo cansounetos;
 Petits rius, doun l'argen beziadomen gourrino,
Pradels, oun le plaze nous embesco les éls,
Quand la joueno sasou bous cargo de raméls,
Augéts coussi se plaing uno nympho moundino.
 Quand del coumu malhur uno niboul escuro
Entrumic la clartat de moun astre plus bél,
Yeu disi quand la Mort dan le tail d'un coutel
Crouzec le grand Henric sul libre de Naturo;
 De rouméos de doulou moun armo randurado,
Fugic del gran soulel la pamparrugo d'or,
Per ana dins un roc ploura d'él é de cor
Del parterro francés la bélo flou toumbado.

Ouéy tourni prene bent per ufla ma museto,
Quel del rey ta plangut entouue uno cansou :
Sur le brabe Louis regitara le sou :
Car al rasin reben l'aunou de la souqueto.

Que nou nous bengon plus brounzi per las
    aureillos,
Ni Cesar, ni le Grec que mouric pel talou.
Per dessus le boulum des princes de balou
Un Henric a claufit le mounde de merbeillos.

Les fourtunables reys doun le mounde fa festo,
Soun coumo de roubis pausats en roso d'or,
Oun le balent Henric, tout brasses é tout cor,
Ero le diaman qu'oundrao tout le resto.

La terro en tremoulan al brut de sas armados
Li dounao la bouts per soun prumié seignou :
Tabe per le plassa dins le temple d'aunou,
Le cél l'abio fourniat à bertuts rapourtados.

O flourisso la pats, ô touquesso l'alarmo,
La justecio, la fé, la forço, la bountat,
E tout ço que le cél donno per raretat,
Coumo l'aygo à la mar se randion à soun armo.

Taleu que sur soun froun se pauséc la courouno,
L'englazi se neguéc al riu del debrembié,
La pats y ba beni, que de soun oulibié,
Y féc un bél empént sul laurié de Bellouno.

De sas milo bertuts la preciuso ritchesso
Croumpao d'un cadun le cor é l'afecciu ;
Soun cos se fasio beze un cél de perfecciu,
Al lum de soun esprit, esclaire de sagesso.

Acos el que sul fi remetio la balanço
Taléu que la Rasou se plaigno d'un afroun :
Acos el que prenio la Fourtuno pel froun,
Que clabelao pey sul sceptre de la Franço.

A la fiéro des trucs el caillo qu'on le bisso,
Dan le foulse del bras esclafa le fer blanc,
Foulze que fasio courre un labassi de sang,
E regita de caps uno grosso gramisso.

D'enemics animats un mounde se bandao
Per fa rebés del dret, que dé dret li benio ;
Més el éro l'Atlas que tout au sustennio,
E peyssoun l'Herculet que tout au englandao.
    Coumo s'enbalauzis la bicho pel bouscatge,
Quand le sou del cournet dins l'aureillo li bat,
Al nom del Grand Henric l'enemic eyssourbat ;
Fugio marrit de poou é beouze de couratge.
    L'un sentio d'un estoc desclaba las coustélos,
Per oun s'estourrissio le sang à bel rajol ;
L'autre, que milo pics aloungaon pel sol,
Besio soun paure cos despartit en estélos.
    Atal dedins un parc le lion se boulégo
Al mitan des moustis, del pastre, é deys aignels ;
Atal à cops de dens, de coüô, d'urpos é d'éls,
Les espauris, esquisso, endoulomo, mousségo,
    Hurous le que labets éro à la picouréo,
O que sero mudat dan las armos à bas,
Per biure nou caillo que cambos sense mas,
E se moustra puléu cerbi que Briaréo.
    Jamay cap d'autre rey nou féc talo soulado
De cosses de souldats esquitats an la mort,
E Carôun jamay plus nou troubéc à son port
D'esperits desoussats ta rabento menado.
    Dounc, ô tygre cruel, piri que l'ours salbatge,
Pla t'abion poussedit las feramios d'ifér,
Quand ta scarioto ma s'auéc armu de fer,
Seignour Dieu! contr'un rey que daurao nostr'atge.
    Qui te piegéc le bras de tant d'asseguranço,
Que nou liblesso pas jouts l'ourrou d'un tal cop,
Sampa l'esprit de néyt, que li trigao trop
Que bisso reboundut le soulel de la Franço.
    De l'auratge emmalit d'uno guerro coumuno
Tu bouillos treboula le calme de la pats,
Més tous cops en nourre foureguen dissipats
Taléu que d'un dalphi Diu fazec un Neptuno.
    Abalisco le gus, de qui la ma prouphano
Ben de rounça pel sol l'auta de la bertut :

Soun cop passo le cop d'aquel autre perdut,
Que féc un fougayrou del temple de Diano.
Escantit es le lum, usat es le bel moble
De qui la terro féc l'aunou de soun houstal,
La descarado mort d'un cop tout à bel tal,
Endrom dedins le clot le pagés é le noble.
  Le mounde es uno mar, oun coumo jouts de
    belos,
L'home sent quado joun qualque bent d'afflicciu;
Més nostre rey coumoul de touto perfecciu,
Hurous hoste del cél, trepejo las estelos.

~~~~~~~~~~~~~~~~~~~~~~~~~~~~~~

ABENTURO AMOUROUSO.

LE Diu nenet, que dan sa méro,
Colen en Paphos é Cythéro,
Doun le matras de ploum ô d'or,
Roustis ô torro nostre cor:
L'autre jour d'uno grand'attento
Me gourdilhéc l'armo doulento,
E despéy ses degun régard
Me fa bouca coum'un mounard;
Ni nou resto per mous serbicis,
De me fa milo desaguicis;
Més afi que ma coundiciu
Maugo qualqu'un à compaciu,
Yeu boli counta de passado,
Quin cop aquesto bourmoulado,
Qu'encaro porto le bequi,
Me dessarréc sul cazaqui.
  Un cop yeu prenio la frescuro
'A soulel coulc sur la berduro,
E countro le roussignoulet,
Fazioi tinda moun flajoulet,

MOUNDI.

Tant quo sur l'herbeto pradiéro
Mous éls se dounaou carriéro,
Quand amour, qu'éro plus en-là
Qu'angic l'un é l'autre fiula,
Ben doussomen, coumo qui pano,
O qui camino sur de lano,
E tout d'assietous costo jou,
Bol jutja qui fara milhou :
Més yeu laissi sur sa bengudo
Nostro querélo remetudo,
Tapauc yeu n'éri pas ta fol
De pensa que le roussignol,
Nou randesso mous fredous mudis :
Car béromen el ba ays estudis,
En fét de canta brabomen ;
E qualque mes a soulomén
Que moun fiulél per las escolos
Apario dins las bessarolos.
A l'amour li ba sabe mal
Quand yeu m'éri calat atal,
E d'un trét de maynatge penço,
Que per despiéit de sa presenço,
Yeu nou bouillo souna bouci ;
E jamay nou boutge d'aci,
Se jou quitégui la besouigno
De despiéit, sounque de bergouigno.
A la fi, ça, me dissec el,
Daban que la sor del soulel
Darré la niboul amagado,
Tire sa courneto argentado,
Tourno tarrida, se te play,
L'auzél, é fay le canta may ;
Car, per l'Estix, b'a bouno pauso
Qu'yeu n'abio'augit ta bélo causo :
Prép de toun sou la coutinaut,
Yeu teni Pau per un quinaut,
Quand permo de qualque pastouro
Fredouuo de sa crestadouro ;

Car el se foun com'un lardou,
Blassat d'aqueste passadou,
E pey m'en rizi de le beze
Quand à las nymphos bol fa creze
Que dan son pel é dans sa pél
El nou resto pas d'estre bél;
E le pis es que quand s'afisco
Toutos li cridon : abalisco,
Que bous sentéts al faganas.
Més tout asso n'a poun de nas,
Ni nou bal uno rafanélo
Al prép de ço que Philomélo
Captao, contro tu metis,
Sur la mort del petit Itis :
E perque nou canto pus aro,
Tourno le mettre en joc encaro,
Car tu podes, s'yeu n'é bist cap,
Fa li desplega ço que sap.
En dito d'aquesto berduro
Que ta doucetomen murmuro,
Brandido del bent amourous,
Baylet de la damo de flous,
Que tantôs nou brallao brico
Per escouta bostro musico :
En dito d'aquel luneyssat
Qu'es aqui naut tout emprieissat
A fa del bec milo merbeillos,
Que tantôs éro tout aureillos.
Bref, en dito d'aquesto foun,
Foun bélo coumo le bél joun,
Que ten tout l'an fresco l'herbeto
Per fa de bélo ramadeto,
E doun l'argen ero charmat
Tant que tu tenios animat
L'auzelet que ta pla fredouno;
Dau dounc, é se bos souna souno,
Soun tres cops que ten é prégat.
Que bous me baillats pla le gat :

A d'autres, ça li bau jou dire,
Coussi bous pessugats ses rire;
Cadde qu'aco n'es pas d'un joun,
Qu'yeu sabi las trufos que soun;
Més se bouléts qu'el sou me placio,
Toucats m'en un'autre de gracio
Que se danse sense fredous,
E m'entretan que toutis dous
Eron en ta bélo disputo,
Bela moun roussignol à futo,
E adissiats, fouissat de poou,
Sen ba debés diahuruhoou,
Dinquio que le perden de bisto.
Alaro d'uno mino tristo
Amour m'alupo de trabés,
E dan le bounet al rebés,
Regaiguadomen me prepauso
Qu'aco's yeu qu'éri cap é causo,
Per abe trop naut respoundut,
Qu'aquel auzél s'éro perdut;
E pey d'amb'un mout brounzinayre
Dits que nou trigara pas gayre,
Que soun bras me fara sabe
Qu'el éro gigan de poude,
E que s'en fasio ta pla creyre
Coumo le mestre del trouneyre,
E qu'yeu plaigniré nou re plus
De le countenta d'un refus.
En cependan que barboutino,
Un passadou sur l'arc engino,
E tant que dedin pousquet, tac,
Le me secout per l'estoumac,
De talo reddou, que jou paure
Toumbi sense me poude maure,
Quel'bouillo segui bitomen
Per le carga d'apuntomen,
E li bailla metisso pago;
Car la scouzentou de la plago

M'aurio fayt fa qualque tentat,
E renegui ma pauretat,
Qu'el aurio bist, tout Diu que s'éro,
Qui soun yeu quand soun en couléro,
Més certos aco fourec miu.
   O beci qu'encaro le Diu
Preu le temps à soun abantatge,
Car quand me bic sense couratge,
Estendut com'uno jazen,
Per m'au bailla pus escouzen,
Me dits d'uno modo subtilo :
E be drolle, qu'es, croux ô pilo ?
E be hoou, tu qu'éros ta fiér,
E te toucat sul pot esquér ?
Apren, apren à toun doumatge,
Que cal serbi de boun couratge,
Un Diu que pot paga truquet
Aquel que dan trop de caquet
Couutro sa boulountat countesto,
E qu'a d'autro mounedo presto
Per paga le que libromen
Se rengo à soun coumandomen.
Més aco sio prou dit per aro,
Que le cél soun mantou preparo,
Cou ntropuntat, tant ple que béyt,
De las estelos de la néyt.
E mentretan ajan la biro
Que t'a couzut ses prene miro,
Per castiga del tros metis
Les que coumo tu soun mutis.
Asso dits, é me ben decosto
Rebisita costo per costo
Le descarat cop que soun trayt
Dins moun paure cos abio fayt.
E bist que l'a, de malo forço
Le retiro d'amb'un'estorço,
Afi que le cap barbelat,
Que s'éro lazins clabelat,

MOUNDI.

Tirés per la metisso trasso,
Le cor darrigat de sa plasso;
Co qu'arribéc coumo boulguéc :
Talomen que quand le tenguec
El fourec fiér coumo berreto,
E sul cap de la biro dreto
Lanéc ufri per tout jamay
A la qu'yeu aymi tant é may.
D'endespey re nou me pot playre,
E soun grand coumo payre é mayre,
Que per aco nou sabi pas
Abe le cor à mous afas.
Oy da le cor, de quino sorto
Quand ma mestresso te s'emporto ;
Qu'a resoulut sense rasou
Del fa mouri de languisou,
Afi que quand le cor patisco
Le chuc de mon cos s'estourrisco,
E que l'esprit cassat de mals
Se trobe foro des cayssals.
Co que m'abendrio, se ma bélo
M'éro toutjoun duro é cruélo ;
Més nou sera pas se li play,
Car yeu seré tant soun laquay,
En serbin sa beutat auribo,
Qu'à la fi sera touto mibo.
Labets yeu lebaré le nas
Com'un pourquet de sept toulsas ;
Labets aymat de mon estelo,
Yeu seré toutjoun al prep d'elo,
Nou gauzi pas dire dessus,
Coco de fus, noun sabi plus.

———

MASCARADO D'UN ORB É DE SA GUIDO,

PER UNO DESCRIPCIU DE BEUTAT.

Peyre l'orb é Guilhem la guido,
Drolles é de fort janti bido,
Partiguen un jour de l'autr'an
Del boun pays de Carmantran,
Per à plaze beze las minos
De las toustounetos moundinos,
E sabe se lour perfecciu
Junto dans la reputaciu.
Peyre, qu'es aci que m'escouto,
E que quand drom nou s'y bey gouto,
Agrado tout, é trobo bél
Tout ço que passo per moun él.
Filhetos dounc, cal qu'yeu retire
L'or que diu remounta mon dire,
Placio bous nou refusa pas
De me descrubi bostre cas.
Yeu parli de milo partidos
Que bous randen tant accomplidos,
Que touts, percanto de beutat,
Bous dounon le prumié bautat.
A part, capetos, garo, garo
Qu'yeu bejo se re par encaro :
Couratge, un froun se descrubis
Doun la perfecciu me rabis,
Relebat, é semblo que digo :
Aci la naturo proudigo
Semenéc may de milo francs
De liris esplandits é blancs :
Al cubert d'uno tresso primo,
Que le soulel mémos estimo,
E fa gran cancan que soun pel

Sio loung é tout d'or coum'aquel :
Aqui de sas mas mistoufletos
La reyno de las amouretos
Fa cent inbisibles sedous
D'aquel pel frisoutat é dous.
Oun qui s'arresto d'un eilhado
Y bey son armo rambulhado ;
Des sedous que l'on nou bey pas
Dous ne toumbon un pauc pu bas
Dret le trauquet de las aureillos,
Teugnos é bélos à merbeillos,
Afi que dins soun bél esprit
Re nou leguene de mal dit,
O per fa que dedins la cloto
Cap de piuze ni babaroto
N'intre, dan cambados é saus,
Paua le sucre del repaus.
Un'autro causo pla poulido,
Moun él é ma paraulo crido,
De qui se parlo que le cél
Nou féc jamay re dé plus bél ;
Aco soun dos gautos sourretos,
Poutounetos é bermeilletos.
Tabe quand l'alo d'el printens
Ben eysuga les prats goutens
E cassa le tor é la bizo
D'aquelo gauteto ta lizo,
Pren é malébo las coulous,
Per mirgailla toutos las flous.
Més tenéts coussi se presento
De dous éls la clartat rousento,
Els, que dins un cor amourous
Alucon milo fougairous,
E que dejouts un arquet blounde
Nou fan que capigna le mounde.
Aro per moustra dous soulels,
Alandon toutis les perpels ;
Aro d'uno finto murtriéro

Guignon coum'uno dignadiéro.
Aco's le loc oun may que may
Le petit Diu puntié se play,
Sounque quand ba fa la tantaro
Sul pu bel moble de la caro;
Acos aquel nas coutinaut,
Ses qui l'amour serio quinaut;
Car sus el le droullet se carro,
E d'aqui doussomen dessarro
L'arc, d'an que baillo sul bequi
De qui que passo per aqui,
E se degus le persecuto,
Dins las nazics se met à futo.
Dous pots d'oun le tint natural
Mato le pu rouge coural,
Tenen ma bisto ta pipado,
Qu'yeu pensi qu'uno girouflado,
En fugin la ma des pastous,
A pourtat à qui dous broutous
D'uno couloureto bermeillo.
Ay, é birats aquel'abeillo,
Que, sampa néssio coumo jou
Pensao bese qualque flou.
Tourno-t'en à toun buc, petito :
Toun mél n'a poun aci de dito,
Car soun discours sabent é bél
Es pu dous que sucre ni mél.
Be las besi be las dentetos
Que paressen en dos renguetos,
Doun maladan ni mal de cap
Nou n'a jamay tirado cap,
E teni per causo seguro
Que se la sabento naturo
Bouillo fa de sas propos mas
Uno milgrano doun les gras
Fouresson de pérlos causidos,
Que d'aquelos dens ta poulidos,
E des petits cayssals unencs

Fourmarie

Fourmario les plus bélis rencs,
Hurous à qui talos dentetos
Mourdran le nas per amouretos!
Car entretan sous pots countens
Chucaran milo passotens,
E nou sera pas qu'el nou bayse
Le mentounet tout à soun ayse,
De qui le cap bél é gentil
Escarnis un petit troumpil,
E clabo les trets del bisatge,
La besiaduro de nostr'atge.
 Daqui jou fauc un redoulet
Per prene le col al coulet,
E dire d'el per rastelado
Qu'aco's un pila de caulado,
Que le petit Diu féc cousi
Damb'un panet de sucre fi,
Dount aros el bol prene exemple
Per fa de clastros à soun temple.
Un petit courdou de blu clar
Tout escasso penos y par;
Aco's uno petito beno
Que ta doussemen s'y permeno,
E tant fa de tréts à l'entour,
Qu'on y bey cent chifros d'amour.
 Ay! ay! Peyre, ten me la capo,
Qu'yeu tengo l'armo que m'escapo,
E que coumo l'auzél al besc,
Se pren sur aquel burre fresc,
Que per nous fa milo embejetos,
Se despartis en dos bouletos.
Aco's un nizal de beutats,
Un esperenc de libertats,
Aco's le gauch d'uno armo tristo,
E le bouignou de nostro bisto.
Aqui coumo sur mon trésor,
Yeu é toutjoun l'él ô le cor.
Doublo poumeto miéy maduro,

2

Per tu me play de sa gatjuro,
Qu'aquel que te beyra puléu
Per de carbou prendra la néu ;
Tabe te tenes en parado
Per estre toutjoun desirado ;
Més qui n'es content coum'un rey
De beze coumo l'on y bey
Le pouls d'uno talpo que bufo
E la fayssou d'uno baudufo
Salbilome que per clabél
Es plantat un petit poupél.
Hola, mutus, yeu passi l'osco,
Me pouyrion bailla su la closco
De boule dire moun abist
De ço qu'encaro n'é pas bist,
E que né poun fiso de bese,
Se qualqu'uno de may de lese
Nou me ben tira pel rebéc,
Per. me moustra tout béc à béc.
Atal sense may de disputo
Pleguen la fardo plus eyssuto,
E fasén à noun ana léu,
Perço que bous fatchan beléu.
Douncos, ô belos moundinetos,
Or, soulels, pérlos é flouretos,
Agradats qu'un bou coumpagnou
Parle toutjoun à bostr'aunou,
E que bragardomen sustengo,
A bél tail d'esprit é de lengo,
Qu'en bous demoron néyt é jour
La beautat, la gracio é l'amour.

QUERÉLO d'un Pastou countro un Satyri, per uno descripciu de ledou.

Hélas, moun Diu ! que farè jou,
Tant m'a blassat le Diu d'Amou.

D'AUTRE sou que me sapio playre
Nou podi fa rasouna l'ayre,
Despéy que d'un grand patafléso
Amour me féc peta le clésc,
E que sas boulugos cruélos
Ruméguen toutos mas coustélos ;
Tabe per me teni soulas,
Que podi jou dire qu'hélas !
Perque permo d'uno mestresso
Moun cor es claufit de tristesso.
 Hélas, amour, petit beau fils !
Le tintansoyo gorjo-lis ;
Que nou bezes quand toun arc tiro,
Degus à probo de ta biro,
Oua que tu sios bey de boun él
Un plouro micos del castel,
A qui de plours un'aygo claro
Engourgo le nas sur la caro.
A tu m'en bau, paure pastou,
Afi que del metis bastou
Que m'a touto la car macado,
Tu me fourniscos la poumado ;
Car per remédis, nou n'y a cap,
Des que deforo bilo on sab
Qu'yeu n'ajo metut sur ma plago :
Las rasics que la terró amago,
Ni las feillos qu'on bey de l'él
N'an pouscut fa junta ma pél :
Aygo de foun ni de ribiéro,

2.

Ni la qu'es al pouts prisouniéro,
Ni la que legueno d'un roc,
N'an en re demingat moun foc;
Talomen qu'yeu demori couro,
L'aganido Mort prengo l'houro,
Per me cluca d'un rafité
Dins la toumbo per salmité.
 Aço d'uno doulento mino
Cantabi sur ma chalamino,
Sur un gran tupel assietat,
Mentre que d'un autre coustat
Mous agnelets en bélo troupo
A gloups estourrission la poupo
De lours mayres, que tout al tour
Payssion en fredounan del mour.
Quand un satyri pé de crabo,
Que mous crébocors escoutabo,
Sort d'un matas à bélis saus,
E me dis sans autre perpaus :

  Pourrats li l'ansalado,
  Camarado, camarado,
  Per son quiér rejouy,
  Camarado, moun amy.

 Hélas! ça dizi jou, satyri,
Aro qu'as augit moun martyri,
Nou t'en trufes pas, se te play,
Coumo jou nou fégui jamay,
Quand le bél él de Peyrounélo
T'abio demargat la cerbélo,
E que tout enjaurit é bauch,
Biboutejaos sense gauch.
Hà! hà! hà! ça me ba el dire,
Minjoulet, que tu me fas rire :
E lasseto, quino rasou
As-tu de fa coumparasou
D'uno bélo roso esplandido
D'amb'uno lagaigno blasido ?

MOUNDI.

Ma Peyrouuélo béla bou,
Més ça, fay-me tu la fabou
De me dire se cap de taro
En re li desoundro la caro,
Aprép que segoun la bertat,
Dins tres mouts yeu t'auré pintat
Le bisatge de ta pastouro :
Escouto doun, à la boun'houro.

De sa courolo l'orre pel
Luzis coum'un quioul de calel,
E dan le plus prim de sa tufo
N'encourdarion uno baudufo.

Soun froun sembl'un teule canal,
Lis coum'un rouet de petrinal,
E nau pels li formon las silhos,
Arrengats coum'un joc de quilhos.

L'un deys éls fa un prigoun clot
Coum'un picharrou sense pot,
L'autre tray d'esclayrou deforo,
Comm'un gat qu'es à la demoro.

Le sartre que li féc le nas,
Quand se troubéc entre las mas
Ta bélo coulou de majoffo,
Li panéc may d'un tiers d'estoffo.

Sous pots, soun dous broundels de pa;
Sas dens, le maladan las a,
E de sa gran bouco d'armari
Sort un sou coum'un calibari.

Sa barbo se tresso en redoun,
Coumo la testo d'un biuloun,
Oun per calhibos soun plantados
Quatre bourrugos incarnados.

Sas gautos de double de bioou,
Qu'à l'alo baldrion may d'un soou,
Ridon coum'uno groullo bieillo,
S'ajuston coum'un portofeillo.

Les lagastis en tens d'estiu
Dins sas aureillos fan lour niu,

E l'hiber, dau dire me doli,
S'y scalfuron al buto l'oli.
  Nou t'en bouldrio pas dire may,
Tant soun cos deguert me desplay,
A toutos fis se bos encaro
Que passe may que de la caro,
Sas poupos soun, ah! capdenou,
Ca bau jou dire de ferou,
La poou de las nymphos piucélos,
Le fasti de las pastourélos.
  Calo, calo, que per un cop,
Tu nou m'en as countat que trop.
Sus asso preni ma houleto,
E dan dos mas la lébi dreto,
Pey d'un truc entre cap é col,
Moun bilén estendi pel sol :
De fayt é de dit dan la frounzo,
Li crouzi las mas dret la lounzo,
E countro le pé d'un alba
Dau le sarrou le bau traba :
Qun de cent é cent soubarbados
L'é pagat de sas campissados :
E d'amb'un latas nouzelut,
Bouillô grata soun quér pelut,
Se n'éro que m'a fayt proumesso
De courre dret à ma mestresso,
Countà li de quino affecciu
Yeu menteni sa perfecciu.

MOUT DE LETTRO.

Aprep abe toutis les dits
Dins un boun peys enprigoundits,
E mes en fourmo la cougeto
Dan le brabe chuc de souqueto,
Andemelé, Cucois é jou,

Toutis tres prens de bél'humou,
Nous ajagueguen d'uno rimo,
Sense la passa jouts la limo.

    Aroba ça, coumencée un,
Se le careme es impourtun
A Paris taut coumo à Toulouso,
A qui la Garono aboundouso,
Fournis le gros é gras barbéu,
Estajan des locs sens apéu,
Le grouignaut ple, la grosso carpo,
Oun fa boun pausa touto l'arpo,
La siéjo, le cabede bél
La percho, le coula noubél,
Dan la troueto déliciouso
E la lampreso carestiouso,
Nou counti pas ço que souben
De la mar de Narbouno ben,
Coumo le turbot, la daurado,
La solo, le loup, la rajado,
N'y ço qu'abén à tout perpaus,
Le coumpanatge des Pousclaus.
Ay ! ça dissec Cucois alaro,
En pintan de doulou sa caro,
Fouresso Moussur tal aci,
Que te tirario de souci,
E nous jouyron en persouno
De sa présenço bélo é bouno.
Plagués à Dius ! aro metis,
Que qualque Peyssounié partis,
Per li pourta ladito biando
Dins la grand Bilo Francimando.

    Moussur, aci, dissegui-jou,
Que per bous rejouy millhou,
Le treginié de Rouan bous porto
Marcyo de quad'uno sorto ;
Qu'aco donc éro superflu
De manda quicom de coumu.
B'es néssi, ça ban elis dire,

De pensa que l'on l'y desire
Sonnque de ço que per assi
Nous tenén per un boun boussi.
Que s'el a tout, coumo tu dises,
E que s'en fasso les pots lises,
Nous n'entendén pas estréfa
Que gran be nou li posco fa;
Soulomen boulen que counesco,
Que dins le desir de la pesco
Fonrran uno declaraciu
De nostro sancero affecciu.
Bou, ç'é jou dit, amay au quitti,
En pactes, almen s'au meriti,
Qu'yeu m'y barrejaré labe
Per de ma part li fa sabe
La bouno embejo que nouyrissi,
D'estre touljoun à soun serbici;
E dire qu'aben imitat
Les Pérsos de l'antiquitat,
Qu'en farcin brabobomen la panço
Budaon un fayt d'impourtanço.
Car, moussur, nous aus n'abén pas,
Ny de plus impourtans afas,
Ny causo de que fazan glorio
May que de bous ab'en memorio :
Ço que fa que parlan de bous
Al mitau des boucis millous.
Asso dounc per humou bous mandon,
E per debe se recoumandon,
Tres que desiron bous serbi,
Sens'antromen se descrubi.

Aquesto lettro de boutado,
D'aci, beléu, fourec pourtado,
Laforo, l'an quiu que se sio,
Quand la sasou rebestisio
La souquo de mesos noubélos,
La pradario de pimpanélos,
L'albre de frut é de raméls,

E le seillou de caraméls.
Le jour que tres drolles à masso,
Baysaon dousomen la tasso :
L'houro que sul bentre sadoul
Nous aurion cruscat un pesoul.

QUATREN.

Jours le noum de Liris yeu canti ma droulleto,
Que mato le renoum de tout autro beutat,
Coumo le liri blanc parés de tout coustat
Per dessus le muguet é la mamoy neneto.

SOUNET.

La pastouro Liris es ta jantio é poulido,
Que sen posco trouba jouts la capo del cél :
As fredous qu'elo fa sur un ayre noubel,
La sereno de mar se troubario rabido.
 D'un quicom de besiat sa paraulo se guido ;
Un guignou frisoulat que se tors en anél,
Un lambrec amourous qu'escapo de soun él,
Sur tout autro beutat la tenen acoumplido.
 Simple, mês coutinuat es soun habillomen,
E d'aqui me reben un gran countentomen ;
Car atal elo par plus gentilo é bragardo.
 Douncos en preferau le naturél à l'art,
Taléu qu'en coumpagnio la besi sense fard,
Yeu bouldrio cap é cap la bese sense fardo.

MIÉJO DOUTZENO DE CANSOUS.

Aquesto se pot canta sur l'ayré de las foulios à l'Espagnolo.

Ay ! ay ! nou beyré jou jamai
L'houro que tant é tant me trigo ;
Couro ma poutouno me digo,
Que ma languisou li desplay.
   Tout le sante-batan del jour
Daban sa finéstro jou rodi ;
Per li guigna de l'él, se podi,
Que le siu m'aluco d'amour.
   Atal soulet é sense brut,
Passi moun tens en triste leze,
E lebi le cap per la beze,
Coumo qui cerco un estournut.
   Quand per passa ni repassa
Moun fes nou s'appazimo gayre,
Yeu fau milo castéls en l'ayre,
E me flati dan le pensa.
   Béni m'estrena d'un poutet,
Ça disi-jou, bélo Aymieto,
Que petara sur ta bouqueto
Coumo quand cridi le gatet.
   L'embejo me pren autaléu
De palpuga sas mas doucetos,
E de soun só, ple d'amouretos,
Les dous grumicelets de néu.
   Amour, fay qu'un pensa ta bél
Moun paure cor toutjoun assiste,
Car, sens'el yeu demori triste
Coum'un capou jouts un creméi.

AUTRO,

Sur un ayre noubel.

D'AN quin moutet de cansouneto,
Diré-jou gracios à l'Amour,
Que ma triat un'amielo
Qu'en beutat mato le bél jour:
    Més hélas ! per éstre ta bélo,
    Nou résto pas d'estre cruélo.
Tant de beutats qu'ou s'imagino
A mon sens nou soun que rebrecs,
Quand soun bél él, que m'enbelino
Dins le miu mando sous lambrecs.
    Per ta beutat, que tant hounori,
    Pastoureleto, jou me mori.
Un petit mé, dins ma cabano,
Me douno tout contentomen,
Sio que sur la primayguo lano,
Yeu passe la ma doussomen,
    O quel, en demenau la coueto,
    Poupe sa mayre sur l'herbeto.
Douno m'en un poutet en cambi,
E fazan tengan é tengan,
Atal yeu troubaré relambi
Del mal que tous eillets me fan.
    Beni dounc, bouqueto sucrado,
    Beni me sa bélo parado.

AUTRO,

Sur un ayre noubel.

DESPE'Y que dins ma pauro pél
Liris reboundec un cop d'él,
Le miu de trop ploura negat,

La siéc toutjoun à pas de gat.
  Sur soun bisatge d'angelet,
La beulat féc un castelet.
Amour s'y mudéc autaléu
Dan soun arquet é soun flambéu.
  Soun él en clartat aboundous,
Tuo le lum des tres bourdous,
E daban soun pel estendut
Le soulel me semble toundut.
  Sa bouts, pleno d'encantomen,
Me pipo de countentomen,
E soun sé, per éstre trop bél,
Me fa beni l'esprit garrél.
  Yeu flambi prép de sa beutat,
E trambli jouts sa cruautat.
Atal le foc, atal le tor
Biben à migé dins moun cor.

~~~~~~~~~~~~~~~~~~~~~~~~~~~~

AUTRO, D'UN AMOUROUS PAUROMEN AIMAT,

Sur l'ayre francés: *Quoi faut-il donc qu'Amour vainqueur.*

Tant que le nas me fumara
En debrembié nou toumbara
La courtezio de ma Mestresso,
Que toutjoun es en pensomen
Coussi per moun countentomen
M'hounoro de qualque caresso.
  Un jour que dins soun courredou
Yeu l'y contabi moun ardou,
Bigui pausats à la demoro
Un gous que rufao le nas,
E un baylet amb'un leignas,
Que me feguen biarda deforo.
  Bélo, sourtets, ça disio-jou,
E beyrets bostre serbitou

Que

Que de caytibié se palusso.
En l'attenden tout escalfat,
Sentigui que m'abion coufat
Un grazal d'aygo de merlusso.
 Encaros ouey, en la pregan,
Pes pots li passabi le gan,
En disant : Mutus é bibotis.
Elo, sampa de gayetat,
O per un gatge d'amistat,
M'a secoutut un grand repotis.
 Degus dounc nou me douno tort,
S'yeu bibi dinquios à la mort,
E s'aymi en chifro ma mignardo.
Yeu l'aymaré tant que biuré,
Senten atal à l'endarré
Coumo qui porto l'alabardo.

AUTRO,

Sur l'Ayre : *Belle qui me blessez*, etc.

Mourouso, tu t'en bas per tout aquesto estiu,
 E quitos le que tout es tiu ;
Pla seré cos, taléu que de toun él
 Perdre l'esclayre ta bél.
Grifoul de mous plazes, n'ames pas sense mi
 Prene la peno del cami.
Pren per laquay qui mor, se de toun él
 Nou bey l'esclaire ta bél.
Se passi lén de tu dos houros soulomen,
 Mori de mal esfregimen ;
E soun rouzent taléu que de toun él
 Bezi l'esclayre ta bél.
La balestriéro Mort, per nou me peca pas,
 Deja m'afusto soun matras :

3

Al cor m'ateiug, Liris, se de toun él
  Perdi l'esclaire ta bél.
E tu, droullet Amour, qu'as pres ma libertat
  A l'esperenc de sa beutat,
Fay que toutjoun yeu posco de soun él
  Beze l'esclayré ta bél.

~~~~~~

AUTRO,

Sur l'ayre : *Pour aimer fidèlement.*

Arraulit soun, dezanat,
E de sens debarginat,
Despéy qu'un bisalge bél
Féc de moun cor un crubél.
  Ço que ruiño moun bé
  E qu'Amour aymo tabé
  Las, bélo que pot gari
  Le mal que me fa mouri.
  El n'ajo tout ço que bol,
  E jou que ne beui fol,
  Se li dizi quicoumet,
  A Pétcelsis me tramet.
  Perço que nou porti pas
Cent flouris entre las mas,
Me dits se boli mouillé,
Que m'en cerque pel paillé.
  Amour sus pots é sus éls
Li fa cent poutets noubels,
E dits, per me destourna,
Embejetos qui nou n'a.
  Alabets tout despitous,
Yeu li tiri les guignous;
Més taléu que pren l'arquet,
Estau couch coum'un barbet.

SOUNET.

Hièr, tant que le caüs, le chot é la cabéco
Trataon à l'escur de lours menuts afas,
E que la tristo néyt, per moustra sous lugras,
Del gran calel del cél amagabo la méco;
  Un pastourél disio : b'é fayt uno grand péco
De douna moun amour à qui nou la bol pas,
A la bélo Liris, de qui l'armo de glas
Bol rendre pauromen ma persuto buféco.
  Mentre que soun troupel rodo le coumunal,
Yeu son anat cent cops parla-li de moun mal;
Més la cruélo cour à las autros pastouros.
  Ah! soulet de mous éls, se jamay sur toun sé
Yeu podi fourrupa dous poutets à plazé,
Yeu faré ta gintet que duraran tres houros.

PRESEN.

La balesto, qui la me sap?
Qu'yeu m'en ane bailla sul cap
An un lebraut que dins la bigno
Countro uno souco s'accoutigno.
Ça, ça, jou le bezi delà.
Capdenon, se nou sap boula,
Per tant que guimbe ni que courro,
Be li faré sauta la bourro.
Ah, moussur ! me semblo dejà
Que le bous bezi ranqueja,
E que s'estenilho per terro
Endouloumat de l'anco esquerro.
E léu, laquai, bouleguen-nous,
Ajats me fayt qualques lardous,
Enginat foc e lardadouro,

3.

Per me gauteja de boun'houro
D'un lebraut, que d'aqueste pas
B auc embouti dedins le jas.
A perpaus, nous abén à l'oulo
Un caul capus amb'uno poulo,
Uno listro de cambajou,
E n'én que Grignoulet é jou.
Fazen-ne douncos per boutado
Un presen à la camarado,
Que sur tout'autro del pays
En tout aunou se rejouïs.
Siés soun de qui me play de dire,
Que per passa le tens é rire,
E se tira de pessomen,
Elis biben galantomen.
Jamay le fissou de l'embejo,
Demest lour bi nou se barrejo,
Ni nou metten cartos en ma,
Que per ripailla l'endouma.
Més à perpaus de nostro casso,
Que pensi-jou qu'un lebraut fasso
En mas de tan de brabo gen
A qui nou manquo cap de den?
Mutus; ó d'amb'uno paraulo,
Bouden-le per la bouno taulo
De dous moussurs que l'autre jour
Dan nous anéguen fa le tour
De Mountaudran é de Santagno,
Per trouba la lébre en campagno.
Elis aro soun ays estats,
De dous abesques deputats;
Jantis toutis dous, ô jou morio,
Dignes que l'aujolo memorio
Fasso sabe per raretat
Lour bido à la pousteritat.
Ay! ay! l'affecciu que m'eyssorbo,
M'a fayt escarni catitorbo,
Que dits qu'a cent flouris en mas,

E per moustra nous les a pas.
A tal yeù douni quicom aro
Qu'es en sa libertat encaro,
E que taléu que me beyra,
Al grand galop se salbara.
Hazard, y baùc, y soun, abizi
La bigno é la souco que dizi,
Més de la proyo de tantos,
Noun bezi pas, ni pél, ni os.
Ho! que si fau, per la morburro;
N'es pardi, qu'ac'os uno turro.
Es-y, hoou, drolle? ô que non pas,
Al bourdel, tapauc n'éro gras.
Per despiéyt, mal lebrié li posco
Pauromen rougagna la closco,
E dedins sous budéls pudens
Reboundre le mour ó las dens,
O qu'un gran auzél de rapino,
En le picassant sur l'esquino,
Fasso que del plus gran petas
Un brian nou brespaillesso pas.

   A bous-aus ma plumo se biro,
Moussurs, que moun esprit admiro
Coumo patrous de perfecciu,
A qui per arros d'affecciu,
Yeu mandabi ço que n'a gayre
Pensaoun, prene en prenen l'ayre ;
Més per que me soun mescountat,
Prenéts en grat la boulountat,
D'un que n'a ré que tant li placio
Que d'estre en bostro bouno gracio,
E que fidélomen sera
Bostre baylet tant que biura.

———

3..

DESPIÉYT.

Guignoulet quitat per pauriéro
De sa mestresso trufandiéro,
Foro de sen é de repaus,
Se counsouléc d'un tal prepaus.

FI de l'amour, yeu le despiti,
Aro qu'un home de meriti
Es prezat tant coumo l'intou
Quand se bol dire serbitou
De la plus quito doumayselo,
Se n'a daurado l'escarcélo.
 Toutos s'agradon à piafa,
E dan l'argen aco se fa.
Beléu qualquo boun'aujouleto
N'aura qu'uno simplo raubeto,
E sens estofo ni clincans,
Passara l'escay de sous ans,
Balidomen ; més ac'os à latge
Que le tens rido le bisatge,
E quand per nous coyre d'amour,
La beaulat nou fa plus al four.
 Estérle, que de ta mestresso
Nou podes tira que rudesso,
Apren qu'yeu béni de sabé
Que per facilomen abé
Ço que bos de tas amouretos,
La bourço te fara cátetos.
Atal se tremudéc en or,
Jupiter per gagna le cor,
E baysa la bouqueto lizo
De la bélo filho d'Acrizo.
Bréf, per nu dire d'amb'un mout,
L'or est l'aymant que tiro tout.

E tu, que de moun mal te rizes,
E que per trufos aro dizes :
Seignour Baldeu, *que li bouleu*
Al courpoural que noun a creu.
Es aco trét de filho sajo
De jura l'esclayre que rajo,
Que toun humou me pagario
Un jour que mens y pensario.
Oyda de mespréts é de minos
Fredos é foro de jouïnos,
Mounedo que jamay nou cour
Entre gens que se fan l'amour.
Cértos à tas doussos eillados,
E parauletos ensucrados,
Jamay nou me foussi roungat,
Que tu mè baillessos le gat.
 Yeu que fazio per ta carriéro
La permenado dapassiéro,
Coumo ba per soun carrayrol,
Un escaragol bibarol,
Quand tray las cornos per soun payre
E per le bé de terro mayre,
Per paysse moun él afamat
Sur toun bisatge trop aymat :
Trop countent quand tu d'escapado
Me trametios qualquo guignado ;
Trop hurous quand sul paredou,
O cap é cap al courredou,
Yeu te disio : bello mestresso,
Fay me léu sourti de tristesso,
Que toutjour estau pensatiu
Couro moun nas graté le tiu.
Alabets, en rizen de gaulo,
Tu sabios capbira l'escauto,
E per encaro m'anima,
Me remetios al lendouma.
 Yeu, que sense cap ni centeno,
E gourrinat per la sereno

Touto la santo de la néyt,
Per te fa gratillous al liéyt
Dan qualque mout de cansouneto
Fayto per tu, ma poutouneto.
Ay! bé soun grep d'entendomen
De te parla ta doussomen.
Atal bibio dedins moun armo
Le foc d'uno amourouso alarmo,
Quand les traquanars del soulél
En mar se ban solbre le pél,
Mentre qu'ayci la néyt bruneto
Ten en desplego la clouqueto,
E quand per nous à nostre tour
Per las nazics bufon le jour.
E be be, tu me quitos aro,
Noun pas per moun bici ni taro,
Més per ço qu'un pijoun noubél
S'es attrapat à toun cimbél.
Almens d'uno causo me fizi,
Que quand le drolle que jou dizi
N'aura plus poudro d'oribus,
Tu li faras touca l'abus.
 Aros en fugin toun serbici,
E le mel de toun artifici,
Yeu boli dire amay guigna.
Que dan tu n'a res à gagna.
Pren dounc un adiu per estrenos,
Mentre que de plus grandos penos
Sur mi le labassi nou plau,
Per aci passi quand m'en bau.

CANT ROUYAL.

Quand le cél en plen jour s'amantoulo d'oum-
   bratge,
E le sérs, é l'aula se gourmon toutis dous,
Le bestial espaurit d'un ta rabent auratge,
Se cour agourruda dins sous amagadous;
Atal la mousquo ba déjouts uno teulado,
O countro uno paret gandi-se la trumado :
Més taléu que se crey seguro dins le jas,
La tararagno sort doun nou se tracho pas,
Que l'istroupo les pés é le cap li rougagno.
Ten bou, mousco, ten bou, qu'adezaro beyras
   Le broc que del trauquet tiro la tararagno.

Tu que fas le tutét la cap de toun courdatge,
Per prene traytomen mouscos é mouscaillous,
Yeu meni, tararagno, à toun desabantage
Un brouzinayre bol de grosses foussalous,
Que de toun cos arput auran pic ô pelade ;
Daban que dins un trauc te trobes esfujado.
Ç'a, foussalous, quitats las tutos des albas,
Per à cops de fissous li defendre le pas ;
Car per la bous teni dins la razó campagno,
Yeu courreré cerca, redde coum'un matras,
   Le broc que del trauquet tiro la tararagno.

Coume le loup cruél é coubés al carnatge
Antrio dins un parc gourdilha les moutous,
Se le pastre, fournit de bras é de courtage,
Nou li fasio fuma qualques cops de bastous :
Atal nou y a coulin tant foro d'escalado,
Ount uno tararagno on nou bis enjoucado,
Qu'en bél arpatejan debalario plus bas,
Per nous cura lct éls é courre per las mas,

En dangé de nous mettre en tarriblo magagno ;
May que nous aus aben tout fayt à nostre cas,
Le broc que del trauquet tiro la tararagno.

Més la pauro Aracgné b'auguec à soun doumatge
Le cerbél delougat é l'esprit cabilhous
D'ana n'intan n'incan compara soun ombratge
Al que Pallas fasio sur soun rét merbeillous.
E bé que l'in soubréc ? ré, sounco qu'ennayrado,
De filho se troubéc en bestio transfourmado,
Aprép que, per mata la primfile Pallas,
Soun sabe fourec court de may de milo gras.
D'aquel'houre s'amago, et de poou de coucagno,
Fuch descaradomen en toutis sous afas
Le broc que del trauquet tiro la tararagno.

A perpaus, un tal broc n'es pas mes en usatge
Per entrouca bruguets ni per pausa sedous,
Ni per fa crabo'és crabo entre mas de maynatge,
Ni tapauc per fourni mércos as jougadous ;
Mens es le qu'al cubat repousso la grunado,
Mens le que del calel ten la méco atizado,
Ni le qu'un paure pren per tira del fangas
Un'espillo rouillouso, ô bira le paillas :
Yeu canti d'uno bouts que le cor accoumpagno,
Sense qu'al gran jamay l'on m'en counesco las,
Le broc que del trauquet tiro la tararagno.

ESPLIGACIU DE L'ALLEGOURIO.

Per l'orro tararagno entendan Sathanas,
Quand dins un cor coupabl'el pot fourra le nas ;
E per la confessiu que de nous le destragno,
E doun le fa biarda plus bite que del pas
Le broc que del trauquet tiro la tararagno.

EPITAPHOS.

SOUNET.

Jouts aqueste gran roc es reboundudo l'osso
D'Encelado le fiér, la glorio des gigans,
Que per tira del cél les prumiés estaljans,
Enjouquéc Pelion sur la grand cimo d'Osso.
   Ja lebabo l'un pé le descarat colosso
Per sauta dins le cél besi de quatre pans,
Quand Jupiter sasic un foulze de tres brans,
Que, fléso, li féc brounzi pel miéy de la cabosso.
   Del brabé Jupiter le cél fourec gardat ;
Car, percanto de Mars, que se fa ta souldat,
El s'arrucao tout, quand augio las campagnos
   Retrouni jouts l'apprést d'un ta cruél assaut,
E péyssoun se mudéc, plus redde qu'un lebraut,
Quand bic al crabimé carreja las montagnos.

AUTRO.

Aci repausso prisounié
Le paure cos d'un Almouynié,
De qui la famillio bibento
De cinq soous n'a pas heritat ;
Car le foc de la caritat,
Que tenio soun armo rousento,
Fazec foundre tout soun argen
Sur la ma de la pauro gen.

AUTRO.

La Mort, que prou souben fa milhou qu'on nou penço,
Atrapec justomen moun filhol al poupèl;
Afi que plé de layt, yeu dizi d'innoucenço,
Pel carrayrou de layt el gagnésso le cél.

AUTRO.

L'aujoulet Turuté, fredeluc en jouenesso,
Aro tout escalfat, bouillo dins qualque jour
Ana prene litsous à l'escolo d'amour,
Senten se marida de caps à sa bieillesso;
Més le temps magisté l'a més à l'ablatif
Quand le pauret bouillo passa pel genitif.

AUTRO.

Aci jay qualqu'un que jou sabi,
E de qui le clot aro labi
De l'aygo que de moun él chop
Distillo per le plaigne trop.
Ay! mon cor de doulou se cargo
Quand me soubeni de sa targo,
Sio que per controfa le bel,
El espiésso de couo d'él,
O que d'uno miuo brabacho
Se relebésso la moustacho.
Naui, nou; jamay le soulél
Nou bic souldat plus brabé qu'él.

Tabe

MOUNDI.

Tabe quand éro ple de bido,
Sous enemics fugion d'augido,
E chardit que milo ni may
L'anésson ataca jamay.
Hélas ! el crebéc per la panço
D'un tros de causalado ranço,
Que rougagnéc à l'amagat,
O! qu'you le plagni, *nostre gat!*

AUTRO.

Cos es le courpoural Baldéu,
Brabe souldat à la picherro,
Le cos es aro dins la terro,
E l'armo dins le cél, beléu.

PLAT D'EPIGRAMMOS.

Vènus, del cél forobandido,
Per l'affron que féc à Vulcan,
Disen que se gaigno la bido
A fa ruscado tout oungan.
Le boun lessiu de sa ruscado
Es de mercuro fayssounat,
Dount elo met un toupinat
Al tour de la fardo tacado ;
Més b'es ta caudomen dounat,
Que la telo es pla renfourçado,
Se deban que sio netejado
Le paure pél nou n'es anat.

Gengi se tenio belo fizo
De bezé léu dins un linsol
Couzudo sa mouillé Danizo ;
Més aro qu'es bengut aujol,

E tabes elo touto grizo,
Juro que nou li fa poun dol,
D'abe pres uno marchandiso
Que l'y duro may que nou bol.

De que diriots que Goulibaut
Nous tratéc hier al banquet siu ?
Cértos d'un rabble de lebraut
Que tumao quand éro biu.

---

*Tout Frances entendra aqueste quatren, triat de
mouts franceses que soun tabe moundis.*

La filho d'un boun artisan
Porto de pérlo de tout bélo,
De gans à la modo noubélo,
E de fin or un gros carcan.

Aci caldra le dictiounari.

Belomen que s'en apitarro
Quand ten un broundel à bél cays,
Aquel grand golis de Poutarro,
Lifre coumo l'anquié d'un lays.

Aco's uno grand rebario,
A qui ba per la pierrario
Courre la mar sus uno fusto ;
Se Carmantran nou résto pas
De carga de roubis soun nas,
Que nou fa courre que la justo.

Cucors, creyrios-tu boulountié
Qu'aco se sio pouscut escaze,
Que l'autre jour un carretié
D'un cop de fouet, tu és un aze ?

MOUNDI.

Coucoulou se passejo soul,
E d'amb'uno paillo noubelo,
(Digomendiu qu'es pla sadoul!)
S'espepissouno la mayssélo.
Més yeu legissi brabomen,
Sur sas graus gautos de pantouflos,
Que s'arrigolo soulomen
De badaillots é de boudouflos.

———

Margot m'a baysat demayti,
Qu'a le pot garnit de pels rousses
Coum'un gigot de gril, é dousses
Coum'une frezo de mousti.

———

D'un Proudigué.

Estre, de grabélo pressat
Dits qu'en euduro malo guérro :
J'au crezi; car le mes passat
Se mangéc tres arpens de terro.

———

En quino compagnô que moussur Eing s'en
  ango,
El poulso per darré, tant qu'on l'auch tout altour;
Més digats mal de ini, se nou l'augén nu jour,
Esclata d'amb'un pet, coum'un pastis de fango.

———

A l'Embejous.

Fuch, jauparel, é fay-t'en ré,
O troubaras que segoun l'ordre,
Sourtén de parla de darré,
Afi que troubessos oun mordre.

~~~~~~~~~~~~~~~~~~~~~~~~~~~~~~~~~~

BEUTAT FANTAZIADO.

Coussi? quado boun compagnou
Aura mestresso sounquo jou?
Quadun troubara sa quaduno,
E jou noun troubaré pas uno?

Noun fumetis que si faré;
E se la qua courtizaré
N'es de cos et d'esprit triado,
Tournats me fa manja sibado.
Bertat es que nou sabi pas
S'elo fara de mi gran cas,
O se d'uno renouso mino
Me bouldra beze per esquino.
Hazard, qui de poou de conget
Nou perseguis un bel sutjét ;
N'es pas el un grand couard couardillho,
Que nou bal pas un pet de grilho ?
Passe, jou donc à moun annou,
Que que n'arribe ni que nou,
Men bau fouzilha tout Toulouso
Per trouba la janti mourouso,
Que sio de moun contentomen ;
E per bous dire libromen
Coussi cal que sio per me playre,
Sur un papié la bau pertrayre ;
Car per tira quicom de bél,
La plumo bal be le pincél.
 La bélo que bouldra mà telo
Lugrejara coum'un'estelo,
Que pel trabés de l'ayre trum
Fa mostros de soun brabe lum.
Les boués, que matats de lassiéro,
Soun al primson per la ribiéro,
Mentre que de cado coustat
Canto le gril dezentutat,
Se lebon antalén que l'ayre
S'enluzis d'un tá bél esclayre,
E drolles tant coumo jamay,
Passon le tems coumo lour play.
Aro sur l'herbeto dailhado
Fan quatre sauts dan l'agulhado ;
Aro cércon de tours noubéls
Al bralle gay des quiscabéls,

Per ne moustra qualque passatge
Enta la boto del bilatge,
Tant que las Massipos s'estan
Jouts le gran oum, é mentretan,
Qu'elis fan talo é talo causo,
La boüaillo pel prat se repauso,
O gouludomen à bél cays
De l'herbo mayenque se pays.
Atal quand ma joueno mestresso
Fara luzi l'or de sa tresso,
E que sas milantos beautats
Toucaran las extremitats,
Yeu seré fretillant alaro
Coum'un barbéu dins l'aygo claro.
Yeu faré milo tréts galans
Per passa les milhounis ans,
Que ban en posto à la bieillesso,
A probo des cops de tristesso,
Mentre que tout grand péssomen
Enemic del contentomen
Que d'un tal passotens arribo,
Sera pausat à la cailhibo.

 Aquel bisatget animat
En obalo sera fourmat,
Fresc, et biu de sas coulouretos,
Coumo las rosos bermeilletos ;
Que l'albo as pels ensafranats
Semeno pél cél à manats.
 De soun pel un'escauto fino
Oundejara debés l'esquino,
Sounquo sio mes en grumicél
Coumo d'un artifici bél,
Es reliat le de la bébo,
Et debés oun le froun se lébo
De flouquets frisoutats souben,
Faran à barros dan le ben.
 Le froun, que ne prendra l'ombratge,
Ne tirara 'al abantatge,

Que le gran puntié Cupidou
Le cauzira per paredou,
Ount tout le jour el prendra l'ayre,
E se degus s'appropio gayre,
Li fouignara dedins le cor
Un cop de matrassino d'or,
Que sur la clartat affougado
Des belis éls aura fargado ;
Talomen que qui la beyra
Ribouu, ribayno l'aymara.
J'au crezi, car quino persouno
A la pel del fetge ta bouno,
Que nou se trauque d'un cop d'él,
Gay, risen, ensucrat é bél
Coumo l'aura ma mistoufleto,
Dejouts uno silho negreto,
Qu'escarnira dan souu miey tour
L'arquet de l'esperenc d'amour.
 Le nas paressera decosto,
Liz, longuet et faitet en costo ;
Ount cent poulits Cupidounets
Faran cent tours dan les penets,
E dan las manetos habillos
Al redoulet de las espillos.
Un que fara, trop despitous,
Le darrié part es des listous,
Sera cassat d'uno gourmado
De l'amourouso camarado.
 Més en fugin nou sera pas
A miey trabés de dit plus bas,
Que resoulut, coumo Bartholo,
Sense poou de may de patolo,
Cridara per les adouci,
Aci ! compagnounets, aci !
Hé courréts ! que de bostro bido,
N'ou biguets causo ta poulido.
Elis, plus douces que de gaus,
Coumo sabéts que les efans

MOUNDI.

N'an pas couléro de tengudo,
Courreran à brido abatudo
Al loc bezi que lour a dit
Le fistounet forobandit.
 Aco's, bouqueto, per te beze;
Més, se te play, douno me leze
De salsa, per te fa milhou,
Ma plumo dins le bermilhou.
Fi, fi, car oun soun desplegados
Las rosos et las girouflados,
Le fard nou fa degun besoun,
E sur tu flouriran toutjoun,
Ta pla que jamay pastourélo
Noun culhira cap de ta bélo,
Al tens que le gay roussignol,
Sense becarre ni bemol,
Fredouno l'aunou de naturo,
Quand les prats cubérts de berduro,
Per nous pipa sur las coulous,
Biron en may trinfle de flous;
Aro bendran les Dius en pilo,
Que de la bouqueto gentilo
Nou pouyran pas darriga l'él,
Sounquo per passotens noubel,
Fasson al tour de las flouretos,
(Audousos toutjoun é fresquetos,
En despitan de tout hyber)
Al capitani mal goubér;
E qui sera troubat en fauto
Sera reculat sur la gauto,
Tant que qui fara brabomen,
Coumo sera del mandomen;
Bayzé la bouquo couralino.
Ça, ça, laquay, ma carabino;
Moun alezan, moun coutelas,
Mandelaté, nou bezes pas,
Que me fourrupon la mestresso;
Hélas! escusats ma simplesso,

Petits Dius, se sens y pença,
Yeu sorti de bous offença.
La bertat es qu'uno boutado,
D'imaginaciu treboulado,
M'a gardat de me soubeni
Qu'aco's un joc à l'abeni.
E pey, me sabio mal encaro,
Que sur uno beutat ta raro,
Tant d'amistouzes efantets
Fésson tinda milo poutets,
E que jou que l'auré serbido
Pauromen chapéssi la brido.
D'asso ma bélo se rira,
E cependan descrubira
Dins la bouqueto que j'hounori
Un petit magasin d'ibori,
En diré be de petits dats
Que s'un cop yeu é regardats,
Lour blancou, per touto ma bido,
Me rallara l'armo rabido.
 A perpaus d'un counte noubél,
Quicom m'es intrat dedins l'él,
Qui de bous autres le me buso ?
A perpaus, digos sense trufo
Metan en joc dous pastissous
O beromen dous gautissous,
Doun la roujo blanco tinturo
Nou se diura qu'à la naturo.
Asso me fa bremba del cél,
Quand le soulel sense pincél
Enrougis la niboul humido
Qu'en autre loc es emblanquido,
Signe tirat de la coulou,
Que l'endouma fara calou,
O quin parterro de flouretos
Seran aquelos dos gautetos !
Més sur tout y sera plantat
Un broutou de pudicitat,

Que per ouudra touto la facio
S'esplandira de bélo gracio,
Tout cop que l'astre de moun jour
Augira qualque trét d'amour.

  Bous-aus éts aro de partido,
Petits pourtanéls de l'augido,
Que per un courredou bessou
Dins un cap estujats le sou.
Bélomen, sourretos aureillos,
Qu'en bous on beyra de merbeillos,
O pla, car les replecs petits,
Mignardomen pla despartits,
La fayssou péy d'uno coudérlo
O d'uno cauquilho de perlo,
Nous couseran l'entendomen
D'amb'un fiel de rabissomen.
Aro men bauc en sentinélo
Sul cap de la barbeto bélo,
Per espia deçà, delà,
Coumo d'un petit coustela.
Me digats que sera poupino
Del col la carneto bezino,
Col, que pu blanc que pla pertrayt
Dounara réstos à la layt.

  A foc! à foc! alarmo! alarmo!
Quicom peys éls me rumo l'armo,
Le se, fayt per admiraciu
Sul patrou de la perfecciu,
Dejà las bezi las poumetos
Blancos, redouudos é duretos,
Coumo dits Mars que Venus a,
Quand tourno de la courtisa:
Aqui pourtat de coubesenço,
Coume dins un ort de plazenço,
Yeu diré, de gauch eyssourbat,
Foro de part, que m'é troubat
Un brabé parél de majofos.
Hé! le grand enbento-boulofos,

Dira l'Amour : b'as paures éls
De nou couneysse les poupels,
Ount el metis ple d'amouretos,
Fara del nas cent candeletos,
En fouzillan coum'un pourquet
Que manjo bren dins un nauquet.
   Més el es tens qu'yeu me retire
Dan le garrabot de moun dire,
Car las oundados d'aquel se
Me pouyrion nega de plaze.
E pey l'Estelo de ma bido,
Autant hounesto que poulido,
Crido dejà que nou bol pas
Que de l'él you courro pu bas,
Ni que parle per counjecturo
De ço que cren regardaduro,
O se d'abéscops me permet
De beze encaro quicomet,
N'es pas besoun que tout le mounde
En talo fabou me segounde.
Sec : arresto, pabillou, dounc,
Que le cossoul à pres un trounc.

~~~~~~~~~~~~~~~~~~~~~~~~~~~~~~

A LAS FLOURETOS DEL GRAN RAMIÉ.

Beutats flouridos del ramié,
Oun per un plaze coustumié,
Cinq ô siés souben nous en bestis
A fa de brabes rigoulistis,
Prégui Diu que de cap d'aygat
Bostre prim pé nou sio negat.
Jamay nou sentats calourado,
Labassi, brumos ni tourrado :
Prégui Diu que de cap de ben
Nou siots brandidos trop raben.

Le cél, per amistaoço raro,
Bous fasso toutjou bouno caro,
E jamay nou bous mande ros,
Que d'aygo-nalfo e d'aygo-ros.

NOUEL, A L'AUNOU DE NOSTRO-DAMO.

Apilouten-nous, pastourels,
E digan en nostre lengatge
Coussi fourec fayt un messatge,
A la Regino deys Angéls.
Jamay dedins nostro memorio
Le noum de la Biérges nou morio,
E dinquios al darrié badal
Canten à l'aunou de Nadal.

Gabriël, l'archangelet gentil,
Dits à la Biérges benazido :
Filletto, Diu bous a cauzido
Per estre Méro de soun Fil.
Jamay dedins nostro memorio
Le noum de la Biérges nou morio, etc.

Mario respondec humblomen
Pleno de gauch, coumo de gracio :
Fasso Diu tout ço que li placio ;
Yeu soun à soun commandomen.
Jamay dedins nostro memorio, etc.

Incountinen dedins sous reus
La ma del Sant-Esprit oupero,
Car coumo Biérges daban éro,
Biérges péy fourec, amay prens.
Jamay dedins nostro memorio, etc.

Atal per un miracle gran,
E per dessus nostro cerbélo,
Se troubéc prens uno piucélo,
E s'ajaguec d'un bél efan.
Jamay dedins nostro memorio, etc.

Canten, pastourelets moundis,
En pregan la sagrado Méro,
Que prégue Diu soun Fil é Péro,
Qu'un jour nous doune paradis.
Jamay dedins nostro memorio,
Le noum de la Biérges nou morio,
E dinquios al darrié badal
Canten à l'aunou de Nadal.

AUTRÉ.

Pla se pot teni l'home fiér,
B'es hurous tres cops, amay quatre,
Ouey que per el Diu ben coumbattre,
Toutos las poutestats d'ifer.
 Un bél moutet entounen, compagnous,
 Et foro de tout'alarmo,
 Hounouren de cor é d'armo
 Le Rey des Reys, le Seignou des Seignous.
Sul poumié Satan enjoucat,
Nous aterrec en troumpan Ébo,
Més beci Diu que nous relébo,
En esfalsan l'horre pecat.
 Un bél moutet entounen, coumpagnous,
 E foro de tout'alarmo,
 Hounouren de cor é d'armo,
 Le Rey des Reys, le Seignou des Seignous.
Un coufin d'estable li play,
Oun nays sense poumpo ni glorio,
Afi que son poble nou morio
D'uno mort de tout é jamay.
 Un bél moutet entounen, compagnous,
 E foro de tout'alarmo, etc.
Sio benazit à tout perpaus
Diu, que del cél féc sa sourtido,
Per à la fi de nostro bido,
Nous douna le saute repaus.

         Un

Un bél moutet entounen, coumpagnous,
E foro de tout'alarmo,
Hounouren de cor é d'armo,
Le Rey des Reys, le Seignou des Seignous.

AUTRÉ,

Sur la Natibitat de Nostre-Seigne.

Fazan à qui cante milhou
La grandou de Diu counescudo,
Ouey, que seus'home ni doulou
Uno Biérges s'es ajagudo
D'un Enfantet rizen et bél,
Diu de toutjoun, Home noubél.
 Ça, ça, trien uno cansou poulido,
 Per saluda qui nous douno la ....
 Haupalala! couratge, coumpagnous,
 Nostre-Seignet es ouey nascut per nous.
Dins uno granjo de pagés
Diu ben tasta nostro misero,
Oun l'accoumplido Biérges es
Lebadou, serbicial ó méro,
E Jousep le boun hounenet
Bresso sul fe le Poutounet.
 Ça, ça, trien uno cansou poulido,
 Per saluda qui nous douno, etc.
Atal le gran Diu s'acatéc
Per Adam beouze d'innoucenço,
Adam que l'ambiciu pourtéc
A mordre le frut de scienço,
Sur que le diable dans soun croc
Nous dibio chaupi dins le foc.
 Ça, ça, trien uno cansou poulido, etc.

L'home fayt per admiraciu
Sur tout ço qu'es jouts l'astre blounde,
Soul animal de perfecciu,
Petit image del gran mounde,
Fourec coundamnat quand Adam
Péquéc à soun é nostre dam.

  Ça, ça, trien, etc.

 De prumié, tout ço que les céls,
Le foc, la mar, la terro, l'ayre,
Estujon dins lours grumicéls
Ero coumandat de li playre :
Tout dibio pourta libromen
Les mors de soun commandomen.

  Ça, ça, trien, etc.

 Més quand el desplazec à Diu,
Tout intréc en camp de bataillo :
Le bounheur li dissec adiu,
La mort arribéc au sa daillo,
E de doulous un regimen
Espalléc soun countentomen.

  Ça, ça, trien, etc.

 Douncos bous siots le benbengut,
Diu beray, Fil de Diu le Péro,
Home beray, qu'abéts boulgut
Naysse d'une piucélo méro,
E pourta del cél le perdou
Al miserable pecadou.

  Ça, ça, trien, etc.

 Bous n'abéts pas tant de passiu,
Que quand uno armo malautisso
Flaco dejouts la tentaciu,
Bous mandets à l'houro metisso,
Las puos d'un foulzé alucat
Per l'abima dan soun pecat.

  Ça, ça, trien, etc.

 Bostro pietat bol soulomen
Que nous tournen à la carriéro
De bostre sant commandomen,

Afi qu'à nostro néyt darriéro,
Ajan part à bostro fabou,
Gran Diu, tout pietadous é bou.
 Ca, ça, trien, etc.
 Hélas! quand moun tens sio serbit,
Boun Seignou, fazéts que bous placio,
Que per éstre toutjoun rabit,
Sur la béutat de bostro facio
Moun esprit sio menat al cél
Per la ma de moun boun angél.
 Ca, ça, trien uno cansou poulido,
 Per saluda qui nous donno la bido.
 Haupalala! couratge, coumpagnous,
 Nostre-Seignet es ouéy nascut per nous.

AUTRÉ, PER LE JOUR DES REYS.

Un Pastou ben de Hiérusalem, é dits à sous
   Coumpagnous:

DE noubélos, efans, en benen de la bilo,
E bist passa trés Reys d'uno fayssou gentilo,
E demandon per tout l'houstalet benazit,
Que le Rey d'Israël per palays a cauzit.
 Qualqu'un a decelat que porton per estrenos,
Tres brustietos d'encens, d'or é de myrrho
  plenos,
Que li ban humblomen ufri, digomendiu,
Que coufesson dejà quel es Rey, Home, Diu.
 Elis parlon, sampa, de l'Efantet aymable,
Que nous-aus l'autre joun troubéguen à l'estable,
A qui Peyret dounéc un agnelet pla fayt,
E jou, sense reprochi, un picharrou de layt.
 Posco donuc ouéy metis uno ta belo troupo,
Hurousomen trouba le bel Efan de poupo,
Mentre que de nous-aus quadun le pregara
De nous salba l'esprit quan le cos mourira.

COUNTRO TU LIBRET, ET PER TU.

Manadet de flouretos coumunos, que gauzos espera regardaduro dedius le gran é mirgaillat parterro del Languedoc, de toutis tous esperforces, te besi pagat en mounedo de trufos, se nou te salbos per aci. Quadun al miral de soun armo trobo soun acciu bélo ; quadun al bougnou de l'aunou tiro dan qualque qualitat que l'in douno. D'amb'un lum pariou al de Diogéno, bélo pauso me soun espouilat à cerca qui nou penso sabe quicoumet. Un soul Socratés, le belet des sages, semblao m'arresta de lén d'amb'aqueste dittat : *Unum scio, quod nihil scio.* Quand de prép é pel trabés d'uno ta grando confessiu d'ignoureuço, bigui qu'encaro dits sabe quicoumet : *Unum scio.*

Al rebés, tenéts coussi miejo doutzeno de brabos gens se préson, coussi se fan fa gratilhous à la glorio : Birgilo, Oubido, Horaço, Martial, Rounsard é Petrarco.

Tentenda via est quâ me quoque passim
Tollere humo, victorque virûm volitare per ora.

Cùm volet illa dies, quæ nil nisi corporis
   hujus
Jus habet, incerti spatium mihi finiat ævi :
Parte tamen meliore mei super alta perennis
Astra ferat, nomenque erit indelebile nostrum.

Exegi monumentum ære perennius,
Regalique situ pyramidum altius.

Et pey.

Non omnis moriar, multàque pars mei
Vitavit Libitinam.

Sum non obscurus nec male notus Eques ;
Sed toto legor orbe frequens, et dicitur, Hic est.

Je suis, dis-je, Ronsard, et cela te suffise.
Et pey.
Il est aisé de me reprendre,
Mais malaisé de faire mieux.

Ifaro force un mio lavor si doppio
Tralo stil de moderni, e'l sermon prisco
Che (paventosamente à dir, lo ardisco)
Infin à Roma n'udirai lo scopio.

Aco'co que soum couratges en mico, é que nou creignen pas que le bantat de si metis courro pel mounde cargat d'ourrezié. Asso sio dit sense coumparasou, soulomen per gandi nostre *Nourre* d'aqueste reprochi, que perque se met en campagno, be semblo sourdomen s'estima quicoumet. Sur la despartido me brembo d'un pagés de-là las Tres-Canélos, que dissec à soun percurairé. *Moussut, héts m'uo requesto, coumo soulio hé un houmenet deou noste pays, que dab quouate mots de Pelissoun nous cambobirao tous abéc despens.* Y a de gens que per tout bolen de lati descubért, sense mastulha s'on y guigno, ô tout, à lour abist, es dit per escajenço ; tout au mandon estroupa pebre dan la debiso trufandiéro de Roumo, S. P. Q. R. Si peu que rien.

D'un tal titre d'escajenço, *mussur Cucois*, per nou beze de citacius, estrenéc nostre foronisou, yeu dizi nostre petit passotens, qu'escasso penos sourtio de la presso, quand, per en qualque faissou le countenta, la tintéyno m'arrapéc de fa uno petito rebuo d'els, que d'an may de leze pouira creisse. *Escribans aujols*, de qui l'esprit coumoul de raros inbencius, ten tant de plaço per toutis les camis de la sençio, que defeciblomen on pot passa per un sutget coumu sense bous tusta, placio bous agrada que de la forço de qualqu'uno de bostros autouritats yeu piége nostro flaquiero. Atal.

5...

ALBO.

E boli que sas coulouretos
Semblen las rosos bermeilletos,
Que l'albo as pels ensafranats
Semeno pel cél à manats.

Le safra et la roso se dounon coumunomen à l'Albo.

Oubido li fa les pels de safra.

Placuit croceis Aurora capillis.

Birgilo les y fa de rosos.

Crinibus et roseis tenebras Aurora fugarat.

Le liéit li fa de safra.

Et jam prima novo spargebat lumine montes
Tithoni croceum linquens Aurora cubile.

L'Ariosto y demando plaço.

Spesso aprir la finestra he per coustume
Per veder s'anco di Titon la sposa
Sparge dinanzi al matutino lume
Il bianco giglio, et la vermiglia rosa.

ARACHNÉ.

Arachné, matado de Pallas en fét de tribailla de l'aguilho, per despiéit se penjéc, ó per pietat fouréc transfourmado en tararagno, qu'encaro nou pot pas debremba le mestié. Jantimen au dits Oubido al 5. de la Met.

Defluxere comæ, cum queis et naris et aures;
Fitque caput minimum, toto quoque corpore parva,
In latere exiles digiti pro cruribus hærent.

A TOUTOS FIS.

A toutos fis se bos encaro,
Que passe may que de la caro,
Sas poupos soun..... A capdenou!
Ça bau jou dire, etc.

Qualqu'un nou troubao pas aqui coumplimen de sens, més aco's uno figuro à coupo couo, et se fa quand on s'arresto tout court, en fasen

semblan de passa. Atal, al prumié de l'Eneido;
Neptuno s'au ajo dan los bens mutis.
*Jam cœlum terramque meo sine numine, venti
Miscere, et tantas audetis tollere moles.
Quos ego... sed motos præstat componere fluctus.*
 E Tibullo à Priapo.
*Improbus ut si quis nostrum violarit agellum
Hunc To; sed taceo: scis puto quod sequitur.*

BERTUT.

Tabe per le plaça dins le temple d'Aunou,
Le cél l'abio fourmat à bertuts rapourtados.

Le sens guigno an asso. A Roumo, tens que
Dius ajo, per intra dins le temple d'Aunou,
caillô pas sa per le de la Bertut. L'allegorio n'es
pas de mal trouba.

BROC.

Le broc que del trauquet tiro la tararagno.

Digan que coumo la mousco es attrapado de la
tararagno, atal es le pecadou de Belzebut, interpretat *idolo de la mousco*.

CARRAIROU.

Afi que ple de layt, yeu dizi d'innoucenço,
Pel carrairou de layt el gaignesso le cél.

Uno de las caminolos que menon al cél es
l'innoucenço. Les Dius de l'antiquitat y ban per
aqui. Obido al 1. de las Met.
*Est via sublimis cœlo manifesta sereno:
Lactea nomen habet, candore notabilis ipso.
Hac iter est Superis ad magni tecta tonantis.*

Aco's un cop éro un home. Plus bertadiéromen l'innoucenço porto l'home dins le cél: en
dito del rey proupheto.

*Quis ascendet in montem Domini; aut quis
stabit in loco sancto? Innocens manibus et
mundo corde.*

CARTOS.

Ni nou meten cartos en ma
Que per ripailla lendouma.

Obe, que d'estre trichot, le bast à la fi se baigno. Appelen d'Escalampado le joc derreglat, caminolo de l'espital, oundado de debaucho, que gito la bourço à l'eyssut.

Sunt et chartæ lusoriæ, cum quibus qui se valde delectant maximè omnium semper egent. Pol. Birg. E le Pouelo.
Lusori cupido semper gravis exitus instat.

DIU NENET.

Amour, héritié de las plaços doun Venus se banto d'estre seignouresso. Birg.

Est Amathus, est celsa Paphos, sunt alta Cythera,
Idaliæque domus.

Doun le matras de ploumb ô d'or
Roustis ô torro nostre cor.

Les Pouëtos tenen que le puntié Cupidou tiro de dos biros, l'uno li fan d'or, l'autro de ploumb. Aquesto fa haï, aquelo fa aima. Phœbus et Daphné sion per exemple. Pensi qu'aquel'inbenciu porto un sens en croupo, que la biro de la pauretat toco raromen le bougnou de l'amourouso persuto.

E se prenen indiferomen matras, matrassino, passadou, biro, trayt, coumo *dard*, *sagette*, *flesche*, *traict*, *quarrelle*, segoun le besoun del bers, atal yeu et jou.

EFANS.

Coumo sabéts que les Efans
N'an pas coulero de tengudo.

Reddere qui voces jam scit puer, et pede certo
Signat humum, gaudet paribus colludere, et iram
Colligit, ac ponit temere, et mutatur in horas.

ESPRIT.

E que l'esprit cassat de mals,
Se trobe foro des caissals.

Segoun Houmero, l'esprit nou tourno plus

dedins le cos d'un cop qu'a pssaat la randuro de las dens.

ESTIX.

Car, per Estix, b'a bélo pauso.

Amour aci juro per uno de las ribiéros d'ifer, gran segromen des Dius. Birg. Æneid. 6.

*Cocyti stagna alta vides, Stygiamque paludem,
Dii cujus jurare timent et fallere numen.*
      *Per flumina juro
Infera, sub terras Stygio labentia luco.* Oubido, 1. Met.

FISSOU.

Jamay le fissou de l'embejo
Demest lour bi nou se barrejo.

Medigats que l'embejo fa fa ratjos à de persounos que sense set tiron toutis les aussets de la justo, entre mas de qui jamay le bi nou demaudo cambia de camiso, jamay nou suzo, jamay n'es tout aygo.

Quisquis præterierit potûs modum, non amplius ille suæ linguæ compos est neque mentis.

Chardit que la maldisenço sa fillo aynado manquo de s'y trouba. Cal sabe, disio Pyrrhus à de sous souldats, d'autouritat de qui bous-aus sourtéts de desfielfra bilénomen mas accius é ma bido. Siro, respoundéc un per touts, en biran la trumado d'amb'uno pefounario : é poou que bous aurion milhou netejat la fardo, se fourraduro de flascou nous aiésso gayre may escalfat le cascou.

Et te occidissemus, rex, nisi lagena defecisset.

Aquel que manjao las ceriéros dan de mericles, afi que sembléssou de griots, nou dibio sounque s'ajuda de l'embejo, que fa trouba las prousperitats de soun bezi plus grandos. Oubido.

*Fertilior seges est alienis semper in agris,
Vicinumque pecus grandius uber habet.*

GOURRINA.

E gourrinat per la sereno
Touto la santo de la néyt.
Et potui totas hyberno tempore noctes
Fixus ad ingratas pervigilare fores.

HOME.

Petit image del gran mounde.
Quia homo cum omnibus quæ in mundo sunt participium habet, cum inanimis esse, cum elementis moveri et transmutari, cum arboribus vivere, cum animantibus cœteris sentire, cum cœlestibus intelligere, minor mundus dici solet.

JANTIS TOUTIS DOUS.

Un efan que bic, aprép fosso peltiromens à de malos, cabussa soun payre é sa mayre fourro bourro per l'escalié, cridec, per banta l'un é l'autre, *O jantis toutis dous.*

JURA.

Es aco trét de filho sajo
De jura l'escayre que rajo.
Les esperjuromens en amour soun emplumats coumo le Diu; le mendre eschaure les emmayro, Tibullo, l. 1.
Nec jurare time, Veneris prejuria venti
Irrita per terras et freta summa ferunt.
E un autré.
Jupiter è cœlo perjuria ridet amantum.

LIOUN.

Atal dedins un parc le Lioun se boulégo,
Al mitan des moustis, del pastre é deis aignels,
Atal, à cops de dens, de couó, d'urpos é d'éls,
Les espauris, esquisso, endouloimo, mousségo.
Impastus seu plena Leo per ovilia turbans
(Suadet enim vasana fames) manditque, trahitque
Molle pecus, mutumque metu: fremit ore cruento.
Birg. Ænéid, 9. E l'Ariosto, al cant. 18.

MOUNDI.

Come impasto Leone in stalla piena
Che lunga fame habbia smagrito et ascicutto,
Uccide, scanna, mangia, et à stratio mena
L'infermo gregge in sua balia condutto.

LIRIS.

Noum imaginat de mestresso, coumo Cloris, Philis, Floris. E se tiro de liri, flou counescudo, autromen Roso de Junoun. Tout del loug au dits un brabe medeci.

Fuchsius in historia stirpium : veteres Græcorum poetæ fingunt è Junonis lacte respersa terra natum Lilium. Namque cum Hercules puer, quem ex Alcmene sustulerat Jupiter, Junonis dormientis uberibus admotus esset, et lacte se replesset, post suctum digressus mamma lacte copiosè profluxit. Quod in cœlo à puero, vago et incerto suctu profusum est, lacteam effecit viam : quod humi respersum est lilium lacteo flore nitentem creavit, unde rosa Junonis dictum.

MOUNDINETOS.

Aros, ô bélos Moundinetos !
Soulels, or, pérlos é flouretos.

Las filhos de Toulouso s'apélon per escay moundinos, noun pas de qualque *Mundinus*, ni perço que sion plus moundénosque d'autros; més perço que per excellenço soun *mundulæ*, jantios, propios, coutinaudos, graciusos se d'autros s'en trobon al mounde : *A munditie.*

MORT.

Un cop per tout jamay la mort tout à bél tal
Endrom dedins le clot le pagés é le noble.
Un cop per tout jamay. Catullo.

Soles occidere et redire possunt,
Nobis quum semel occidit brevis lux,
Nox est perpetua una dormienda.

Endrom dedins le clot. Ronsard.

Une maison nous peut être rendue ;
Mais quand la vie est une fois perdue,
Ensevelie en un tombeau reclus ;
C'est fait, et les Sœurs ne la refilent plus.
In æternam clauduntur lumina noctem. Birg.
  Le pagés é le noble.
      Mors sceptra ligonibus æquat
Dissimiles, simili conditione trahens.
      Unda scilicèt omnibus
Quicumque terræ munere vescimur,
      Enaviganda : sive reges
Sive inopes erimus coloni.
  E d'un autre coustat. *Pallida mors*, etc. Hor.

NOUEL.

Nouél é Nadal se prenen dibérsomen.
A la festo de Nadal cantaren les nouéls.
  Atal y a à la secundo stropho.
Dins uno granjo de pagés
Diu ben tasta nostro miséro.
  Invenerunt Mariam et Joseph, et Infantem positum in præsepio. D. Luc. c. 2.
  E la Sybillo Eritréo. *Humiliabitur Deus et sub fœno jacebit Agnus.*
    D'Adam péy se parlo :
      Més quand el desplazec à Diu,
      Tout intréc en camp de bataillo ;
      Le bounhur li dissec adiu ;
      La mort arribéc en sa daillo.
Per unum hominem peccatum in hunc mundum intravit, et per peccatum mors. D. Paul. Epist. ad Rom. cap. 5.
Huic mandasti diligere viam tuam, et prætérivit eam, et statim instituisti in eo mortem. Esdræ, l. 4.
  E de doulous un regimen,
Espallec soun countentomen.
  Horaço au dits de Prométhéo plus elegantomen.

Post

MOUNDI.

Post ignem œthereâ domo
Subductum, macies, et nova febrium
Terris incubuit cohors.

Diu beray, Fil de Diu le Péro,
Home beray.
Petrarca à la sancta Virgine. Canz. 49.
Recommandamini al tuo figlivol, verace
Homo è verace Dio.
Ch'accolga l'mio spirto ultimo in pace.

OR.

E per au dire d'amb'un mout,
L'or es l'ayman que tiro tout,
Vindex avaræ fraudis, et abstinens,
Ducentis ad se cuncta pecuniæ.
Hor.

PAN.

Pensabi que fouresso Pan,
Que permo de qualque pastour
Sounesso de sa crestadouro.

La fiuto dits que Syringa, nympho bouscaciéro, perseguido de Pan, fourec à sa metisso pregario, cambiado en canabiéro salbatjo. Pan, per se fa soulas, et se bremba toutjoun de sa mestresso abalido, coupec de canéls, é les ajustec dan de cero à modo d'uno flaüto de crestayre. *Birg. Eglog.* 2.

Mecum una in sylvis imitabere Pana canendo.
Pan primus calamos cera conjungere plures
Instituit
Atque ita disparibus calamis compagine ceræ
Inter se junctis, nomen tenuisse puellæ.
Oubid. 1. Met.

PABILHOU.

De cossouls anaon presenta lo pabilhou à lour

séignou, que fasio soun intrado dedins lour bilato. Un d'elis, que n'éro pas trop pla caussat, quito soun bastou per se tira quicom del pé ; les autres non restaon pas de se muda, quand qualqu'un cridéc : *arresto pabilhou*, que le cossoul a pres un trounc.

RAZIN.

Car al razin reben l'aunou de la souqueto.

La coumparasou de souqueto é de razin à un brabe péro é un brabé fil, ben de ço que Astiages, per la bigno figuréc uno raretat de bertut : car en sounjan que del cos de sa filho sourtio uno bigno doun le bél oumbratge se pourtao per touto l'Asio, el dissec é débiguéc qu'elo s'ajayrio d'un efan, que qualque jour serio l'aunou de soun païs, oundrat é plé d'uno raro é excellento bertut.

SANG.

L'un sentio d'un estoc descouzé sas coustélos,
Per oun s'estourrissiô le sang à bél rajol.

La perdo entiéro deis esprits que siéc l'estourriment del sang, fa que le cos é l'armo roumpen coumpagno. D'aqui Empédoclés tiréc crezenço que l'armo demouro dins le sang : Birgilo y guigno.

Purpuream vomit ille animam.

E pey.

Una eademque via sanguisque animusque sequuntur.

E l'Ariosto.

Quella tresse al tornar l'alma col sangue.

Traquanars del soulel.
Pyroïs, Eoüs, Æton, Phlégon.

Le darrié bérs d'aquesto councepciu es del gran Pouëto lati, que n'es pas desaunou d'escarni, may qu'on y barrejé quicom de siu.

Postera vix summos spargebat lumine montes
Orta dies, cum primum alto se gurgite tollunt
Solis Equi, lucemque elatis naribus efflant.

   Atal bibio dedins moun armo
   Le foc d'un'amourouso alarmo,
   Quand les traquanarts del soulél
   En mar se ban solbre le pél,
   Mentré qu'ayci la néit bruneto
   Ten en desplego la clouqueto,
     E quand sur nous, à nostre tour,
     Per las nazics bufon le jour.

A perpaus de la clouqueto, aco's elo que nous crido que tens es d'acaba la petito rebuo coumençado d'espéy l'albo.

Ecce coronatæ portum tetigere carinæ,
Trajectæ Syrthes, anchora jacta mihi est.

Un autre cop tournaren fa tira le sarclet de l'humou, se le présent Ramelet a troubat le mendré counfin de gracio anco de milanto bélis esprits doun Toulouso fa les paromens de soun mantou d'aunou, gaillars, escardussats, lettruts, é que tout le jour abérnnon à grandis gloups le cristal legueu, que nasquéc d'uno reguinnado. En gros, toutis les admiri ; en détail, dizi à quadun que de courtesio nous hounoro de sas puntos, daban qui le tens tout é jamay birara les talous.

6..

*A tout moussur qu'a prés la peno
De moulze coussomen sa beno
A nostro recoumandaciu,
Aro que tout siauët me mudi,
D'un bél granmecez le saludi
De la part de moun affecciu.*

LE RAMELET
MOUNDI.

SEGONDO FLOURETO,

QUE S'ES ESPLANDIDO DEL BROUTOUNET DE
LA DARRIÉRO IMPRESSIU.

A LA BRABO GEN.

Un Broutounet azagat à bélis gloups dé l'humou prumiéro, ben de se poussa del Ramelet, é coumo el, releba sa petito mirgailladuro jouts la grandou del metis Mounseignou,

ADRIAN DE MOUNLUC,

PRINCE DE CHABANOS, *Conte de Carmain, Barou de Mountesquiu, San-Felix, Labastido, San-Julia é autres Locs, Conseillé del Rey en sous Counsels d'Estat é Pribat, Capitani de cinquanto Homes d'Armos de sas Ourdounanços, Goubernur é Loctenent-Général per Sa Majestat al pays de Fouis, Terros soubiranos d'Aumezan é Andorro.*

Més ô, oun se pot une floureto milhou carra ni hounoura, qu'entre mas d'un magnific é tout accomplit seignou, de qui les meritis, coumo de raros flous, paressen sur uno pradario le perfecciu ta larjo, que jamay l'embejo n'y troubec coudougnéro; ta bélo, que l'admiraciu y ten toutis les plus belis esprits arrestats d'amb'un courdounet d'or? De cent, aprep milo, doun la Franço se prézo, boulountiés yeu malebario sa plumo per me delata sur sas grandos qualitats, qu'es pla défecible de counta, més impoussible d'imita. Que se l'un es défendut à tout le mounde, yeu soulet nou podi pas l'autre, à per aco faré milhou de cluca las boulugos de moun afecciu dejouts las cendres d'un esta-siau. Trop burous se nostre broutounet à l'aunou de recatta dins sas féillos un'eillado de sas fabous, per lo mens quand prengo relambi des impourtans afas oun sa brabetat de juljomen é de couratge l'emmérson prép de soun inbinciblo é tres-augusto MAJESTAT.

Countugne, sa graudou, de nou me boule pas mal, é tourne quand li placio nous esclayra de sa bélo presenço, per tira d'esclipsi sous amics, amay qui dinquios al clot sera bertadiéromen soun serbitou,

GOUDELIN.

~~~~~~~~~~~~~~~~~~~~~~~~~~~~~~~~~~~~

Sur le Ramelet Moundi de M. Goudelin.

STANSOS.

LE méstre qu'a pintat sa telo
N'a pas encaro fayt per elo
Tout çò que bol la perfecciu,
El qual qu'el y trobe uno plaço
Oun le jour pla despartit faço
Beze l'oumbratge é l'imbenciu.

MOUNDI.

N'éro pas prou que dins la crambo,
Tas flous, may que cap de luscrambo,
Lugrejéssoun sur le papié,
Se n'érou foro à la campagno,
Plantados sus uno mountagno
Que lour serbis de girouflié.

Per ma fé, bé l'as pla causido
Aquelo mountagno enlusido
De milo perlos de bertut.
Bay dounc, Ramelet de merbeillo,
Carra-té dessus soun aureillo,
Ses abé poou d'estre batut.

Jou boli dire de l'embejo;
Car tout le mal qu'elo carrejo
Nou te pouïra atteigne lassus :
Hé! que pot uno tararagno
A l'entour de talo mountagno?
Creba, certos, et nou ré pus.

A may encaro bé qu'y monte,
Y troubara bé pla soun counte
De ta beutat é sa balou :
Digos-l'y dounc : Fy, abalisquo :
Car tant que le soulel lusisquo
Sur le mount lusira ta flou.

S. H. T.

QUATRÉNS.

TU que rufos le sil, que mordes toutos causos,
Tu que nou trobos res à toun countentomen,
Le Ramelét Moundi nascut noubélomen
Te ben fa la guinéu, é toco-y, se gausos.
R. C. T.

FOUNTÉNOBLÉU, Ruél, Sangermen é Goundi
Poden per qualque tens teni la court jouyouso :
E nous per tout jamay auren dedins Toulouso,
Per nous teni gayets, le Ramelet Moundi.
GARROCHO, T.

LAS flous del Ramelet Moundi,
Fayt de la ma de Goudeli,
Toutos culhidos dins soun ort,
Le faran biure aprép sa mort.
L. R. T.

ZEPHIR, FLORO,

É UN COR DE NYMPHOS,

S'hounoron de sa la rebelencio à soun inbenciblo, sagrado é tres-augusto Majestat.

ZEPHIR.

Bibo Louis, *le soul digne seignou,*
Canto pel cél l'astre tout bél é blounde,
Quand sa clartat fa la roundo del mounde
Per descrubi les miracles d'aunou.
   Bibo le plus balent é le plus brabe rey
Que le soulel a bist, que beyra, ny que bey;
    Bibo le rey.

FLORO.

Un ta bél noum touto me rejouïs,
Anen, anen, nympheletos soumretos,
Endimenja le cami de flouretos
Dejouts les pés de l'aymable Louis.
   Bibo le plus balent é le plus brabe rey
Que le soulel a bist, que beyra, ny que bey;
    Bibo le rey.

LAS NYMPHOS.

Dancen per él à sauts entrecoupats :
L'amour del cél, jouts qui tramblo la terro,
Taléu que par uno niboul de guérro
Per entrumi l'esclayre de la pats.
   Bibo le plus balent é le plus brabe rey
Que le soulel a bist, que beyra, ni que bey,
    Bibo le rey,

ZEPHIR.
Passe mil'ans l'heur de sa royautat.
FLORO.
Un tems tout d'or accoumpagné sa bido.
LAS NYMPHOS.
De sas bertuts quado nympho rabido,
Doune les éls à sa dousso béutat.
Bibo le plus balent é le plus brabe rey
Que le soulel a bist, que beyra, ny que bey,
Bibo le rey.

~~~~~~~~~~~~~~~~~~~~~~~~~~~~~~~~~~~~

INTRADO DE MAY.

MENTRE que les moussurs estérles
Guimbon é fiulon coumo merles,
E ban plus redde qu'un matras
Bada d'amour as feletras,
Yeu, que per tout à la boubbouso
Nou rodi pas un'amourouso,
Yeu, que per un pauc de béutat
N'engatgi pas ma libertat,
Boli d'uno faissou plus bélo
Me moulse tout siau la ratélo,
E dan qualqu'un de mouu humou
Cassa las brumos del palmou.
Ouéy doune que le bél més arribo,
De plazé chappi la salibo,
E m'es abist que bau dejà
Pel gran ramié calandreja.
Bibat, yeu bezi Bistobacho
Que se relebo la moustacho,
Crocodil que s'en ba soulet
Trouba Cucois é Guignoulet.
Moussur Chit es de la partido,
Que jamay n'auguec la pepido;

Tabes el aura coumissiu
De fa pourta la coulassiu.
  O! quin plazé d'estre à l'oumbreto,
E fa cambados sur l'herbeto,
Mentre qu'à cops dé gargailiols
S'engrimon trento roussignols,
Per nous estuja dins l'aureillo
Cent cansounetes de merbeillo!
Labets prendren le flascoulet,
E le budaren al galet,
En pregan Floro que li placio
Que began à sa bouno gracio,
Afi que sous belis raméls
Nous bengon fiuleta les éls.
Couytats-bous de flouri, flouretos,
E de milanto coulouretos
Fazéts-nous sur la pradariô
Un bél tapis en broudariô.
Almens quand serets mirgaillados,
Gitats à doussos alenados,
Tant d'andou de cado coustat,
Que moun nas siô tout musquelat.
Atal passant nou bous trepejé,
Escaragol nous bous ourregé,
Ni l'abeilleto soulomen
Nou bous fouzilhé rudomen.
  Chut, que le gril es en pousturo
De canta quicom per naturo,
Preugran-le, per l'accoustuma
De fa gric-gric sur nostro ma.
Tabe nous-aus, en recoumpenço,
Li faren plus brabo despenço;
Car el chucara coume nous
De pa soulbut an de bi blous.
  Nou dizi pas que quand sion lasses,
Roudaren sauzes, oums é casses,
E dejouts, en contentomen,
Faren tinda qualqu'instrumen;

Biro la bolto, la gaillardo,
Lo manuguet ô la guimbardo,
A may qui bouldra de biél son
Rebeillara le paillassou.
Echo, la driado lengudo,
Jouyouso de nostro bengudo,
Se playra de nous escarni,
E nous-aus, per l'entreteni,
Cantaren, à l'houro metisso,
Un aire de l'ingrat Narcisso,
Qu'en flou quad'an se coumbertis,
Blazit d'amour per si metis,
Dizen que l'aygueto troumpuro,
Oun le droulet bic sa figuro,
Clarejo dedins soun cristal
May qu'un saphir oriental.
Més que nou fasso plus la bélo;
Car uno founteto noubélo
Del ramié dins Garono cour
Plus claro qu'elo ni le jour.

Per uno raretat plus grando,
Un petit bent fayt de coumando
A la boutigo del printens,
Nous tendra talomen countens,
Qu'en dançan mêmo la courrento,
Nou nous caldra pas abé crento,
Que le ros gaste per aqui
Les sabatous de marrouqui.
Capdenou ! bé bauc fa gatjuro
Que qui bey talo besiaduro,
Nou bouldrio pas metre le pé
Dins Bajos ny dins le Tempé.

Belomen dounc qu'yeu seré brabe.
Més el es houro que jou clabe
Per unis tres ô quatre jours
Le pourtanel de mon discours,
Per drubi péy la permenado
Coumo l'abeu imaginado.

Entretan.

Entretan las flous creisseran,
Les roussignols s'accourdaran,
Las herbos se faran plus nautos,
E yeu m'y seccoutré de pautos.

SALUT A LAS FLOUS DE DAMO CLAMENÇO.

Diu gard Lacourt, Lacourt é nous,
E tant de jantis coumpagnous
Que soun benguts sens ana quérre.
Yeu tabe soun bengut aci
A pé, de poou que mon rouci
Per la ramado se desférre.
　Prép de la parnassido foun
Yeu me troubégui l'autre joun
Al miéy de nau bélos massipos,
Brabos gens, que n'abéts tastat,
Creséts ô, que b'es ta berlat
Coumo maujan aquestos tripos.
　Phœbus, le Diu lesroferit,
Me semenéo dedins l'esprit,
Uno floureto de plasenço,
Que se bol aros esplandi
E saluda d'un trét moundi
Las flous de madamo Clamenço.
　Dejà, com'un bél souleillet,
Lusis le mirgaillat œillet:
Clytio, ma janti floureto,
Sur soun or me ten encantat,
E péy saludi la beautat
De l'englantino é la biuleto.
　B'es houro que bous amaguets,
Narcissos, tulipans, muguets,
Rosos, memoys é pinpanélos:
Las flous que nous-aus cultiban,
Bous doustaran d'aci dabau
Le noum et l'aunou d'estre bélos.

7

Ané dounc, hounouren tout naut
D'un ramelet ta countinaut
La fayssouneto merbeillouso ;
Car tant que le mounde sera,
D'autro flou nou se parlara
Que de las quatre de Toulouso.

~~~~~~~~~~~~~~~~~~~~~~~~~~~~

LE CROUCAN.

Distre, que sense pessomen,
Moun él dinnao doussomen
Sur las flouretos d'un partérro,
Moun esprit, per oucupaciu,
Féc quatre dits de coullaciu,
D'un drolle qu'anéc à la guérro.

Aqueste Croucan sense noum,
Més de qui le brabe renoum
Per tout le barri s'escampilho,
Merito d'estre regardat,
Car él a mino de soldat,
Coum'un lebraut à la pendilho.

Un tens él roudéc per aci,
Coutent é franc de tout souci,
Sounquo de prené la mounino ;
Més quand le tambouri touquéc,
Un embejasso le piquéc
D'ana fa courre la galino.

Un petassou des plus quinaus
Li féc credit d'unis denaus
E d'uno couletino roujo
Dan que fasio la goudoufi,
E d'un clincan lusent é fi
Coumo le trenel d'uno goujo.

Soun mantou court n'éro pas nobu,
Més b'éro frounzit coum'un yoou,
E diré, perque me récordo,
Que tout rougaignat des cussous,

NOUBELET.

Un jour espauric dous pinsous
A forço de moustra la cordo.
  Per bouta la ma sul coulet
A qualque bourges aujoulet,
E n'abe qualques pelagoustos,
El se proubezic d'un pugnal,
Que pourtao sul rougnounal,
E sul ginoul un picocroustos.

  Un floc de bourro se troubec,
Un quart de poudro recroubéc,
Tres boulets et dous pans de méco ;
Un biél couget de paure quér
Li batiô sul coustat esquér
Jouts un arcabuso buféco.

  Plasso per tres, layssen-l'ana ;
Bando me l'ast : quin camina !
Quin tour de cap à l'Espagnolo !
Serbitur, dinquios al retour.
Le counté dits que dins un jour
Gaignéc le riu de Miéjo-solo.

  Aqui mountéc sus un tupél,
E bic la billo de coiio d'él
Doun plura le galan bréu siro ;
Pey dissec en passan cami,
Hélas ! que faran sense mi
Laz estaljantos de l'ampiro.

  Adissiats, hostes, per un tens,
Car per nou bous randre countens,
Del guéyt escarti les approchis ;
Bebéts cependant brabomen,
E goubernats-bous sajomen,
Qu'yeu nou n'ajo poun de reprochis.

  E bous-aus, qu'aro mé quitats,
Coumpaignous, pla bous meritas
De beze les tristes auratges,
De qualque guérro à l'aboni,
Perque nou sabéts reteni
Le soulel des brabes couratges.

En pensan à talis afas,
El arribéc al petit pas
A la tabérno de Santaigno ;
Oun sazic un cap de bedél,
E bitomen li curéc l'él
Per le gari de la lagaigno.

 Assietat sur un cap de banc,
Del rouge tiro dins le blanc :
Jamay l'un ô l'autró nou laysso
El fazec ta bel é ta bou,
Que s'enflambéc coum'un carbou,
E s'endroumic sus uno cavsso.

 Lendouma crido demayti
Qu'él a grand besoun de parti :
Toutis y ban à bélo courço ;
Més quand parléguen de paga,
El coumencéc de renega,
Que li tournésson be la bourço.

 Ah mordunture ! ah capdenou,
Panou aci las gens d'aunou,
Al loc de lour fa bouno chéro.
Ça, morblu, ténets me le bras,
Ô tout l'oustal secouti ras
Dan le canou de ma couléro.

 A la ferou d'aqueste mout,
Le cousinié s'emblaymo tout,
Le soüilhou tout siau se despano,
Mémo le gous que meno l'ast,
En s'arrucau dejouts un bast,
Mouric de la fiébre quartaño.

 Le Croucan, sense se cala,
Maudó les els deçà, delà,
E se met en plus bélo targo.
A la fi sourtic en bufau,
E se fourréc, trufo-trufau,
Cinq ô sies cocos à la margo.

 Léu né féc cruchi la mitat,
E dissec, coumo per pietat,

NOUBELET.

Ah ! paure pays de Coucaigno !
Tous macarous ta renoummats,
Nou soun que de croustets rumats,
Prép de las cocos de Santaigno.
   Aco's le loc oun la balou
Bic le Croucan, ple de calou,
Descrubi soun cor é sa mino ;
Aco's le prumié trét guerrié
Que le courounéc de laurié,
D'aquel que rudo la cousino.
   Entretan el gaigno pays,
E le pagés, que s'eubays,
De rebelencios l'accoumpagno :
Le tocossen es pes clouquiés,
Més b'es plus gran dins les jouquiés,
Que le renard ten la campaigno.
   Pica menut coumo fourmics
Uno doutzeno d'enemics
N'éro que causo familiéro ;
Les enemics dount es questiu
S'engraisson pel sol en estiu
E l'hybér dins la galiniéro.
   Quand d'un aucat, ô d'un capou,
El poudio trauca le gipou,
Le cop anao dins les osses ;
E sens ajudo des bezis,
Per tant qu'un gigot se pruzis,
Ero gratat dins quatre mosses.
   Qui bolgo dechifra per ops
Les grands é redoutables cops
Qu'el féc en térro senso peno,
S'en ane sur mar per counta
Les crans qu'euseignou de canta
Le galindoun à la sereno.
   Tabé le drolle s'en y ba,
Que fregis tout de se trouba
Sur las campaignos de Neptuno ;
Car él bol qu'on sapio à la fi,

Qu'él del grand Turc é dél Sophi
El doumenico la fourtuno,
  Dejà prést de cambia de cél,
S'es enjoucat sus un baycél ;
Més la lassiéro que l'arresto
L'encounsoumis tout lésto nut,
Doun li benguec un estournut
Que féc nau légos de tempésto.
  Sul tilhac, coumo dins un liéyt ;
El repauséc touto la néyt
D'uno sou tant assegurado,
Que nou sentic pas les pibouls,
(Nou gauzi pas dire pezouls)
Que li paneguen la flessado.
  Aro calen sur soun repaus,
La bélo de nostre perpaus,
É doumen à sa balentiso
Qu'él nou bouldra degun secours
Per escala dins quatre jours
Las escoussiéros de Veniso.
  Guignoulet ni soun gazailla
Nou l'aniran poun rebeilla,
Car d'un anquié de cabirolo,
De que pensaon fa la féu,
Le Croucan, qu'y fourec puléu,
Le lour crouquéc à la coussolo.

~~~~~~~~~~~~~~~~~~~~~~~~~~~~~~~~~~~

GUIGNOULET A MES SUR LE POURTAL
DE SA BORDO.

S'AQUESTE mars, frayre d'avril,
Foro de poou é de peril,
Tourno dan soun bél équipatge,
Nous le pregaren à soupa,
May que nou bolgo bi ni pa,
E que se porte companatge.

DIALOGUO.

JANOUTI COURTIZO LIRIS.

Le Cor des Bergés canto le refrén.

J. Ay ! per ayma mourire léu.
L.   Obe beléu.
J. Sense beléu, bélo pastouro.
L. Counto-me coussi ba toun joc.
J. Moun cor alucat a tout'houro,
  Nou bol pas escanti le fuc.
    Courrets augi, pastoureletos,
    Un trét de bélos amouretos.
L. Que te fa mal, paure douillet ?
J.   Le souleillet.
L. Un ta bél astre t'inpourtuno ?
J. Tout me crassissi permo d'él.
L. O ! qu'es pla toucat de la luno,
  D'ana fa l'amour al soulél !
    Courrets augi, pastoureletos,
    Un trét de bélos amouretos.
J. Moun soulel, se bos tout sabé,
L.   J'au boli bé.
J. Es toun bél el enbelinayre.
L. Nou fazan pas à fa l'amour.
J. Yeu morio s'aco n'es l'esclayre
  Que dins moum armo douno jour.
    Courrets augi, pastoureletos,
    Un trét de bélos amouretos.
L. Bergé, parlen d'autres afas.
J.   Nou podi pas.
L. Me salbi dounc ent'al bilatge.
J. E yeu corfailli pauromen.
L. O Dius ! que bé serio doumatge !

LE BROUTOU

Ajan binagre bitomen.
*Courréts augi, pastoureletos,
Un trét de bélos amouretos.*
J. Amour, le fourtunable Diu,
L.   Adiu, adiu.
J. Te pague d'aquesto boutado.
L. Amour é re me soun tout-u.
J. Placio-li te randre cousado
D'un que jamay noun sio de tu.
*Courréts augi, pastoureletos,
Un trét de bélos amouretos.*

CANSOU.

A quel'estelo desirado,
Dount yeu remiri la clartat,
Moun cor metis la s'a triado
Sul tailladou de la beutat
  O ! que fau bélo bido
  Despéy que l'é caussido,
  L'aymieto poulido !
Me semblo, quand la podi beze,
Que m'unton les esprits de mél,
Pey danci plus redoun qu'un ceze,
E canti coum'un caramél.
  O ! que me rejouissi
  Despey que me rabissi
  Sur l'astre que serbissi !
N'es pas en mi de poude dire
Coussi fazén à fouleja :
Amour metis crebo de rire
De nous augi calandreja.
  O ! que de parauletos
  De fayssous, de minetos,
  E tout per amouretos !
Quand d'un el mourent élo guigno;
Quand uflo soun sé merbeillous,

E que tout siauet me capigno
D'uno manelo de belous !
  O ! que de gauch m'estiri ,
  O ! que la fi desiri
 De l'amourous martiri !
 Arésto-te , ma touto bélo,
A m'hounoura de quicom may,
E fay qu'uno fabou noubélo
Me rando hurous per tout jamay.
  O ! quino calou bibo
  De toun bél el arribo
  Dins moun armo couytibo !

CANSOU DE SERENADO.

FAZAN l'aleto
A ma janti Droulleto
L'or fi de la beautat, é la perleto.
 De sa courolo
Amour sul nas li bolo,
E petit à petit al sé redolo.
 Hélas ! yeu mori,
Quand d'aquel sé qu'hounori,
Nou podi pessuga le bél ibori.
 La pimpanélo,
La roso muscadélo
S'esplandissen de gauch daban ma bélo.
 Moun bé, ma glorio,
Toun noum es, ô jou morio,
Le jouyél plus precius de ma memorio.
 Daban ta porto
Yeu fau la minitorto ;
Més jamay ta pietat nou me counferto.
 Beutat aymado,
Guigno me se t'agrado,
Que de cent bounos néys siás saludado.
 Bouno néyt , bouno néyt.

CANSOU PER LE JOUR DE CARMANTRAN.

FILLETOS, que perdéts la fizo
De bezo bals de qualque tens,
Per, en tout brabe passotens,
Manteni bostro galantiso.
 Benéts hounoura coumo nous,
 Le rey des jantis coumpagnous,
 Dan qui les ans de la jouenesso
 Passon en touto gentilesso.
 Pefous, que jougats à la rafo
Sul muscle d'un pouldinde gras,
Aqui per chuca l'ypoucras,
Les pots fan toutjoun tifo tafo.
 Benéts hounoura coumo nous
 Le rey des jantis conmpaguous,
 Que ten sa troupo rejouïdo,
 Foró d'afas é de pepido.
 E bous-aus, qu'un'eillado pipo,
Esprits escalfurats d'amour,
Per drollomen à bostre tour
Fa gratillous à la massipo.
 Benéts hounoura coumo nous
 Le rey des jantis coumpagnous,
 Dan qui, ses péssomen ni peno,
 La bido doussomen legueno.

A MADEMOISELLE CHOSE.

BELLE, qui reposes au lit,
Diu te donne milhouno nuit,
Que toi ne fays pas à moi probo:
Si de m'amourouso passiu
En brief la fin je ne recrobo,
Jamais né feré boun chichiu.

NOUBELET.

Je viens tout bél espressité,
Te déclarer ma boulanté,
Qu'est que je suis uno pressouno,
Qui pour maintenir tort ô dret,
Qu'au veauté n'as pas de pariouno,
Me ferois piquer le berret.

Sans en rien moun mal aleger,
Je ne fays que biboutegér,
Pour toi l'honneur des bélos filhos;
Ay! je meurs, car despéy tantos
Rien qu'un parel de couradilhos
Ne m'est entré dedans le cos.

Fay buriner sur moun tombeau:
Cy-gist des amans le plus veau,
Sur qui la mort pleno d'aubio,
Fit brounzir un cop de matras;
Tellement qu'en perdant la bio
Mouric le jour de soun trespas.

CANSOU DE TAULO.

Tocosson, hoste del bilatge, coubido les passans à se rejouy.

TOCOSSON.

Nou cerquen poun en jouenesso,
Ni proucés, ni péssomen
Que nous moble de tristesso
L'oustal de l'entendomen.
   Toutjoun contens,
    Jouyousomen passen le tens.

DIRILHOOU, *gazailla.*

Eléu, l'hoste, fazan brindes,
E fripen quicom de bou.
Qu'un aucat é dous pouldindes
Me soun gays dins le gipou !
  Toutjoun countens,
  Jouyousomen passen le tens.

TUSTUST, *compaignou de mestié.*

Le tribail me douno peno ;
Nou demandi que cartet,
May que dins la tasso pleno
Posco fa nada croustet.
  Toutjoun countens,
  Jouyousomen passen le tens.

TROPHIU, *l'enchayaire.*

Tout aue per escudelos :
Began fresc é dél milhou ;
Car per ne poupa tres douélos,
Yeu soun un boun mouscaillou.
  Toutjoun countens,
  Jouyousomen passen le tens.

RAMOUNET, *l'asclayre.*

Bendan massos, cungs ó capos,
Per éstre de lour escot.
Capdenou ! quinos esclapos
Fan sauta d'aquel gigot !
  Toutjoun countens,
  Jouyousomen passen le tens.

DONO-JOUANO, *la burrayro.*

Ça, ça, qu'yeu m'en fasso creyre,
Demest tant de brabos gens ;
E baillats-me le gran beyre,
Qu'é d'agacits à las dens.
  Toutjoun countens,
  Jouyousomen passen le tens.

NOUBELET.

Touts amasso, é quadun dan son beyre.

   Azagen-nous la courado
D'aquel de méstre Matiu.
Paro douncos, camarado,
  E tu, budo me del tiu.
     Toutjoun countens,
    Jouyousomen passen le tens.

L'Houstesso ne pren un al coulet.

   Sort deforo, bilen golis,
Que n'enchayos un pega,
É jamay n'as qu'un carrolis
Quand se parlo de paga.
     Toutjoun countens,
    Jouyousomen passen le tens.

DONO-JOUANO, *l'houstesso;* DONO-ROUBIAGO: *élos dos se descofon, et les autres s'en ban.*

   Calo-te, pauro foulasso,
Calo-te, sacopautras,
C'ét tu mémo l'ybrougnasso,
C'ét tu mémo le cabas.
     Toutjoun countens,
    Jouyousomen passen le tens.

EPIGRAMMOS.

A CROCODIL.

Un dire de toutjoun dins l'aureillo me soufios ;
Que fauc yeu tant as camps é n'abe poun d'afas :
La muso m'y reten, ô, se n'au crezez pas,
Estalbi sabatous quand porti las pantouflos.

Un relotge de ploum es quilhat à nostr'or,
Que nou serbis de res taléu que l'oumbro sort,
Per cluca le soulel dins sa negro lieto :
A tal yeu nou fau res, é soun piri que mort,
Quand l'absenço d'un jour m'amago l'amieto.

D'uno Doumayseleto malauto.

Amour, en lermejan sur sas gautos poupinos,
Dissec à la Beautat : auen nous retira ;
Car per tu jamay plus on nou souspirara,
Ni jou nou tiraré que de tristos espinos,
Se la mort ben culhi la flou de las moundinos.

LIRIS É PEYRET.

L. Coussi bas-tu, Peyret, ta triste é soulitari?
P. Mori, de ta béutat, miserable caytiu.
L. Se bos fa testomen, bau quérre le noutari.
P. Que podi jou douna, Liris, quand soun tout tiu?

Guillomo franciman, coumpaignou pastissié,
Augic crida de bi per un drolle faissié ;
Hau bi de bigno, bi, hau bi à quatre doubles ;
E dissec : ça, péys, allons faire un effort,
Allons boire d'un vin qui doit être bien fort :
Car le crieur a dit qu'il est en quatre doubles.

Cucois cerquéc de brut d'amb'uno dementido,
Gingi, qu'ental grafié courrec tout en fuman,
E fec fugi de poou sa reberso partido,
D'amb'un gran gautimas de suplio humbleman.

D'un poupelin tout caut, d'un membre de
 moutou,
Crocodil debauchat se tratto que que coste,
E dits au tout acò que pastissié ni hoste
Nou se saurio bauta de li diure un testou.

ATACO.

Anco de Tocosson Hirihoou s'assadouillio,
Ni nou li costo ré, ni n'es counteut jamay,
E Tocosson li dits : Qu'es acò que bos may ?
N'as de pa, n'as de bi, n'as de porc, n'as
 d'andouillo.

REBENJO.

Se cantos brabomen, se dansos per coumpas,
Coumpayre Tocosson, nou m'en estouni pas ;
Car uno lebadou que t'apapaysounano,
Dits que quand tu nayssios, ta mayre tessounao.

Gripis, que mor de fret tout habillat de lano,
Porto per s'escalfa d'aguilhetos de pano. *Panados.*

Se Gripis éro yoou, bé sé caldrio fiza
Que serio fresc é coyt, que ja ben de suza.

Per un garçou letrut Gripis banto soun fil,
E penso que sera qualqu'home de qualibre ;
Més le regen a dit que jamai nou pren libre
Se nou li fa dansa le bralle del troumpil. *Cops de
 courrejos.*

8.

Ranquino fa la delicado;
E nou la bayso pas qui bol :
Soun sé la rau atal sucrado,
Que ne ba coumo bel trandol,
E l'on prendrio sa ma rufado
Per cinq tripous que porton dol.

Ranquino per nous abusa,
Fa la douilleto é la mourento,
Més nous saben que dets ans a
Fazec bint ans que n'abio trento.

Gingi troubéc à miéjo néyt
Ranquino que cercao liéyt :
El li fa may d'uno joyino :
Elo nou li fa poun la lino.
El cerco bé, le fadourlas,
De passotens é de soulas :
Més el la countentéc de rire,
E per se bauta, li ba dire :
As-tu bist, moun bel gaugnaçou,
Milhouno pasto de garçou ?
Oyda, sa respondec la fedo :
May qu'es prestit an d'aygo fredo.

Gripis, la gauto de boudouflo,
Drom plus segur que tres tessous :
Tabe drom de quatre faysous ;
El poulso, bufo, fiulo, rouflo.

Gingi, d'un appetit estrange,
Al bi met un luquet d'irange,
E le chuc sur dous perdigals ;
Més prenéts leu uno roundacho,
O bous rumara la moustacho
Del foc que tiro des cayssals.

Dan nous un certen busobren
Se met en taulo tout millelos,
E torro tant quand el y ben,
Que toutis cridau *d'escalfetos* ;
Car touto la biando sé pren.

CROCODIL É TOCOSSON.

C. Ount es t'aujolo, Tocosson ?
T. Al clot , que fa la nino-son.
C. A mouri fazen ; é ta mayre ?
T. Tabes és morte n'a pas gayre.
C. E ta sor , qu'abio ta bél él ?
T. Tout s'en es anat al bourdel.

Bélomen que ne fan cancan
D'un pauc de bouno gracio qu'an ,
E d'uno mineto minouso
Bostros toustounos de Toulouso !
Atal Gingi parléc un jour
Countro les paromens d'amour ;
Quand yeu , demest souanto millo ,
Que l'on admiro dins la bilo ,
Li fégui bese per pietat
L'uniquo sor de la beautat ,
Que dins l'escauto de sa tresso
T'en rambulhado ma jouuesso.

Le drolle , taléu que la bic,
Sur cent cap-d'obres se rabic,
E péy dissec per las minaudos ,
Que toutos éron coutinaudos.

Cent bergés coubidats al bal
De Guignoulet le majoural ,
S'en ban coubida tous en pilo
Las doumaysélos de la bilo.

SOUNET.

Belos, de qui le cél malébo le bisatge,
Qand bol broudra de lums soun gran habilhomen,
E doun la gaillardio forço ta douçomen,
Que tout cor ba bouca jouts l'arquet d'un maynatge.

Guignoulet é Liris, perletos del bilatge,
Bous desiron fa part de lour countentomen,
Quand pifres é clarins, d'un gay resounomen,
Cércon de graiilhous les pés et le couratge.

Sense nous mespreza, per n'estre que pastous,
Benéts tasta le gauch de bostres serbitous,
E guimba braboment sur l'herbeto flourido.

Un decembre d'afas nou nous torro jamay,
A l'an de nostr'humou nou se trobo que may,
Que de milo plazes nou courouno la bido.

SOUNET.

Qui bey la perfecciu de ma jantio droulleto;
B'es guérlhe de l'esprit, se per elo nou mor :
Ent'es be retengut de cadenos de tor,
Se des focs d'un regard elo nou le fiuleto.

Soun rire mourouset, sa dousso parauleto,
A proufiéyt de plazé, me balen un tresor;
Sa mistouileto ma fadejo de moun cor,
Coumo yeu d'un parrat que sap fa l'escaleto.

Dins le petit seilhou de sous pots musquetas,
Amour ten un nusset de milo raretats :
Cap d'autre mentounet nou trobo que li placio;

Les diamans del cél dins sous éls soun per-
  trayts;
Le fron, les gautissous é le nazet soun fayts
D'un sali de beutat à soun de bouno gracio.

~~~~~~~~~~~~~~~~~~~~~~~~~~~

BOUTADO.

*Sur la mort d'un boun Coumpagnou, drolle,
  pesou, de bél'humou, calandre, etc.*

Adebou, coumpaignous, imaginen coussi
La beregnayro mort nou s'y palpo boussi.
L'homme, coum'un razin quillat sur la souqueto,
Diu senti qualque jour le talh de sa piqueto.
Dins le clot per panié l'auribo met à bas,
Le negre dans le blanc, le madur dans l'agras.
Toutis n'en qu'un souspir à sa tristo musiquo,
Que la probo de nau a soun arithmetico;
Le petit camparol que cuilhis un pastou,
Le tutet que l'on fa sur un cap de cautou,
Oumbro, poulbero, sou, fun, boudoutletos
  d'aygo,
Petit mouli de prat à la sasou primaygo;
Qu'es adezaro flou, é dins un pauc sera
Un flouquet de bourrils que le bent desfara.
  Bau sentic l'autre jour un janti camarado,
Dan qui le passoteus a fayt sa retirado;
D'amb'el l'herbo del gauc es toumbado pel sol,
E le rire despéy plouro sur soun linsol.
  Ay! Jacquet a clucat, que toutis plaghen aro,
E per l'amour de qui moun cor sa malo caro;
Car les trèts bigarrats de sous drolles discours,
Sa pousturo, soun cant, sous passés é sous tours
Poudion, plagues ô nou, d'une inbenciu nou-
  bélo,

Al pus melancoulic aliza la ratélo,
Me brembo que souben, dan le beyre à la ma,
El fazio countro touts à qui milhou rima :
Més el éro ta fort en raretats de dire,
Que se caillo cala per esclata de rire ;
Un rufadis de nas, un cop d'él de trabés ;
Biraou à quadun las gautos al rebés.
Soun esprit fouréc tal, sa faysou ta gentilo,
Que nabio qu'un testou quand partic d'esta bilo.
Dau que bic l'Italio, oun soun bras de souldat
Teu dins las garnisous soun noum recoumandat.
Cinq ans el retirec la mostro de Veniso,
E Roumo may de siés nourric sa gaillardiso.
Més l'embejo de Mars le fazec beni tal,
Que démouréc un an maulaut à l'espital,
Ount un ouperateur, en fabou de sa mino,
Li moustréc de boun grat cent tréts de médecino,
Que tant hourousomen el pratiquéc tout l'an,
Que les plus espallats guariguen en fiulan.
Mes l'ayre del païs que nous douno nayssenço,
E que jamay nou mor dins nostro soubenenço,
Li moulzéc les esprits, afi qu'encaro may
Le bisson per aci plus brabe que jamay ;
Drolle, escarrabilhat, calandre, remarquable,
Amay pu, que tenio dous roussis à l'estable,
Un carrosso del port, é tres baylets fidéls,
Que bibion soulomen de li beze les éls.
Moussurs é menestrals le tenion coumo frayre ;
E n'éro bél esprit, ni fil de bouno mayre,
Qui debés moun Jaquet nou courrio trespourtat,
Per se couze d'amb'el d'amb'un fiel d'amistat.
Garo le coumpagnou, ça disio tout le mounde,
Qu'à countrofa las gens n'a pas qui le segounde ;
Sur tout quand escarnis un laissié del Sali,
Que n'enchayo cinq carts sés cordo ni pouli.

   Ah paure ! qu'es asso ? quin cop de desfourtuno ?
Ni soun habilletat, ni l'affecciu coumuno,
Ni de sous recipés l'aprést en cent fayssous,

Nou l'an gandit del clot de sous predecessous.
Aco's fayt, el es cos; car la Parco rabido
Coupec espressité l'escanto de sa bido,
E li pauéc le lum de l'aymable soulél
Per rejoui les morts et pesouna d'amb'él.

AL SIEUR GOUDELIN.

Benèts, assenciados abeillos,
Dan les éls é dan las aureillos,
Chuqua las flous d'un tal ramél :
Y troubarets, n'ajats pas ancio,
D'autant ensucrado sustancio
Que cal per fa de brabe mél.

Obe, man despitan me bire,
D'auta brabe boli bé dire,
Que posco jamay abe'stat,
Le que fuc fayt d'uno mousqueto
Dessus la poupayro bouqueto
Del philosopho ta bantat.

Qualqu'un, per banta l'escrituro
D'Houmero, la mes en pinturo
De persouno qu'escupissio ;
Boulen dire que de sas sobros
Les autres an mes dins lours obros
Tout ço qu'an que pu bel y sio.

May d'uno fayssou plus hounésto,
Jou disi qu'assi, per fa fésto,
Autant qu'en cap d'autre banquet ;
E nou desplacio al philosopho,
Qu'al siu n'a pas milloun'estoffo
Qu'a dedins aqueste bouquet.

Ayssi a de que fa uno courouno
A Junon, Bénus é Bellouno,
A las Gracios é à l'Amour ;
Las armos, l'amour, la ritchesso,
La galantiso, la sagesso,
S'y mostron quad'uno à soun tour.

LE BROUTOU

Aysso's un ta brabe partérro
De flous que n'ajo sur la terro;
Al ryalme de la flou-de-ly
La naturo las a plantados,
E l'artifici coulourados
Dau le pincél de Goudely.

D'aquestos flous la coulou bibo,
Qu'al cap de perfeccius arribo,
Tout autro fa descoulouri :
Digats dounc, brabos abeilletos,
En chuquan ta doussos feilletos,
Diu l'ajut qui l'as fa flouri.

S. H. T.

NOUÉL NOUBELET.

Ané, coumpagnous, coutizen
Touto la troupo rejouido,
E saluden d'un bel prezen
Le Souleillet de nostro bido,
Dount la clartat ouéy resplandis
Per nous fa beze paradis.

Soubengo-nous, à la boun'houro,
Coussi Diu, le Dalphi del cél,
Nasquec per l'armo pecadouro
Sense couissi ni subrecél.

Ané, coumpagnous, etc.

B'es pla taillat de péyro marmo
Qui nou a cent ressentimens,
E nou recep de cor é d'armo
L'aunou de sous coumandomens.

Ané, coumpagnous, etc.

Que cadun soun pecat delaysse,
Le pa del cél nous ben nouiri ;
E sul fé l'Agnelet bol naysse,
Que sur la crouts bouldra mouri.

Ané, coumpagnous, etc.

NOUBELET.

Anen-y touts en allegresso,
Doüna-ly nostro boulountat;
Le boun cor meno la ritchesso
Daban le Rey de la bountat.
 Ané, coumpagnous, etc.
 Atal d'amb'uno bélo estreno,
Le biguen lès pastourelets;
Quadun pourtéc sa bresso pléno
De datils, d'yoous ô de poulets.
 Ané, coumpagnous, etc.
Atal tres brabes reys partiguen
Del païs oun la myrrho creys,
Que dan l'enchens é l'or ufriguen
A qui ten le septre des reys.
 Ané, coumpagnous, coutizen
 Touto la troupo rejouido,
 E saluden d'un bel prezen
 Le Souleillet de nostro bido,
 Doun la clartat ouéy resplandis
 Per nous fa beze paradis.

Autre refren per le jour deis Reys.

 È lèu presten l'aureillo
 A la raro merbeillo
 Que nous pipo le cor.
 Tres reys, qu'un lugra meno,
 Porton à Diu l'estreno
 D'encens, de myrrho é d'or.

Quatre Coumpagnous en réjouissenço canton.

NOUÉL.

Perque n'aben pas l'abantatge
De nous trouba dins le bilatge
Que pourtéc nostre salbomen,
Anen-y fa qualque passatge
Dan les els de l'entendomeu.
  Couratge, que quadun s'y fasso
  A canta le noubél moutet.
Hau dounc, pastourelets, benaziscan amasso
Diu le Péro, la Méro é le bel Efantet.

 Yeu bezi la granjo sagrado
Oun sur la paillo beutejado
Le tor é le gibre se fan,
E la piucélo counsoulado,
Adoro Diu, qu'es soun Efan.
  Couratge, etc.

 Me semblo que pari l'aureillo
A la musico que rebeillo
Le bergé prép de soun troupél;
Canto tu, Peyret, la merbeillo
Coumo la cantéc un angél.
  Couratge, etc.

 La glorio del grand Diu flourisco :
Que tout esprit le benasisco
Perdessus le cél arboutat,
E la pats en térro seguísco
L'home de bouno boulountat.
  Couratge, que quadun s'y fasso
  A canta le noubél moutet.
Hau dounc, pastourelets, benaziscan amasso
Diu le Pero, la Méro é le bél Efantet.

       PROLOGUE

PROLOGUE PER LE BALÉ DE MOUNSEIGNOU LE DUC DE MONTMORANCY, DABAN MADAMO.

Aquel a toutjour tengut le cap entre dos aureillos, que n'a pas augit parla de Patracolis, le gourma.ición d'amour, ta gran astrologuo, que laisso les astres a loc, é que sense counsideraciu de las planetos, ten toutjour las siétos pla netos. Carobira les elemens, es un escay de mous miracles. A ma paraulo la térro demoro en unos : l'aygo n'es pas l'ayre, et dins le foc nou gauzi pas mettre la ma. Pluton, Prouserpino é toutis les estaljans de soun oustal mal-ingért benen' moumiños quand me play, é fau à moun dit le bouquela. Le cél, autaléu que le cridi, me respoun : *plêi, moussur.* Yeu fau boula les Mounts-Pyrenéos coumo de plumaillets à cops de paletos de moun coumandomen. Yeu faré beni le jayet blanc coum'un coutou *de lineto*. Yeu faré qu'un grumicel de burre nou se foundra pas dedins un four *tourrat*. Yeu aniró del Sali à Naubernat plus dret per la Grand-Carriéro, qu'un despouderat per Sausubra.

Aco nou semblara pas grand causo à qui sab que, per sobros d'esprit, yeu fauc uno couseto quand redouigni las alos del capél. Aco, co.

Percanto del Diu Nenet, que doumenico les plus gigans ; mous caractéros ne tiron tal partit, que bolen cinquios à releba de peno les amourouses demarrimats, ô descrubi bertadiéromen ço que diu arriba de lours persutos. Hier encaro sourtigui de sas terros de Paphos, oun bigui per raretat un serbitou é uno mestresso noubelaris, qu'estudiaoii à se courtiza en coumençan lour litsou per a, e, i, o, u. Cher armoire de mes désirs (pete le franciman en fét d'amour) *tireto* de mes espérances, jaçoit que la reberbération de mes inquiétudes ait souvent porté vos rebelles humeurs à l'entretien de ma passion en longanimité ; si est-ce que pour vous rendre de plus prolixes services, je n'ai pas encore salbe de las y plier de ce monde.

A ! mademoiselle, ça disséc-él, per exclamaciu. E ! monsieur, ça disséc-élo ; é d'amb'un rire de gaulo, fec douçomen I : él en risen plus fort, féc O, é l'abets la belo, en apuntan les pots, fec V, é se truféc del courtisou O ! le brabe païs d'amour ! las ceriéros s'y debiton à liüros, é les cezes-becuts à manats. Esplandiscan aro la giroufiado del sutjet que nous meno.

Pet capdenou douncos, bezi que coume tantôs yeu m'afanabi à tira le destin amourous de doutze brabes cabaillés, enbelausit de courre les arboouts del cél en tenebros é silenci, mous fidélis demouns, de qui l'amour se serbis per estuja dedins un cor, ô calimas, ô tourrado, m'an aprés que toutos las estélos, luscrambos éternelos, finestretos de cristal, per oun las dibinitats nous espion, s'éron mudados al tour de madamo lour bél Soulel, qu'estimo may lour causa la perfecciu que l'esclipse, dan la grand boundancio de sas aimablos, més admirablos clartats. Incountinen, é dius un biran de ma, yeu é prés la posto sur un tracanart de bent, é me soun rendut aci, oun à déjà remiri le bél Soulel qu'admiri. Deja clarejo la Luno d'un coustat, de l'autre l'amistouselo Vénus ; deja par Mars le gen de guérro ; deja par l'ourdinairi des Dius, Mercuro. Bezi Saturno le pensatiu, é Jupiter le dessarro-pericles. Térro de l'aule, quant de lugras, quant de tres bourdous, quant de clouquetos. Assos moun joc. Metan dounc en ma nostres utisses astronomics per countenta les cabaillés amourousés.

L'Astrologuo danso en espian las estelos, é dits:

Ay! ay! nous én toutis néu, se le ben nou se biro. You nou bezi que serbicis mespresats, fidelitats mal recounescudos, refuses de fabous, affeccius debrembados é passes perduts de feletras.

A toutos fis, afi que les brabes courtezieus poscon adoura lours doussos enemigos, yeu boli que mous esprits les porten aci présentomen; car yeu m'asseguri que l'Amour, que trepejo le poudé de las estelos, fara tout à l'aunou de sous fabourits, é que fouignat de la grandou de lours meritis, cambiara le fér de lours martyris en bel or de countemens. Per asso yeu bous coumandi, esprits de Mati-matos de deçà é delà, laquays de ma boulountat, de nous fa beze doutze cabaillés, tres de la Chino dins l'Asio, que porten le titre d'incoustens, é que per subrepés sion ritches en toutos bélos qualitats; tres de l'Africo, africs à las plus grandos entrepresos; tres Toupinambous de l'Americo, hurouses é triats en gentillesso, coumo soun en préts las grossos perlos de lour païs; tres de l'Europo, aymables, coutinauts, é de qui las accius nou poden passa que per autant de merbeillos. Quand elis tres dançaran en pastourelets, cal dire del prumié que jamay le janti bergé, jutge de la poumo d'or, nou fourec tant accoumplit en gracios. Quand toutis dancen en cabaillés, yeu triaré le metis seignou, per, de sa balou, brabetat é perfeccius, dama la renoummado de milanto cabaillés que l'antiquitat hounoro.

Oubeïsséts dounc, courredisses poustilhous, à qui bous coumjuro per la doussou de dous poutets beziadomen sarrats dins uno prenso d'amistanço; per les gratillous d'un coumpagnou que la massipo refuso finomen, coumo le galet uno friandiso, que brandis le cap digomendiu que n'au bol pas, é cependan au pren; per cent relebomens de moustachos, per las perménados, musicos, brespaillas, parauletos de sucre, presens, filhols, bals, balés, coursos de bago é toutos appartenenços amourousos.

Bref, per aquestis barboulinomens secréts : nhirgo, nhargo, pastenargo, balico, baloco, croco-le me croco, dan l'espazo de moussen Bernat, clic clac, clic clac.

Couratge, garats-les aci : chut, car yeu soun bengut per m'en tourna, mentre que dan gauch é dan salut d'éls é d'aureilhos, les bélis esprits tastaran le demouran.

M'en bau.

LE RAMELET
MOUNDI.

TRESIÉMO FLOURETO.

A MESSIRO
PHILIPPO DE CAMINADO,

CHIBALIÉ, Conseillé del Rey en sous Counsels d'Estat é Pribat, Presiden al mourtié en sa Cour de Parlomen de Toulouso.

MOUNSEIGNOU,

CLYTIO, l'autre cop nympho, aro flouretto, nou bol pas desplega le bél ajançomen de sas feilles daurados, que le soulél nou li trameto qualque poutet de sas calouretos é colouretos aymados. Un petit assemblatgé de gentilessos nou gauzo pas se dire floureto noubélo, se de bostros fabous, Mounseignou, elo nou retiro qualque doussou d'el, que tout soulet li sera ço que le grand luminari del cél es à toutos las estelos flouridos d'un partérro. Bertadiéromen élo se ten fizo de se manteni jouts bostre noum, perque le soucy, l'englantino é la biuleto s'y soun retirados, per despita l'injuro de cent siécles, é nou se blazi que dan l'eternitat. Yeu creyrio boulountié que las Charitos se deguizen en tres flouretos, afi qu'en bous élos pousquesson saluda lours parentos, ô béromen toutos gracios d'un esprit rabissent.

D'aqui ben, é de qualitats plus relebados, que doussomen on bous estimo, que justomen on bous respécto coumo jutge de flous é flou des jutges. Qui pot autremen fa que bous ayma, de beze qu'à la flou de l'atge éts à la recolto de las plus grandos aunous que les meritis acquezissen dins le gran é renoummat parlomen de Toulouso? Y éstre fort gran es fort rare. Bous ets tout en estan presiden. Crezi bé, l'aglo ben de l'aglo, é bous éts presiden, fil d'un digne presiden, que sa majestat a toutjoun heunourat de las plus impourtantos cargos del Languedoc, à l'amiraciu de la Franço. O! le bél beze que bous fa sur les siétis rouyals, quand entre bostros mas la boulountat é le sabé afinon la balanço de Themis, per manteni le dret sense brezaigno!

Demest tant de grandous le noubél broutounet ben de cauzi la bostro per se rehaussa, é countro touto bentorio de mespréts, paresse deban les els plus estefignouses. Aci la ma bol tanca per flaquiéro la seguido de bostros louanjos : més tabé moun cor se drubis per recebre bostres coumandomens, que nou seran pas tantis, ni tant de bou, que le mendre d'elis nou se trobe seguit de serbicis toutis toucans; car atal au desiro,

MOUNSEIGNOU,

Bostre fidél ét tout humble,
GOUDELIN.

AL METIS SEIGNOU.

Grand esprit, per tout admirat,
Uno flou de petito sencio,
Aura le soulel desirat,
Se recebéts sa rebelencio,
E qui la met al ramelet
Es é sera bostre bailet.

DE L'INBINLIBLE REY DE FRANÇO É DE NABARRO, LOUIS DE BOURBOUN.

Nostre rey merbeillous espauris les hazars;
Oumt él es, autre n'es que prime ni segounde,
A futo dounc les noums dé toutis les Cezars;
Car le noum de *Louis* diu teni tout le mounde.

CANT ROUYAL.

La pastouro Liris mayti pren sa perneto;
E le long del courset cordo les anelets,
Al punt que le soulel, en plegan la bouneto,
Pencheno soun pel d'or sul naut des tucoulets;
Be sen ba debés l'ort prene la permenado,
Oun remiro se nays la planto semenado,
Sarclo dins un carréu de bouïs passomantat,
La pansejo, le gauch, le muguet muguelat;
Més entre tant de flous qu'élo ten en estimo,
Fouzilho doussomen, dan le nas acatat,
    La biuleto de mars que nous meno la primo.

Enta tautos Liris, plus fiéro que berreto,
Se fizo de braba tant de pastourelets,
Que fan pel coumunal le palawam paureto,
Dans le bastou garnit de milo ramelets.
Dejà sort de l'oustal, dejà met en parado
L'amourouseto flou de poutets hounourado,
Un troupel de mémés la siéc à pas countat,
Dinquios oun Janouti, d'amour persecutat,
En demourant Liris, soulet se demarrimo,
Liris, qu'à soun hergé mostro per raretat
   La biuleto de mars que nous meno la primo.

  Bélomen, ça dits el, coutinaudo droulleto,
Que me fas desira le lum de tous eillets,
Per qui le cél se plang que la terro souleto
S'hounoro d'un parel de bélis souleillets:
Béni, moun riban bleu, ma doublo girouflado,
Moun cantel de pa blanc, moun mél é ma
    caulado,
Apropio bitomen de moun el encantat
A quel bel bisatget, oun l'amour afustat,
A cops de biro d'or, deça delà sengrimo,
E laisso me senti sur toun sé musquetat
   La biuleto de mars que nous meno la primo,

  Atal, en coumençan mant'uno cansouneto,
Toutis dous cap é cap gardon les agnelets,
Que froun encountro froun assajon la courneto,
O guimbon sur las flous al sou des flajoulets.
Tant an menat de brut é tant fayt la cambado,
Qu'un abeillo des pés en bronzin s'es lebado,
E tiro la malou d'un fissou despitat,
Per dedins las nazics tour au bailla couytat;
Més quand bey ma Liris, autaléu s'apazimo,
E bayso sense brut, é tout bere quitat,
   La biuleto de mars que nous meno la primo.

La merbeillo que siéc ta gentilo floureto,
Per sobros de plaze crido les auzelets ;
Lo senil en fredous banto la couloureto,
Segoundat de taris é de roussignoulets,
De qui le dur, dur, dur, al miéy de la ramado,
Ten Floro rejouido é Diano charmado;
Un zephir entretan y cour en libertat,
E se chapoto tout dins le ros argentat,
Tant de sa propro ma la naturo s'exprimo
A randre bél le loc oun Liris a pourtat
 La biuleto de mars que nous meno la primo.

ALLEGORIO.

La Franço per Liris bous sio representado
L'ornomen é l'aunou de la terro habitado :
Le printens es la pats, que de cado coustat
Tendra per tout jamay les cors en amistat,
E le gran rey *Louis*, que le diu Mars animo,
E jouts qui le pays se remet en béutat,
 La biuleto de mars que nous meno la primo.

~~~~~~~~~~~~~~~~~~~~~~

DESCRIPCIU DE FOUNTENO MOUNRABE.

*Jouts l'agrat de l'illustrissime Seignou del loc
de la Foun, amay le miu.*

Bé t'augi bé, muso jouyouso,
Que me benes randouleja :
Oyda, tourno-te passeja
Per las campagnos de Toulouso.
Disen que dinquios à Paris,
Toun aynat Ramelet flouris.
Touto lengo pot fa merbeillos,
Més per loutja l'admiraciu,
Un bérs nous dubris las aureilhos
Quand es clabat à perfecciu.

Oeu sabi, per y prene l'ayre,
Un loc de gracios ó d'amous,
Ount uno foun grosso d'humous,
De cent béutats se ben a jayre.
A qui tu seras en aunou
Jouts le noum d'un brabe seignou
Qu'hounòro tout de sa presenço,
E faras un broutou noubel,
Se dins sous carréus de plasenço
Sa grandou te bey de boun el.

Las piucélos que sur Parnasso
An fayat miracles d'autres cops,
Aci bolen canta per ops,
E fourrupa dans la grand'tasso.
Lour trabail, que jamay nou mor,
Enritchira de rimo d'or
Councos é nichos d'artifici,
Tant que sur les bassis goutens,
Tu pouïras ufri toun serbici
A l'Apoulloun de nostre tens.

Dousses plazes y pren Mercuro
D'amb'un pé sus un pédestal,
Oun siés rajoulets de cristal
Le tenen lis à la frescuro :
Lougatari d'un loc ta bél,
El a quittat sa part del cél,
Afi que néyt é jour admire
Le prumié moussur des moundis,
E tout méstre qu'es del pla dire,
Aro bol estre l'apprendis.

Jouts uno razo de bint passes
Uno douts inbisiblo cour,
Oun las filhetos d'alentour
Se senten baigna les debasses.
Achetos, ay ! sa fan apéy,
Nous beci frescos per tout ouéy.
Entretan à tant de fountetos
Le col fa solbre sous coulets,

E le se ne pren à gouletos
Per enperla sous tucoulets.
　Més qui countara las tenilhos
E les escaragols petits,
Que l'artisan a despartits
Altour de las grandos cauquillos :
Tant d'élos, que de rocs maris,
L'aygo que jamay nou taris,
Legueno per touto la plaço,
Oun per nega l'altéraciu,
Le gay roussignoulet que passo
Y demoro sa coulaciu.
　La bela léu per las flouretos
E per fruitiés en pessomen,
Coussi coumenço doussomen
Le retour de sas amouretos :
La miscarolo, le berdou
Y barrejon maut'un fredou
D'inquio que soun foro d'aléno :
Tabe per y passa la néyt,
Elis se porton la cousseno
E fan de brancos l'arcaliéyt.
　A cartié, l'auzel aymo-pero,
E que nouyris qui l'a nouyrit ;
A cops de béc encoulérit
Se bol trata d'uno bipero ;
Deis Indes un poul courroussat,
Sur le partérro tapissat,
Apresto sa rodomountado ;
E le pau, plus surpérbe qu'él,
Suys els de sa plumo pintado
Enbalauzis les del soulel.
　Un fiér mounard, sense cadeno,
Nou fa degun mal à las gens,
Car el reboun unglos é dens
Dins uno poummo qu'entemeno.
Thetis mêmos é soun dalphi
Y soun arribats à la fi,

E foro de la mar amaro
Y seran per tout é jamay
A se rabi dins l'aygo claro
E las doussous del mes de may.
   O ! qu'es grand le baze de malbre
Oun le gros jét se ba leba !
Nou cal pas que per s'y laba
Uno garguiéro ma s'azalbre.
A las Nymphos ô qualque Diu
Tant de contentomen se diu.
Alabe la sasou primaygo,
Qu'y bol apribaza l'amour,
D'amb'uno miéjo piquo d'aygo
Repousso la calou del jour.
   Un bassi redoun nous coubido
A beze jouga soun tuyel :
Aco's per nous y pipa l'el
E gazaigna l'armo rabido.
Dan l'agreto é la couo de pau,
Un soulel humourous y plau,
L'estelo tabes y clarejo,
E sur les braules plus noubéls
Un moulinet, que biroulejo,
Y fa dança les quiscabéls.
   Muso, sion nous de la partido,
E dan le plaze d'aquel sou,
En y dounan nostro cansou,
Fazan un bralle de sourtido.
Tapauc nou pouïren prou parla
Del labirinto qu'es en là;
Ni dejs albres de touto sorto;
Le prat sio per un autre cop.
Tust, tust, qu'alqu'un es à la porto,
E yeu me senti le pé chop.

———

ODE.

ODO.

Ouéy, que le mes de may coumenço,
A l'amou del pays moundi,
Moun cor se bol regaillardi
Sur las flous de damo Clamenço.

    Le cél noun bey poun de ta bélos,
Quand le printens fa sous ramels;
Tabés y miraillo les éls
Dinquio que li fan mimarélos.

    Jamay la granisso n'y truco,
Jamay n'y toumbo néu ni tor;
Le soulel soul las nouiris d'or
Quand derrambulho sa perruco.

    Un zephir courtisan y passo,
Toutjoun fresquet é musquetat,
E per creissenço de béutat
Uno foun y ben de Parnasso.

    A qui las Musos poutounetos
Se rejouïssen en bolum;
Mentre que le prince del lum
Y jutjo de lours cansounetos.

    O! que me trigo qu'yeu me labe
Dins le cristal d'aquelo foun,
Per y saluda l'Apolluon
Qu'un quad'un apélo Moun-brabe!

    Ouéy dounc, countinuaudos flouretos,
Countinuats de me rabi,
E cent ans posco jou serbi
Qui mauten bostros coulouretos.

Per aquestis bèrces un fil de mous amics s'encouratgec à l'estudi de la gayo sencio.

SOUNET.

Per aliza les plats mai que dan l'espoulseto,
  Yeu soun bengut aci dan bostro permiciu,
  Moussurs, de qui l'esprit clausit de perfecciu,
  Del cristal d'Helicon a budat la tasseto.
D'un cap de salmou fresc é tastat la salseto,
  D'amb'un gloup de bi blanc bou per admiraciu,
  T'apla qu'en croustejan é fazen coulaciu,
  A la fi m'é troubat en fourmo la panseto.
L'humou que d'abéscops me dits quicom de bél,
  Quand le sirop del chay m'escalfo le cerbél,
  M'a pourtat autaléu d'hounoura l'assemblado.
Placio bous le salut d'un boun coumpagnoulet,
  E que tout é jemay sera bostre baylet,
  Se pot sur bostro ma baysa la girouflado.

ODO.

Moussurs, que repausats aci,
Sur la ramado per couïci,
Méstres de la foun de Parnasso,
Aro que fazén à rima,
Permetéts que per m'anima
Un gloup ne beugo dins ma tasso.
  Couratge, per le premié cop
Moun gargaillol se trobo chop
D'aquel'aygueto merbeillouso,
E dejà Phœbus me proumet
De m'ajuda de quicoumet
Al boun lengatge de Toulouso.

Debés él me boli teni,
E me play de le manteni
Soubrat en bélos parauletos.
Boun jour donc toutis amay-may,
Ouéy que le joly mes de may
Oundro la terro de flouretos.

AUTRO.

ENCARO be que de ma bido
Sur la mountaigno parnassido
Sounge nou m'ajo pres jamay,
S'y bauc yeu le milhou que posco
Tira-me quicom de la closco
Per saluda le mes de may.

 Bous-aus abéts fayt le semblable
Per teni le reng hounourable
Que la muso bous fa teni,
Doun ben qu'aqueste brut se meno
Qu'on pot admira bostro beno,
Més chardit de bous escarni.

 Moussurs, atal yeu bous admiri,
E tout eu admiran desiri
Qualque floureto de çazins,
E mentre qu'en demori l'uno,
Prégui Diu qu'en bouno fourtuno
Cent ans biscats é yeu siés bins.

PETITO GALANTARIO.

YEU soun aci bengut per dire en moun lengatge
Que s'é le cos petit, prou gran es moun couratge,
Per moustra brabomen qu'yeu sabi quicoumet
De ço que dins le cap la Muso nous tramet,

10..

De que jou soun ta fiér qu'aro cérqui querélo
A trento coumpaignons que soun de ma pagélo,
E que benen çazins pel carrayrol d'aunou,
Per, al tiro qui pot, gazaigna qualque flou.
Ça, ça, que cante léu qui n'ajo trop d'enbejo,
Car de fa cent sounets l'esprit me fourmiguejo.
Me digats quand sio gran coussi faré fuma
Qualque bél cant rouyal que me bendra de ma,
Per abe part as jocs de madamo Clamenço.
Més toutis estan couch à ma soulo presenço;
Adissiats dounc, moussurs, que sabets mal é be,
Dius bous doune boun jour, amay à mi tabe.

SALUT A LA NOUBIETO, EN MOUN MAYRAL LENGATGE, PER FELICITACIU DE SOUN BEL MARIATGE.

SOUNET.

Al brut que s'es menat de la magnificenço
Que se fa daban l'el de damos é seignous :
Se soun endebenguts unis cinq coumpaignous,
Coumo per subrepes de la réjouyssenço.
  Elis an remetut à moun insuffisenço
De dire que le cél, proudigue de fabous,
Sur tant de qualitats que se trobon en bous,
D'un bél gentiloumet bous proumet la naissenço.
  Toutis péy desiran del founs de nostre cor,
Que countets may de jours que l'anjoulet Nestor;
Grando coumo toutjoun, coume toutjoun hu-
    rouso.
  Aros, en agradan le joc qu'abén pourtat,
Noubieto, couïtats-bous de beni dins Toulouso,
Pe y teni le reng de prumiéro béutat.

A LA NAYSSENÇO DE L'EFANTET D'UN DE MOUS AMICS.

L'AUNOU des brabes coumpaignous,
  La bouno néyt bous sio dounado :
Benéts bous rejouy dan nous
  A l'ayre d'uno serenado,
E per sabe se bous ayman,
Augéts coussi nous animan.
Un quadun de nous s'es metut
  En debe de rejouissenço,
Taléu qu'abén augit le brut
  Que Diu bous a dounat creissenço;
Tabe les fredous que se fan
Saludon bostre bél efan.
Laissats-nous beze l'efantet,
  Poulit, coumo nous fan encreyre,
E se l'y fazén un poutet,
  Bén faren mai de dous al beyre,
Dan cent desirs qu'y barrejau,
Que tout bél nobi le bejau.

CASTEL EN L'AYRE.

BELOMEN qu'yeu faré le drac
Se jamay trobi dins un sac,
Cinq ô siés milanto pistolos,
Espessos coumo de redolos.
Prumiéromen, per pla piafa,
Un mautou nooù me faré fa,
D'un drap de bint escuts la cano,
Doublat de belous ô de pano,
E bestiré cado mati
Un habillomen de sati.

Moun rabat dejà s'accoumodo
Dan les courdounets à la modo,
E dejà le pél de counil
Luzis sur capelet gentil.
Les gans respoundran à la fardo,
Dan les ribans à la guimbardo,
Que toumbaran de tout coustat
Sul sabatou dechiquetat.
Atal roudaré las carriéros
Dan de grands flocs de garroutiéros,
En ne mudan quatre cops l'an
Sul bas de sedo de Milan.
A prepaus de las agulhetos,
Que crouzaré sur las latcetos,
Elos me tendran ta quilhat,
Ta requincat é mirgaillat,
Que boli que las doumaisélos
Per mi desiren estre bélos,
E nou me sortou d'alentour
Per me soullicita d'amour;
Més yeu, en refredin ma mino,
Autaléu biraré l'esquino,
Dinquio que sapio la bertat
Que moren se noun é piétat.
  Aro per segoundo boutado,
Boli la guérro troumpetado,
Car le diu Mars amay sa sor,
Me fan gratilhous dins le cor.
Mountat sur un ginet d'Espagno,
Trabérsi la razo campagno,
E renegui tout en fuman,
Dans le pistoulet à la man.
Pics é patats, alarmo! alarmo!
Qui ne bol al noubél gendarmo?
Ça, que d'un truc destermenat,
Yeu le biré del semenat,
Sounque me demande la bido.
Hola! hoou! moun laquay me crido,

Que tres bourgeses assemblats,
Sen bau rebisita les blats.
O ! que la lour bau bailla bélo
Sul bél mitan de l'escarcélo,
Car yeu n'auré de toutis trés
Nau mil escuts d'or é de pés !
Dan les escuts é las pistolos,
Yeu passaré bint cabirolos
Per paresse d'admiraciu
Dins un bal de reputatiu.
Me semblo que dan las filhetos
Yeu faré cent minos douilletos,
Countent coum'un gatet ô dous
Quand poden crouca trés lardous.
　Sus aso l'on me bendra diro
Qu'el es houro qu'yeu me retire,
E que le seignou d'endacom
Se bouldra desfa de quicom,
Que counsisto prép d'un bilatge,
En déts parels de labouratge,
Toc é toc d'un brabe castél
Garnit de bi, blat é pastél.
Biro lebrauts à la pendilho,
Boun cambajou sur la grezilho,
Callos à l'ast é perdigals
Per nous escura les cayssals :
Biro saluts, descapelados,
Baylets, carrossos atelados,
Amay que tendré grabitat
Dan les moussurs de qualitat.
Aco's, l'amic, ço qu'yeu pensabi
Mentretan que me permenabi,
Quand un trouno que nou besio pas
Me pensec fa tomba de nas.
Atal moun trinc é ma ripaillo
Sen anec coumo fum de paillo,
E coumo m'en tournabi soul,
Le jour cantéc é fourec poul.

LETTRO DE L'EXTRABAGANT AL CURIOUS.

Aro qu'en én tens de noubélos,
Yeu que ne sabi de prou bélos,
Las bau manda de tout coustat,
Justomen coumo m'a couutat
Un mounard mountat, per miracle ;
Sur un alezan del Bazacle.
Se dits qu'un chot és arribat
Sur un mouli de ben trabat,
Per ana croumpa dos oulibos
Al port de mar de Founsos-Gribos,
Oun les Morous de l'autre jour
Se ban laba per sa l'amour.
Al païs de Pampaligosso
Qui nou pot carreja trigosso,
Les capous, al loc d'ourrezié,
N'an que de roubis al grezié
Las émeraudos é las pérlos
Y naissen coumo de couderlos ;
Pes camps se trobo l'or moulut,
Més touts y crebon de salut.
Les drolles que ban à la guérro,
Porton sul nas uno pichérro,
Que lour ten le cor allucat
A bélis gloups de bi muscat,
O soulbut amb'uno roustido,
Les garantis de la pepido.
Bela qu'aquel païs me play !
Encaro m'a dit quicom may,
E sur Pétdabit se perpauso
Qu'auren oungan de bouno rauso,
Que les grils é les parpaillols,
Pla mountats sur d'escaragols,
Cércon le ga de la ribiéro,

Per bouta foc a la payssiéro.
Alarmo ! courrau-y nous-aus,
Que nou nous rumen les grougnaus.
Per uno noubélo plus fresco,
A Lers pescou amb'uno desco.
Hiér memos prengueren per ouéy
Un balenat de quart é miéy,
Que séro batut à de malos,
Tout soulet, countro dos cigalos,
Doun, le pauret, d'un aureilhal,
Abió perdut la den ullial ;
Més tabe d'uno mourdassado
El n'abio l'uno desoussado ;
L'autro se cruchic un ginoul
Countro uno féillo de fenoul.

Al Touch, en-deça le Grand-Cayre,
An prés un gat ta graupignayre,
Que li cal fa pourta d'esclops,
E quado jour suzo trés cops.
A quel que li fa la despenço
Ben la suzou per quintessenço,
Que garis le mal de masclou,
May qu'on s'en unte le talou,
E le cal prene quand brespaillo,
Del calhiba d'uno sarnailho.

A Paris, ô endacon may,
Ouéy començon le mes de may.
A Lyon l'aygo de la Sono
Baiguo coume la de Garono.
A Bourdeus méstre Tarlimbaüt,
Quand a fayt al four a pa caüt ;
E per Toulouse la gentilo,
Le barri n'es pas dins la bilo.
Garats aci ço de milhou,
Qu'es al paquet del poustilhou,
Prou petit, més que pouira creisse :
E se degu le bol couneisse,
Per sabe de tréts plus noubels,

El a le nas entre dous els,
E per abé milhouno mino,
Porto le coupet sur l'esquino.

BOUTADO COUNTRO L'AMOUR.

L'HUMOU me piquéc l'autre jour
De torse le nas à l'Amour,
E me paga des desaguicis
Dan que troumpao mous serbicis.
Per li fa perdre le caquet,
Yeu li men banc cruchi l'arquet,
E sas biros, à bélos houros,
Me serbiran de lardadouros.
Mas persulos sense proufiéyt,
Meriton aqueste despiéyt.

Diu nenet, escay de maynatge,
Amour, yeu te biri bisatge,
E men banc en un autre loc,
Oun faré brabomen moun floc.

Atapauc, sense la ripaillo,
Tu n'es quo petit foc de paillo,
Taléu alucat, taléu fum,
E dins nou re, ni fum ni lum.
Aro me teni jouts l'enseigno
D'un capitani de bereigno,
Que dan le chuc de l'eissermen
Rejouïs moun entendemen.

Bacchus ô Carmantran s'appélo,
Brésso-Soucis, fil de Semélo,
A qui las nymphos, al gran pas,
Courreguen chapoutá le nas,
Afi que negre del troumeyre,
El nou mascarésso le beyre.
Aco's él que me pot rabi,
Aco's él qu'yeu boli serb

En proutestan de toutjour éstre
Boun serbitou d'un ta boun méstre.
Despey moun atge d'argoulet
Yeu caressi le flascoulet,
Que dan le croustet en chaucholos,
Rejouénis las humous anjolos.
Nou y a potus ni confecciu
Que balgon uno coulaciu,
Quan le bi de la tasso pleno
Debalo refresca la beno,
O quand tres fourrups del milhou
Pinton un nas de bermilhou.
Aquesto licoureto roujo
Randéc ta chicho nostro goujo,
Que fazió dous cops d'un luquet,
E noun fazió qu'un del cartet.
Asso soun d'efantets de plumo,
Que, segoun la bouno coustumo,
Se dounon, sense bilagnô,
A l'hounourablo coumpagnô.
Elis soun nets, per nou desplayre;
Tabe la ma dreto del payre,
Amic del noubél é del biél,
Les a labats dins un barriél.
 Atal parlec un camarado,
A qui le passotens agrado,
E qu'aymo may le pot luzent,
Que noun pas le cor maldisent;
Plus ayse quand és al pillatge
D'unos soupetos en fourmatge,
Que fa le sobre, per blazi
Les coumportomens del bezi.
Ay! ay! bengo le pega, bengo;
La set me bol ruma la lengo;
E tu, l'Amour, bay-t'en poupa,
Qu'yeu soun coubidat à soupa.

AUTRO.

Dau, dau la cargo, zist é zast:
Despéy tantos, per aquest'armo,
Soun souldat, carabin, gindarmo,
E léu, goujat, bando-me l'ast.
  Ja de poou l'enemic poussin,
Nou cour plus aprép la poulaillo;
Car de s'arma per la bataillo,
La glozo noun fa pas menciu.
  A tantis que n'arribaran,
Yeu, dans l'espazo de la goujo,
Lour grataré la pla la coujo,
Que las agassos y beuran.
  Bé m'en y batic, quand serio soul,
May qu'ajo ripaillat per quatre;
Car yeu nou saurio poun me batre
Que nou siô brabomen sadoul.

CANSOU DE TAULO.

De las fabous d'uno mestresso
Jamay plus nou seré baylet;
Yeu quiti touto sa caresso
Per un fourrup de flascoulet;
O se l'arc amourous me tirô,
Boli qu'un douzil siô la biro.
  A d'autres Mars s'en fasso creyre:
Yeu n'aymi poun le quér traucat.
Quand les mousquets seran de beyre,
E cargats de grus de muscat,
Labets en fazen à de malos,
Badaré per para las balos.

B'a

B'a pauc de seu qui t'aygassejo;
Blousso liquou de Diu brautous:
Garono may que may carrejo,
E degun pouts n'es sanitous,
E l'aygo de las fons plus netos,
Sent à suzou de las raynetos.

Le bi me ten la bouco fresco;
E de la flayrou que ne sort
Semblo que l'ambre gris y cresco
Dan las flouretos d'un bél ort:
L'abeillo tabé que s'y pauso,
Al loc de mél y fa de rauso.

A part qui n'emplene la tasso;
Blanc é claret sobron çazins,
E l'embejous nous fasso plasso;
La sérp fuch la flou des razins.
Anc donc, que le flascou trote
Dinquio que le palmou gargote.

~~~~~~~~~~~~~~~~~~~~~~~~~~~~~~~

DIALOGO DE PAN É D'ECHO.

PAN s'enbatio deçà, delà,
Quand un gran péssomen li inountéc en cerbélo,
E péy cridéc: hau, la, la, la.
Nympho d'aqueste coustala,
Sabets-me que sera la bendemio noubélo?
                   Echo.   *Belo.*

REFREN.

Dau-la doun, doun bouto bi, bito bouto,
Que cranto escuts ne bal la mendre gouto,
Bouto, nou sios jamay las de serbi.
                   Echo.   *Bi.*
Dau la doundeyno bi de bigno, bi.

PAN.

Milo mercés, gentil Echo.
Atal dins tous arbouots satyri mal fazeire,

Nou t'espaurisco daus sa coïo.
Mes digos me, dan tout aco,
Per saluda Bacchus, que pren le bon bebeire ?
     Echo   *Beyre.*

Dau-la doun, doun bouto bi, bite bouto,
Que cranto escuts ne bal la mendre gouto;
Bouto, nou sios jamay las de serbi.
      Echo. *Bi*
Dau-la doundeyno, bi de bigno, bi.

    PAN.

  Trote le beyre baudomen.
E tu qu'un bél droullet d'amouretos aluco,
  Tourno t'en, nympho, soulomen ;
  Car yeu soum en rabissomen,
Aro qu'à petits gloups le flascou se dechuco.
     Echo. *Chuco.*
Dau-la doun, doun bouto bi, bite bouto,
Que cranto escuts ne bal la mendre gouto,
Bouto, nou sios jamay las de serbi
     Echo. *Si.*
Dau-la doundeyno, bi de bigno, bi.

~~~~~~~~~~~~~~~~~~~~~~~~~~~~

AUTRO PER LE DIMARS - GRAS.

Bacchus, qu'ets arribat en bilo,
Bélo gauto de pescajou,
Les drolles couren à la filo
Per tasta bostre cambajou.
 Nous rizén, nous cantan amasso,
E per biure plus doussomen,
Dius le remouli d'uno tasso
Tenén négat le péssomen.
 Dan l'achis à l'estoufadouro
E le pastis à punto d'al,
Gourman la talen à tout'houro
A malo forço de cayssal.

Toutis y perdén la paraulo,
E la pruzou nous beu as pots,
Quand perlics é lebrauts en taulo
Cabusson as quatre pipots.
 Que so l'abarecio nous pico
E qu'amassen de grans trezors,
Les amagau dins la barrico,
Per y treba quand seren morts.

AUTRO.

Ol qu'acos bel d'éstre countent
E jouï d'uno longo bido,
Tant que de bi, le pot goutent,
S'engrimo contro la pepido.
 Ça, ça, began tant que pouïren,
 E tant que pla beuren, biuren.
Coumo le gauch d'un amouroux
Es dins les éls de sa mestresso,
Atal dins un bi sabourous
Yeu me coulissi d'alegresso.
 Ça, ça, began tant que pouïren,
 E tant que pla beuren, biuren.
Assos dejà prou mastulhat,
Ça, m'amour, qu'yeu te poutouneje,
E ten me toutjoun azulhat,
Ali que la lé nou m'agrege.
 Ça, ça, began tant que pouïren,
 E tant que pla beuren, biuren.
Hau ! bi, bi doune à quado pas,
Mentre qu'abén salut é leze,
Qu'as malaus nou ne dounon pas,
E les morts noun podon plus beze.
 Ça, ça, began, etc.

AUTRO.

Amour, dan touto soun adresso
Ni daus sa matrassino d'or ;
Nou fara cop dedins moun cor
Fargat à probo de mestresso.
Certos, s'él n'a d'autre baylet,
Se pot pla descaussa soulet.
   Dans le cap entre dos espallos,
En ayman prodigui moun bé :
O pla, Sansou, n'au sabi bé ;
Me semblo, zést, que tout soun callos,
La tasso pleno néyt é jour,
Es le bougnou de moun amour.
   Quin'amour pot éstre la mibo ?
Yeu me trobi ta degoustat,
Que mangi de cado coustat,
E s'autro malautio n'arribo,
Countent coumo moussen Guindoul,
Yeu dormi pla quand soun sadoul.

AUTRO CANSOU DE TAULO.

Aco's de tout sé rabi
De sourrupa forço bi :
Les flacs é marfoundits
Noun prenen que dous dits.
   En despitan de la néyt,
Jamay noun péqui le liéyt ;
As coufins les plus truius
E les els toutis luns.
   Le cart é les tres uchaus
Me coubidon al repaus :
Tabe la son me pren
Dinquio que le jour ben.

MOUNDI.

De penche nou me cal pas,
Ni me teni le pel ras;
Le mounard qu'es aqui
M'espiugo le bequi.
 D'amb'un parrabast pel sol,
Nou me chauti de linsol,
E péy tout aloungat
N'augi, ni rat, ni gat.

CANSOU SUL REGRET DE LA PÉRTO DE CARMANTRAN.

Qui nou ba toutjoun en plouran
Qui n'a l'armo marrido
Que le boun payre Carmantran
Se sio perdut d'augido.
 Nous én les bounis coumpagnous
Qu'anan cerca per las maysous
Per beze oun pouïrio él éstre :
Car certos nous-aus nous fachan
De perdre un ta boun méstre.
  Qui nous ba toutjoun en plouran,
  Qui n'a l'armo marrido, etc.
 La talen bouto tout à sac,
Magro coum'un pé de busac;
E talo es notro bido,
Que per delici rougaignan
Un tros d'escarabido
  Qui nou ba toutjoun en plouran,
  Qui n'a l'armo marrido, etc.
 Hay! qui n'espio de trabés
Un sauret birat al rebés;
E qui nou se palusso
De biure dous meses de l'an
De trosses de merlusso !

Qui nou ba toutjoun en plouran,
Qui n'a l'armo marrido
Que le boun payre Carmantran
Se sio perdut d'augido.

AUTRO,

Sur l'ayre francés : *Dieux, amis de l'innocence.*

GARATS assi la flou des drolles,
Que despey l'autr'an
Seguissen per montés é collés
Le boun Carmantran.
  Carmantran, la bouno gorjo,
  Sense tu nous én cailhols ;
  Car la sardo nous escorjo
  Nostres paures gargailhols.
Del rire nous perdén l'embejo,
E del passotens,
Quand la merlusso nous fiélfréjo
Del long de las dens.
  Carmantran, la bouno gorjo,
  Sense tu nous én cailhols, etc.
Dins nostre cos le bent fredouno
Un fort triste sou,
E l'echo del pijoun y souno
Cou-rou-cou-tou-cou.
  Carmantran, la bouno gorjo,
  Sense tu nous én cailhols, etc.
Hélas ! ount es la perlic aro,
E le gai gigot :
Coussi nou benén adesaro
Nous unta le pot.
  Carmantran, la bouno gorjo,
  Sense tu nous én cailhols ;
  Car la sardo nous escorjo
  Nostres paures gargailhols.

PROLOGUE DE LA NÉYT, FAIT PER LA MASCARADO DE CLEOSANDRO EN CARMANTRAN.

Qui tantos ajo pres les mericles per beze le jour, que nou les quite pas se bol aro beze la néyt. Yeu soun la néyt que coufado de pabots, sorti del riu del debrembié sur un carrosse de nibouls, enrichit de chifros de fum ó ferrat de lano ; éperons d'argent doré, pour faire moureau troté. Yeu disi que daban my troton mous quatré moureus, le silenci, l'escuritat, la son é le sounge, que, à bélos nazics alandados, bufon le noirci sur la térro. Coussi quicom en tal equipatge soun arribado cazins permo de quicom ; may que lajouts é laissat la son é le sounge per nou destourna taléu bostre passoteus. Le silenci s'en es anat fa quatre courbetos pel galata, per n'abe pas brut dans le brut que d'ourdinairi randoulejo pel bal, é l'escuritat se me ten atapido jouts la raubo, per nou debeni lum daban les éls de tant de bélos é graciusos doumaiseletos. Las merbeillos de tant de lugrayres eillets soun ta grandos, que tout d'un cop yeu é pensat que le soulel se fouresso despartit en milo claretats per countrocarra l'esclayre de mas estelos : més yeu me soun rabisado qu'aquelos beutats soun propris rebeuus de bostro perfecciu, et que le soulel a ta pauc de couratge encountro my, qu'él me fuch à touto brido de poou de se trouba mourdut entre ca é loup. Per subrepés, yeu le despiti que duran le tens de moun goubér él pósco fa tant de fec qu'on y bejo la mendre luscrambo ount yeu en plen miéy-jour faré ta negre dedins la pocho de mantun courtezien de la coumpaigno, qu'on n'y pouïra pas beze tres pistolos. Aro que beni al permo de quicom qu'a fayt gratilhous à moun carrosso de me pourta al miéy d'uno assemblado tant accounplido. En billo un coutinaut amourous é triat entre les fabourisats d'amour, coumo la luno entre les mendres focs, se fa fort d'abc raflat la bouno gracio de sa mestresso as tres dats de l'amourouso persuto, le serbici, la fidelitat, é la counstancio. Ac'os él que me pregabo de metre toutos mas tenébros en un boulum, per li douna moyén et counduto d'intra, ô per la porto, ô per la finestro dedins l'oustal de s'aymieto. Més yeu debini que daban de passa la landiniéro ô tira le sisclet, él aura rencontre de may de quatre destorbis, coumo pouïriots dire d'un jouen é janti coumpaignou, que le leze permeno per la bilo, frizadet coum'uno rusco de mél, a qui tres galluréns benen per forço maleba le mantou, à nou tourna jamay, é l'y espoulsa sur un cap de taulo de pastissié. Passaran pey de cridayres oubliayres, d'ambe le onyo, ne te boujo, proubesit de bounos oublios toutos sucre, é que dins un bel béyre net porton lour ypoucras, se remoulissen é se chucon. Un autre destorbi sera d'un magicien é de qualques faytiliéros, que per se rendr'al Sabat, aniran la pet sus féilho jouts uno cheminéyo. Filhetos, afi que qualqu'uno d'elos nou bous ane cacha dins bostro crambo, nou dourmats pas souletos, é prenéts pla gardo al trauc del gat. Coureran aprep las fantaumos de qui las nourriços se serbisen per teni remouses les maynatgets : E be nou boles pas esta siau ; garo la poupoou : béni le manja ; Catalino de dessus teules. Un flambéu péy se moustroura que de drolles calandres porton, tant per trouba l'amour, qu'en courrinos la

bilo, s'es perdut coum'un efantet, coumo per
mettre d'accordi lours instrumens, oun poscou
entouna uno cansouneto de pastis an pot. E sur
la fi paressera uno camarado de brabo jantiletut,
bélis esprits per excellenço, que la curiousitat
animo à sabe se lours damos les boulenton, é
per aco s'esperforçou de tour douna passotens,
é pourta dins lour oustal mascarados, balés é
moumous: é douna de poulets per abe la galino.
Més yeu senti que mas estelos me tiron la
raubo é me prégou de las amaga, per nou
poude souffri l'esclayre d'un noubel souleillet
que per aci las espio. E péy él es tens de fabou-
risa nostre passiounat amourous en soun entre-
preso, que trepo per trouba la coumouditat de
beze le bél astre de soun armo, à qui, en me
retiran doussomen, yeu desiri le boun jour, é
à bous autros, doumayseletos toutos toucantos,
poutounetos : la bouno yeu.

~~~~~~

PROLOGUE.

Distre, qu'yeu éri de moun lezé, la tin-
téyno me moutec al cap de boule beze de quino
fusto le Diu mistouflet Amour formo las biros
que fau tant ganida la jouenesso. A l'ouracle
de l'experienço, aprèni que nou parlo pas dans
l'Amour qui puleu n'a parlat dan le tutou de la
rejouisseuço, *Carmantran.* La rasou es que seuse
le chay é le granié, doun *Carmantran* porto
la clau, Amour, tout arraulit de fret, de-
mourario néyt é jour sul tarris à crida, ha !
dre, dre, dre, madoumayseleto, je tremoulis.
  Me béla mouutat en mar. Dizi : Dius me
garde del cant de la sereno é del bram de la
baleno : demandi noubélos del Cap-Bert é del

cap de Bouno Esperanço, é me dizen qu'abion cambiat de noum, é qu'aros s'apélon le cap de porc é le cap d'aze, é que jamay nou s'y biguen may d'abitans. A la fi fourtunablomen arribi dins le païs des sadouls, oun *Carmantran* é l'Amour demoron en païs amasso, coumo le mujol é la glayrio de l'yoou dedins un metis clésc. A qui tout le mounde éro labéts en armos é alarmos, sur le marmul que seignou flambatic ô fleumatic de las aréstos boulio leudouma lour nuta les pots d'uno boudouflo pleno de bent, é les fa dinna de regardéus

Per m'attira de lour partit, me dizen qu'abion afa dau de souldats tant arraulits de talén, que les brians nascuts de la saladuro lour mountaon é debalaon per las coustélos coumo per un'escalo maniéro; tribaillados al resto d'uno térro oun les camps, semenats de grano de deju, lebon de grans espies de badaillols : soun des bostres, ça lour é jou dit, é soun anat trouba moussur *Carmantran*, que se fazio gratilhous à la den ulhal d'amb'un froumatge de Rocofort é d'un salcissou de Milan ô de mil'ans : bélomen qu'éro biel. Le repays fourec acqui ta long, que de tres houros le poulatge nou pousquec beze le ragoust que li bouillo dire quicom. Coumo yeu remirabi mon méstre dan soun bél nas pintat à l'oli de barriel, un marchan de delà l'aygo le l'y boulguec croumpa per uno brustio de pérlos de counte é de roubis ouriantals.

Aprép milo parauletos d'entretenenço, preni coungét é passoport, é banc trouba l'Amour dins soun castél bastit de péyro de béutat et de bouno graçio, é forço gens daban, doun les uns mountaon al siétge de l'Amour pel degré del serbici é de la fidelitat, d'autres se fazion fa catetos amb'un saquet de quadruplos. Sur las péyros éron taillados toutos las abenturos amou-

rousos qu'éron estados é que dibion éstre ;
entr'autros m'arresti dessus uno, coumo touto
noubélo, é que dibio léu espeli del niu de la
destinado.

Un pantaloun, accoumpagnat d'uno sa filho
Izabélo, bélo mageno de perfeccius, d'Arle-
quin et de Zani, sous serbitous, s'ero retirat dins
un esquif, mentre que la mar apazimado,
coubidao les bezis à enbattre las fantazios sur
l'estendedou de soun tapis bluastre, quand
Fourtuno, que toutjour fa le tutet per surprene
les plus aysats, et de qui la rodo n'esta jamay
en unos, les porto, aprép milo dangés, en
uno térro oun les paurets, touts espaurits, nou
couneissen que les ouns é casses d'uno fourést
salbatjo. Un Satyri, que nou penso qu'a sa
cambados et fredouna sur soun flatitet las amou-
retos de la bélo Silvio, pourtat per hazard sur
l'estrangero béutat, se laysso doussomen fiu-
leta les els é le cor, tant per se trouba noun
digne de las fabous de la bélo, que per se senti
flac é freule per la debattre é se battre countro
touto la coumpagnio. Bitomen él cour prega
tres jantis bergés, qu'a l'houro emmersaon las
mas é les lezes à fa milo ramelets sur la mir-
gailladuro d'un prat : elis, plus enbelinats
qu'él, s'esperforçon de gaigna la bouno gracio
de lour hostesso noubelo. Un perdessus touts
gaigno sa bouno gracio dan cinq triutles de
meritis é de bouno mino.

Sus asso, coumo mous els demouraon couzuts
sus uno talo noubeletat, Amour nou sabi coussi,
flésc, per *invisibilium*, me bailléc uno crou-
quignolo sur l'entendemen, é d'amb'uno biro
daurado me tranquéc le cor, per oun ma libertat
s'es escampado dins las gentilessos d'uno mes-
tresso. A élo yeu, en fazen dous ô tres tours de
pouldinde, é dan la ma sus un rougnou coum'uno

pichérro, m'en soun anat presenta mas affeccius estroupados dins une féillo de gimbert, de que la beziado rejouïdo, coussi quicom, ben d'unta la roustido de ma languisou d'arab'un canchou de burre de sas fabous.

PROLOGUE PER LE BALÉ DE BÉL TENS.

EL a dejà bélo pauso, amay may que douma passat fara tres jours, qu'yeu soun en cerquos del bél tens. Glaudineto, je vous ayme tant, yeu aymi tant le bél tens, que de tout ouéy en le cercan n'é troubat un'houro de leze de quita las cambos per prene las botos.

Tan péy courregui, tant sautegui,
Qué qualques coumpaignous troubégui,

Brabes é triats en gentiletut coumo le més de may, de qui féstos coulén, és remercat sur les meses que despullion la pradario de pimpanélos, é que tout altour del tarris nous fan crida : ay! ay! jou manjario quicom se n'abio. Ah! mal de mayssélo, madoumaysélo, je tremoulis. Aco's al janti joli més de may, Diu mercé, que per mi la souqueto fa sas mezos, que le bladet canélo, é per tu, bélo mestresso, le ceze flouris. A futo dounquos la tristesso : muden-se bitomen toutis les péssomens que dins las sasous passados nous tenion ta remouses é bentre-cousuts, que sense estripa le bourset, nou poudion bisita chay ni granié, ó las tararaignos, per atrapa mouscaillous, éron tout le jour à la demoro dins les caissals del moussur é del groulleto. Me brembo de n'a pas gayre, que las mirguetos de nostro cousino dansaon l'espagnouleto sur la grezilho, sense poou de se ruma les guignous,

guignous ; é le paure minaut, à faüto de cendres
caüdos, se rebetsinao las moustachos al soulel
sur la lucano del galata. Aro per descrubi l'al
del gigot que nostre dessén ten entre mas, le
marmul és per tout que le bel tens és arribat,
couzi del boun tens é grand amic del passotens;
que coumo tens que Dius ajo, Mercuro se fasio
fort de rebiscoula les morts en les toucan de
sa lato d'or. Atal él pot dan sa bergueto en-
ramelado remettre en rejouissenço les esprits
que l'amour ô les afas de l'oustal, la guérro ô
la soulitudo tenen prou souben arrestats dins las
prisous del pessomen. Sur la fiso de trouba un
ta brabe seignou, un escarrabillat amourous le
cérco, tout enpensat de recrouba é reteni soun
probo quiér, que à tout perpaüs le bel el de
s'aymieto li fiuleto. Un boun paysan nou n'es
pas gayre lén, que dans le bastounet en ma,
passejo sas fantazios à cerca fourraduros d'es-
toumac é de que sa petito familho s'escalfure.
Quand un souldat, térro de l'aule, escapat de
las ilos d'Oleron, le rancountro, é penso que
dins soun escarcélo él troubara la fi de soun
entento, que guigno à qualque boun rigoulisti.
Les bosquis mémos plus salbatges, é les arboouts
de las rocos plus escuros permeten à dous leurs
plus ressugats estajans de beze le tens d'un plus
bél ayre, per prene relambi de lours péssomens
soulitaris, é quita le besinatge des loups, per
crousteja ô courtiza qualque béutat familiarisado.
*Permofes, à perpaus d'herbos, bela ço que les
grils n'an pas encaro pascut.* Per subrepés, yeu
diré que nostres camarodos se soun talomen pla
troubats jouts la conduto del bél tens, que sou-
lomen elis n'an pas quittat las fantasios trumos
que lour randion l'armo pensatibo, més encaro
le cor lour s'és talomen tremudat, que nou fan
autro causo que sauta, rire, calandreja, é

diriots que de milanto gens que tiron al bognou de la dispousiciu, elis soulets le tocou. La droullario les seguis, l'amour lour fa la rebelencio, é la bouno chéro clabo las ceremounios ; car autromen la fésto serio grasso coum'un sac de canzeno, é dins la danso se troubario may de badailhols que de cabriolos. B'au sabi-jou, que l'autre jour bigui un nobi fort escalfat d'amour, que deju de vingt é quatre houros, s'entretenio dan sa massipo. E be, ça disio l'un, amb'un cousin de cheminéyo, coussi te ba de l'amour, mon cœur ? Coumo l'autre jour, m'amour. E bos qu'estendan encaro les ridéus: bos tu que parlen de bonta touaillo ? Tant y a per acaba, que m'es abist que mas baboyos nou bous soun pas tant agradiboulos que las gentilessos de nostres courteziéns. Yeu douncos m'en bauc al petit pas ; que nou successi stoupos, mentre qu'elis bendran à cambados per bous assegura que toutis lours péssomens se soun remeluts en un, de serbi uno tant jantilo, bélo é honnourablo assemblado, de qui la béutat é la gracio m'an à mi particuliéromen talomen estrefayt, que nou podi manja que nou me couste, é toutjoun de dous coustats coum'un apprendris de menestral. An disant : bélo, retiren-nous à l'oumbreto ; la calou nous fario mal.

PROLOGUE PER LES COUMPAIGNOUS DE DIOMÉDO TREMUDATS EN CYGNES.

Après abe prou gourrinat sur la mar de l'Amour, del joc é de la bouno chéro dins le nabiri de jouenesso, yeu troubegui que des bens de la belo, l'un m'uflao la bourço coum'uno boudouflo, é l'autre la me birao al rebés coum'un grezié de poulaillo. Alabets yeu resoulbegui de m'en plagne al gros é gras tutou de la joubialitat, *Carmantran*, coumo d'un affroun fayt à la persouno d'un soun serbitou, que dan l'escureto d'entre dos gingibos li ten toutjoun la bayssélo pla neto. Demest tant d'apréstis que per él quado jour se fan, le brut m'a fayt saben qu'él éro partit de l'ilo tant renoummado d'*Aloungo-la-garro*, oun Bénus l'abio festejat en mico, per abe recebut d'él uno camisolo de biüres que li biró le fret é le marfoundimen des rens. Douncos, per le beze pulèu é de plus lén, yeu courri m'enjouca sus un broundel de mountaigno, doun le cap cousat de pignes, engrano las nibouls, é le pé fa toutjoun flic floc al rey Artus dans las oundados de la mar.

Aqui trobi les utils d'un pescayre, doun me benguec un'embejo de pesca dos doutzenos de lustros per afisca l'apetit de moun mestre, soul gardo claus de la cabeto; dan l'esperanço tabe de trouba dins las gaugnos d'un'anchoyo le gros anél, ô de Policrat, ô de la bélo Magalouno. Més cértos, zést, las bounos abenturos ban enta nous al pé-rauquet.

Entretan lebi les els per remerca cerléno ratopeno que m'abio frizat l'alo del capel, que porti rebelsinado coum'uno pésso de tres carrolis; quand abizi, *Carmantran* é Bénus altour d'uno taulo garnido, qu'en toutis delicis courrion doussomen coum'un gat descaüs sur les b'uastres tapisses de Neptuno. Aqui le baissel éro fayt d'uno tino, un ast éro mast, là bélo uno touaillo, é l'artilharío de cinquanto flascous, dan lour glou, glou, glou, espaurissio toutis les habitans de las aygos saladas. Ha! ha! ça, dissegui-jou:

Janti Bacchus, belo caro d'escalfoliéyt de terro, nou boun auets pas d'augido, que nou bous ajo fayt un petit prezen de mas recoumandacius à l'aureilho. Bous que per abe part a l'inbenciu de l'A. B. C, abéts troubat de fà les SS. ô ésses dan las cambos.

Aproupiats-bous, ô bel nas d'esquino de cranc bulhit, per escouta coussi en bous seguiu, é nou bous troubau, yeu me soun cent cops randut à la mercé de la pauro chéro, qu'en tristo languisou me dubrissio la finéstro de las dens, é sense fustié la me piejao de crouzéyos. Bertat és que qualque cop yeu preuio passotens à jouga dan les plecs de mas caussos al trinfle d'espital, per sur les carreus gita las picos. Sus asso le bezi beni, é sense may de faissous, en me toucan d'amb'uno lardadouro, coumo d'uno bergo de Circé, é me dounau tres gloups de mezoul de pega, mo tourno brabe coumo jamay, de quinaut, moussur, é de mounedo, gros. Bénus, que bic la merbeillo que soun amic benio de fà, nou me boulguec pas laissa sense qualqu'uno de sas fabous, é me tourno fa gratilhous à l'armo d'amb'un moutet de caufouneto, dan que Theséo, Hercules é Jasoun se fourréguen dins la bouno gracio d'Ariadné, de Dejaniro é de la magicieno Medéo, tant à quado couplet s'y trobou de doussous.

Tant graparé, tant cridaré,
Que tout l'oustal englandaré,
Ça disio, plus fiér que berreto,
Le loup à la coumayre auqueto.

Tant serbiré, tant aymaré,
Que las fredous animaré,
Ça dits aci la cansouneto
A moun auribo poutouneto.

T'embejo de se beze léu en bilo, couïtec l'un é l'autre de fa bélo, quand plus en-la descruhissen, un nabiri de guérro moublat de Diomedo é sous coumpagnous, doun qualques-unis atacon

la réyno des cupidounets d'uno noubélo rodo-
mountado (rodo mountado sur un aissél querat.)
Ha! ça, dision les unis, bous-aüs parlats de
Bénus coumo de qualque bélo causo : par la
mort de noun, diré de l'aulé beleü be t'y......
Sampa se fizo d'aquel boudoutsou d'Amour soun
fil, que cargat d'alos de couloumbat esplumassat,
fadejo d'amb'un arquet à tira d'osses de ceriéro.
Yeu per le mens nou les cregui pas d'uno
miflo, que dan la punto de moun coutelas ô
coutel las, é proubezit cinquanto groulletos de
talous de courpourals, é que dendespéy porti
per armarios un fér de piquo à tres paus de la
barbo, à mesura pel coupet. L'amourouso
deésso aci s'enfumardo, é touto regaignado,
forobandis sa pacienço ; talomen que nou sabi
coussi ni dan quinos paraülos de bardi barda,
mous drolles, que gazouilhaon ta pla, se trobon
cuberts de plumo, é de guerriens carobirats en
auzéls, que canton quand s'en ban mouri, en
signe del gauch que les poussedis de beze lour
bergouigno s'acaba dan la bido. Les bela toutis
enplumats per l'ayre, prestis à fouigna le cap
dins qualque laco, quand Bénus lour fa cou-
mandomen de segui le mounde per moustra la
liziéro de sas forços encantayros. Encependan
les autres coumpaignous, que n'abion pas part
à las trufos cargados d'ourrezié, receben de sa
courtesio proumesso de trouba bélo mestresso
dins Toulouso, coumo bilo oun néyt é jour se
trobo founsou de doumaiseletos ritchos sur
toutos autros en milo qualitats abantatjousos. La
mibo mémomen n'es pas ta paüro de bouno
mino, qu'élo nou passe las de nostro carriéro
de tout ço que l'abet é le pigné manjarion soupos
sul cap al nazitort.

PROLOGUE DEL BALÉ DEL BURÉU D'ADRESSO.

Les plazés de la casso m'an tengut d'inquio aci talomen aouriu, qu'yeu nou cérqui que les amagadous des ourses é des liouns, per nouïri moun couratge de las redougnaduros de lours unglos. Tantos yeu me curabi las dens d'amb'un pigassou, aprép abe ripaillat d'un ginoul de cigalo; tantos yeu me tenio rabit al quaquet d'un parrouquet del païs, qu'à bélis sautets estudio de crida Margot, Margot, porto l'yoou à la Blanco.

Amb'aquel trattomen yeu éri per beni gras coum'uno gabio, é dejà en cércos d'uno bido plus deliciuso moublabi de pensados extrabagantos un castel en l'ayre, quand per *invisibilium* me trobi prést à dansa la defendudo entremièy dous estatjans del cél, mistouflets efans de Bénus é de Semélo. Le diu quinzebin Amour s'emparo sur sa biro, é zést, de traydourici la me fougnéc dins le gipou, é le dius panseto Bacchus m'alizéc le gautimas dans la coueto d'un lebraut de l'affachomen, gourri, gourreto yeng.

Amour, trufo trufan, pren la boulado, é me dits: adiu, païs, à Mirando nous beyren, òbe dins Toulouso, ça dits Carmantran, dins le buréu d'adresso, ount toutos noubélos se saben, é toutos persounos se trobon en occupacius é dibertissomens. D'aquel'houro, per la fabou de l'un, yeu é le cor al bentre coumo le saumirou de mar, et le nas à la caro coumo las gens, toutjoun descoulourit coumo la cougeto d'un passo-païs.

Per la fabou de l'autre, yeu quiti moun humou salbatjo, amay l'oustal malingert, ount encaro me retiri quand é poou d'éstre marcat per las priéssos. Ah ! ah ! bel tens a nou nous éron bistis; b'en pla baysadous. Yeu boli dire qu'aros amourous, yeu me requinqui, faii les els mourens coum'un cap de cantou, é canti coum'un tocaze : goujo, la farino.

O permafe, bezi que sus aquelos entremiéjos yeu preni le cami de la plaço de Santos-Carbos, é tant m'afanégui, qu'aci justomen me bezi dan las lunetos al pé, ount, segoun le brut coumu, la joubialitat de la sazou diu fa beni é teni le buréu d'adresso.

Me bezi doune, ô la mostro serio falso, tant per un coumo per autré, tant per trouba ço que cérqui, coumo per trinca le tam de nostre sutjet, an de boun fa beze le nougaillou : ço que s'en dits és que le méstre del buréu meno la gentilesso, é tout gentil el mémos, es seguit de soun coumis, au de recebre le noum des escarrabilhats é brabes coumpagnous que diben perfecciouna la partido.

Elis metisses moustraran lour dispousiciu, les cartels, lour galautiso, é per aco yeu nou diré que la seguido des persounalges. Atal arribou tres marchans de bagos é jouyéls, tres capay-rounetos, le charlatan, le jougayre de goubelets, l'arlequin, le courrié, le medeci foro-païs, les morous, le pintre, les laquays, e per la bouno bouco, dos partidos de baladins, autant de goudilhayres que cal per nou cregne trufo ni malo regardaduro.

A ça ! ça ! bibat ! yeu soun à la fi de mas ententos ; car yeu troubaré le seignou des rigoulistis à la fi de nostre passotens, é l'Amour déjà s'oucupo, demest tant de raros é dous-setos béutas, à beziadomen enflamba les cops d'el, perfuma les poutets de coural, doun estan ben à redoula dessus les sés ennaussats, per dan le rabissomen de touts, y passa le tens à dos bouletos. Play, ja y baü.

~~~~~~~~~~~~~~~~~~~~~~~~~~~~~~~~~~~~

PASSOTENS DE CARMANTRAN,

EN FORMO DE TRAGECOUMEDIO MUDO.

Les Acturs soun Dansayres.

POLIPHÉMO, ULYSSES, LES CYCLOPOS.

Ulisses é sous Coumpaignous, que passon per de Moutous, é les metisses, que dançon un Balé de rejouïssenço.

LE SUBJET.

ULISSES, aprép las ruïnos de Troyo la grando, fourec pourtat, per fourtunos de mar enmalido, sur la costo de Sicilo. El é qualques-unis de sous coumpaignous s'abançou pel païs, é per hazard intron dins la cabérno de Poliphémo. Le gigan, que y tourno dan soun troupél lanut, les bey, les tanco, é s'informo de lour bengudo malirouso. De fayt é do dit, le goulibaut ne despacho dous à cops de cayssals, é péy quatre dins dos autros coulacius. Le prince d'Itaco cour à las ruzos, é s'arrésto à li serbi mant'uno *coupo* de bi blous, dount él, noubelari bebeyré, se trobo ta surpres, que ne demoro tout estendut pel sol. Le bela negat dins uno gourgo de bi, de son é de rouncadis, quand le fin Gréc, qu'abio pres le noum de

Nou-Degu, s'armo d'un tisou bibomen alucat, é en li fouignan dedins l'el unique, l'essinjo de la bisto. L'esprit nou li manco pas per escapa ; car él é sous coumpaignous s'amagon jouts la lano des moutous, afi que Poliphémo les prengo per tals quand alargue son troupel per ana paysse las herbetos audourousos de sas mountagnos. Un segoun englazi les atrapo, quand les Cyclopos bezis courren à la bouts ratico de lour camarado ; més elis s'en gausson, é le quiton, quand él dits que sa desfourtuno li ben de Nou-Degu. Qui donncos cour ? qui rodo debés les nabiris d'aquestis caballés en libertat, doun lour arribon tant de gratilhous al cor, qu'uno danço lour aloungo las cambos, que debion serbi de curoden à la feramio espabentablo.

PROLOGUE.

Qu'es aco qu'es ? Qu'es aco que n'es pas, le janti persounatge, persoun atge, que jamay nou pérd soun atge, *Carmantran* ? El bey beni les ans toutis barbo blancs, é demoro toutjour en berduro de jouenesso. En qui'annado nou se trobo pas él mestre d'uno sazou per rejoui coumpayres é coumayres à grandis fourrups de sirop de souqueto, et mourdassados sur uno lengo salado de tabi caillol ? A sous coubits, aco's l'abus de beure un dit ni dous ; trop coustario d'aurina las unglos. Le razoum-potum li riben dins uno tasso maridadouro, d'oun estan un ros de cél s'ebaporo dins nostres esprits per y fa naysse millo flouretos de rejouissenço. Sas enseignos de lédro é de papié trandolon al bent daban sous lotjomens. La lédro ten garlandos à sous amics, afi que le fum des razins espoutits nou treboule las doussous enbelinayros, é sul papié se fan mostros de la candou de soun armo, oun sas bictorios biben dans la puniciu que pren de sous enemics. D'aqui nous aprenén, as despens de Penthéo, d'Orphéo é des mariniés de la marino Tirrhéno, de nou le mespreza, é de Poliphémo de nou n'abusa. Aqueste fil de Neptuno et de la nympho Toosa se mostro ta descarat dan soun grand el al froun é ta fourtunable dan sa masso nouzeludo sul col, que countro sas rodomountados toutis les Dius en pilo nou gauzon pas chita dins lour palays pazimental d'estélos. Un soul Carmantran entrepren le relébomen de las moustachos de lour aunou. Que pot dounc Ulisses espera, tout moulut à cops de mar dins uno prisou, sounque d'éstré degouilhat le bél darrié de sous coumpaignous, se Bacchus nou li fournis les mouyéns d'encoun soumi le colosso per l'embourgua. Aco n'és pas dan d'or ni d'argent que le prince gréc se fizo d'escapa deis arboouts mountagnols de la Sicilo : soun espazo tabé demoro couch dins le fourréu. Soulomen un beyre coumoul souben de bi madur reboun dedins la fon le golis gigan, é li deraübo le bastou de la ma.

Atal douncos él cal recouneisse que les tresors de Pluton, ni la balentiso de Mars, ni la forço d'Hercules nou s'accoumparon pas à las doussous dan que Carmantran doumenico las humous plus salbatjos. Atal ouéy les jantis coumpaignous representon, en un joc milhou que dan cartos del païs, que sur diniés, espazos é bastous, la *Coupo Trinflo*.

LES CYCLOPOS A LAS DAMOS.

BÉLOMEN qu'un quadun de nous es estat *home sourt é de lén païs* de n'abé res augit dinquios aro de las merbeilhos de Toulouso. Nostres exercicis soun de bailla quatre mıflos à dos balenos per ne brespailla d'uno. Nous menau en laisso elephans é liouns d'amb'un pél de nostros moustachos ; nous fazen à l'oulo routo dan d'esclapos de montagno d'un cart de légo. Les foulses dan que Jupiter se ren ta redoutable, nou soun que de boulugos que nayssen al mendre truc de nostres martéls. Tout aço nous benén de mespreza, tout de quita permor de bous, *Beziaduros Moundinos*, *biïs cap-d'obros de bouno gracio.* Le cancan que le petit Diu fa de bostro béutat a mudat dins nostre cor le calhiu del mont Gibél, é ne remet le refresquimen à la bélo néu que sur bostres sés se rélébo oundecomen en dous tucoulets. Nou bengats pas dounc en truffos del pél beloutat que nous enritchis, qu'aqui l'Amour ten sas forços amagados : nou bous emblaymets pas de nostre soul el que n'es qu'un soulel, é s'es atal gran, aco's per milhou recebre la claretat des bostres.

L'honnestetat d'aqueste païs nous a fait trouba prou grans per pourta caïssos, que tout espressité tenén afumados coumo de saurets, afi que qualque friando nous courro bitumen à las agulhetos.

~~~~~~~~~~~~~~~~~~~~~~~~~~~~

CARTEL DE MASCARADO PER LA PARTIDO DE LAS MOUNINOS.

A LAS DAMOS.

A L'HOURO que le lugra de l'albo fréto les els al soulel de salibo dejuno, et descrubis un bousquet de plazés, oun qui toumbo d'un albre se trobo lajouts dans les pés demest les myrtes é le cap dins les rouziés. Uno foun y lébo beziadomen le bul per baigna soupos à las pastourélos, é gito sur sas ribos tant de pailletos d'or e d'argen, que les Satyris s'y han gouluda quand se bolen habilhà de broucatel. Aqui Bénus un bréspe se chapoutejao, serbido de quatré mouninos, que tantos frizounaon sous guignous daurats, é tantôs blanquejaon las bandeletos de Cupidoun, quand le seignou del loc, rey des Toupinanbous, tout poulberous de la casso, se trobo daban la bélo, é li fa prezen d'un singla l'englazi del païs, qu'elo recouneys per la malo-bestio, que d'un cop de den ulhal l'abéuzec de las caressos de soun Adonis. La proyo é le grat del prince li soun tant agréables, qu'elo li douno sas mouninos, autres cops caballiés fort jantis é de raro desteritat ; més que mens pourtats al serbici de las damos qu'ays exercicis del Diu des tambouris, érou quado jour pel bousquet à li treboula le cristal courredis de sa fountelo, al grand mespréts de sa dibinitat. La Déesso les y surprenguec, e d'amb'un poudé pariou al de Diano quand carobiréc Acteon, les transfourmec en mouninos, ali que l'on entendo qu'aquelis nou soun pas bertadiéromen homes en les countrofan bé soulomen, que qualque cop en lour bido nou se laissoun moulze les esprits à las delicatessos amourousos, é bol, la Déesso, qu'aquestos mouninos reprengon enfin lour étse daban soun fil justomen, dins la grando bilo que bey remoulina Garono, oun l'encantomen finira per las doussous de la plus raro béutat de la térro, coumo coumenséc per les despiéyts de la plus grando damo del cél. Atal moun mèstre s'en troubéc tabe rabit d'uno merbeillo fort noubélo; é per claba l'abenturo, me mando soun ambassadou debés le pouíssant, fourtunable Carmantran, dan qui l'Amour se trobo boulountiés, ô per pessuga un aureilhal de tessou, que dan las

garlandos

garlandos de lauié gardo de pericle la couzino;
ô per aguza las biros de fer é d'or déjouts un
flascou que li goutejao sur la molo. Aro que
l'Amour és troubat, coutinaudetos moundinos
é besinos, bous autros éts las raretats à qui la
reyno de las amouretos remet le denouzadou
de sas paraulos enbelinayros, perque nou n'y
a pas uno de milanto que nou posséde la béutat
en talo perfecciu, que le cél l'y malébo las
belugos des els per aluca sas estelos, é las
flouretos de las pradarios nou se bolen pas
esplandi que daban las doussos halenados de
sa bouqueto. A l'aunou soulo de mas coum-
pagnéros, se rabissen é fregissen de desplega
lours escarnimens, cambados, souplessos, bou-
quelas, pousturos, passotens de grapos, guim-
bos en sus, é autros gentilessos de coüeto, tant
per merita le recrobit de lour formo prumiero,
coumo per bous remoustra les pruzimens que
le petit Diu fa naysse dejà dedins lours cors
dan las crouquinholos de bostro bouno gracio.

*Abe, oou, nabiri, qu'à port en. Calo,
qu'yeu me cali.*

~~~~~~~~~~~~~~~~~~~~~~~~~~~

CARTEL PER LES AGRAULATS.

BACHUS ET LE PARLAYRE.

Belomen, ô gaütos mirgaillados, qu'yeu
soun de bostres amics : cértos un quad'un de
bous n'a pas mendro plaço dedins moun cor,
que la que moun cor cérco dins l'entretenenço
des jantis compaignous. Tantis que nous espiats
éts de nostro partido, é poudéts pla creyre
que tantôs yeu é quitat le nectar de Jupiter
per rebisita bostros cabetos, afi que la chéro

nou manque sur uno taulo cousado, quand le lebraut é la perlic nous bengon fa gratilhous à la maissélo. Bertat és que le soulas nou diu dura que dinquios à miéjo néyt, à l'houro que le poul de la térro rebeillo la clouqueto del cél per crida les poulets al jouquié per uno quaranteno de jours. Aquesto noubélo ben de mauré miéjo doutzeno de beulaygos à dire qu'yeu préni moun coungét per poou del grand seignou de las arestos. Aco's l'abus, le paurot fasio le tremolis al mitan de sas ansalados, se nou s'en anao bitomen fourtificat del chic blanc é claret de mous présens moustouses. La couléro m'a talomen bencit sur las paraülos qu'aquestis enbejouzes fazion courre, qu'en desplegan mas forços à bras birat, yeu les é coumbertits en agraulos, per les remetre dins un clouquié oun criden é se plangon de se beze sorobandits del chay, indignes d'estre mouscaillous. El cal douncos que le mounde sapio que de grat é vobis yeu m'en baü d'esta bilo en posto sus uno tartugo d'inquios al port de mar de Founsosgribos, per apasima la baleno qu'en pleno mar se diu gourma countro dos sardos de groulleto. En demouran asso, *Camarados*, yeu me recoumandi d'inquios al feletra de Sansubra, é per bous refresca le gautimas, vous fan prezen d'un melou de Gaillac, que se counsérbo sur dous tindous, dan las coustélos faytos coumo de douelos.

Un incounescut demandéc un cartel,
é li fourec baillat:
MAISON A LOUER.

CARTEL DEL LUGRA, QUE COUNTÉN LE SUBGÉT DE LA MASCARADO DEL PUNT DEL JOUR.

O landirideto, dos houros daban le jour.

YEU, que ne fan le *Lugra* del mayti, las de courre pel cél demest las estélos mas compagnéros, me soun layssat pica d'embejo de pourta moun enluzimen dins las plus bélos assemblados de la terro. A redoulets yeu soun arribat en bilo, oun dejà senti deminga moun lum daban milanto bélis els que fan a migé dau le soulel de las clartats qu'illuminon le mounde. Oyda, yeu boli be me cluca quand auré remirat é admirat las merbeillos que m'entournejon, per à moun retour n'entreteni la luno, las planetos, le boué, le car de las armos, les trés bourdous é la clouqueto. Lé contentomen qu'yeu recebi per aci me fa cerca prétexte d'y demoura, é per aco m'en bau counta qualques gentilessos que benen de passa daban ma luneto de loungo bisto. O permofe, bezi que sur la noubelo que la finesso d'un Gréc abio couzut les bens countraris dins uno pel de bestio : la *Neyt*, que nou pot sufri le jour, l'a boulgut couze dins soun toupi de crespe de dol, quand *l'Albo*, courounado de rosos, a coupat al prumié punt l'agulho de las tenébros é l'escauto del silenci. Aquesto messatgéro des plazes de l'el cercao soun bél *Cephalo*, que plus maitinié qu'élo, éro sourtit en casso dan soun gous é sa bigatano, que jamay nou pecon la proyo. A la runpeduro del *Punt del Jour* dos massipos de bilatge se soun coufados, é d'amb'un galluréu

13.

prenen couloumbats é poulaillo per teni le mercat, ó d'aqui croumpa sal per prene porc : tant de camisos y a que fan aquel mestié. Les pouls an brandit las alos pés jouquiés, é rebeillat à cops de coucouréscos touto la familho porto-barbolos. Morphéo a dubért sas portos de corno é d'ibori per fa sourti les *Sounges*, l'un escur é l'autre clar, que dibersomen occupon las fantazios de l'home. Dejà s'arésto le *Cridaire d'aigo-arden o de bido* : arden és, perço que se fa dedins soun cor, ount amour à bastit un fournél ; de bido és, perço qu'él metis ne remet las bélos plus languissentos é mourentos. La méro de Memnon n'a jamay bist dos plus triados pérlos, ni le péro de Phaëton un rayoun plus rabissent. Assi soun les péssomens, noun pas de paga louguié d'oustal ni de teni le granié garnit ; obe de barreja milo serbicis dan lours milo meritis, per gazaigna las affeccius d'uno coutinaüdo mestresso. Yeu metis que parli, soun atacat de péssomen, quand, en quitan la masco de lugra, me trobi ta lugre dins ma pocho que n'y bezi pas uno pistolo. Ta, ta, ta, ta, tust, tust, goujo ! là taülo. Assi les abén, les *Mandayréls* del four d'endacom, oun les cupidounets efans de Bénus fan coyre lours rigoulistis. Les droullets, se le deju les persecuto, quitarion caressos é gratilhous per crida sur la bouco de la néyt : E, moussur, é, madoumaysello, a y re per les paüres Dius. A perpaüs d'amouretos, un courtezien que cren regardaturo se retiro, aprép que d'amb'un escalo de paraületos, de cop d'els, de beziaduros é de prézens, él es mountat al plus naüt de soun amourouso persuto : ajusten-y d'autres escalous, coumo soun letros é poulets, que prou souben fan beni las gelinotos cloucos. Un janti compaignou le seguis, méstre de trento bayléts, may que la béutat é la bouno gracio au bestit d'uno mandilho de laquay, per jamai nou s'aleigna des coumandomens de soun aymablo aymieto. De boun'houro se lébon le trafiquant é soun serbitou, de qui las marchandisos à la modo nou soun pas de rebrecs ni de retals ; la pésso entiéro rejouits é countento las damos que benen à élis en carrosso, ô sur l'haquéyno de nostre Chicou à pé. Plaço, plaço per un *Badaüt*, que s'éro méstre, troubariô may d'un aprendis : las raretats qu'él alupo pes balets, finestros é salos l'estabournissen, é le randen per touto la bilo la mounino naüt, la mounino naüt. Las legremos de l'albo me coubidon al cluquet, quand ajo rigut de dous *Guses* de la cour des miracles. Aquestis galans de bon mayti s'estroupon, se torron, s'espanjorlon, é fan les estroupiats de cambos é de brasses ; més autaléu que las boutigos del jour é del poble se tancon, elis se monstron alegres é de bouno dispousiciu, préstis d'espoulseta brabomen le flascou des coumpayres é le pastis de las coumayres.

A ribo, ribo, garraboutayre ; se me negui noun pagui res. Asso dissec l'autre cop un pauruc engatjat sur las grandos gourgos de Launaguet en Italio. Aros yeu disi que coumoul d'aunou de beze qui me bey, m'en baü quita le cours dan le discours, é remettre ma luminario sur uno couchetto de repaüs. A tabe l'albo bezino tourno pinta la niboul de coulouretos bermeillos, é bous donna le boun jour.

~~~~~~~~~~~~~~~~~~~~~~~~~~~~~~~~~~

LE MANDAYRE DEL FOUR DE LA GALANTISO.

EN toutos caüsos cal pla coumença ; obe, qu'à l'enfourna se fan les pas counguts. Per coumençomen de çò que me pertoco, cal sabe que le méstré d'aquesto sazou es tabe le miu, *Carmantran* : él bèn de fa basti four en bilo quand n'a pas pouscut fa basti la bilo dins le four. Las coumouditats del mestié m'an fayt bouta mandayrél, é despiti tout aprendis d'autre menestral de se beze may de pa sus taulo. Aprép le couchayrou, millazou, la prumiéro, segoundo, darriéro, les trés uchaus en carbo nou manquon pas per fa chaucholos d'amb'uno miquo de pa caüt. Autaléu que le poul fa repoumpi sous coucouroucous per tout le jouquié, yeu rebiziti sur ma lozo quantis d'oustals me cal manda, é per la grand'carriéro del cantou d'endacom rebeilli las belos chalandos, que may que may benen quérre la taulo dan le sé descourdat, é labets un pessuc m'escapo sur la pasto blanqueto que redoundis dous panets de l'amagat. Quand le méstre de palo drom ô les coumpaignous beben, yeu m'assagi à desenfourna qualque rengado de pa, é pauzi le broundél daban é la bayzaduro darré. Bertat és qu'abéscops le raticountre de la *Malo-Béstio* treboulo tout moun passotens. Uno bezino m'a dit qu'aco's l'orro feramio que porto le bif é le baf dedius dos armos mal countentos, ô béromen la gilouzio ! Le boun *Carmantran* nous en prezérbe. Aça, tout es mandat, *é le punt del jour* arribo : me bezi de retour. *Jouantet*, a y cap de couqueto, qu'yeu porti sirop de mouscaillous ?

~~~~~~~~~~~~~~~~~~~~~~~~~~~~~~~~

NOUÉLS NOUBELETS.

Ouéy, de la mort la daillo se desférro :
Ca dounc, é là que tout pastourelet
An'estrena d'un nouel noubelet
Diu, que del cél ben benazi la terro.

MOUNDI.

Refren.

Ac'os prou dourmit, coumpaignous :
Les Angelets parlou à nous.

Aujo, Peyret. E que ? l'admirablo noubélo,
Que Diu s'es fayt efan d'uno méro piucélo.
Quino bountat ! al miéy del bent que taillo,
Nostre-Seignet s'es boulgut estroupa ;
E per moustra que sera nostre pa,
Blat tout triat ben naysse sur la paillo.
Aco's prou dourmit, coumpaignous, etc.
Yeu soun rabit, é deja me cressissi,
De beze léu l'albo de nostre jour.
Anen-y-touts, é quad'un à soun tour,
A la Biérges ufrisco soun serbici.
Aco's prou dourmit, coumpaignous, etc.
Dan moun prezen yeu m'en baiic prene plasso,
Que péy bendran reys, princes é barous,
Per adoura l'enfantet amourous,
Que, rey del cél, caü dins uno bourrasso.
Aco's prou dourmit, coumpaignous,
Les Angelets parlou à nous.
Aujo, Peyret. E que ? l'admirablo noubélo,
Que Dius s'es fayt efan d'uno méro piucélo.

~~~~~~~~~~~~~~~~~~~~~~~~~~~~~~~~~

NOUÉL.

L'léu depés, foc al calel,
Moun bounet noou, ma capo bélo,
Qu'yeu coutro beze le soulel
Que nays ouéy d'un'albo noubélo.

Refren.

Courran, pastourelets en troupo,
E quad'un fasso ço que diu
Per saluda l'Enfantet-Diu
Qu'uno Biérges doucetomen estroupo ;
E sus poutets li mouls sa poupo.

Pauzen-nous, é de ginouillous,
Intren dins aquesto senliéro,
Car l'Efantet miraculous
S'y poutounejo dan sa Méro.
  Courran, pastourelets, en troupo, etc.
De pietat le cor se m'en ba.
Ay ! qui bic jamay talo causo !
Le Seignou que nous ben salba,
Sus un manat de fé repaïiso !
  Courran, pastourelets, en troupo, etc.
Pensen-y pla, jantis pastous,
Sense fa re que li desplaçio,
E per mouri sous serbitous,
Biscan en estat de sa graciô.
  Courran, pastourelets, en troupo,
  E quad'un fasso ço que diu
  Per adoura l'Enfantet-Diu.
  Qu'uno Biérges doucetomen estroupo,
  E sus poutets li mouls sa poupo.

NOUÉL.

Per lauza dignomen l'Efantet Nostre-Seigne,
E sous parens de la térro é del cél,
Aco's ta naüt qu'home n'y pot ateigne
Dan las pensados d'un angel.
  Per Adam é tout pecadou,
  Diu ben acata sa grandou.
  Hau, bezis, en recouneyssenço
  Canten nouél à sa nayssenço.
Quinis rabissomens ! uno Biérges es méro,
En coumpaigniô de Jouseph soun marit.
Soun bél efan és fil de Diu le péro,
E councebut del Sant-Esprit.
  Per Adam é tout pecadou, etc.

De touts les eléméns él es tengut le méstre,
El es dalphi del Ryalm'estelat,
E fa soun brés dins un oustal campéstre,
Sur un fayssct de fé gilat.

 Per Adam é tout pecadou, etc.

 Dousso méro Mariô, regino benisado,
Pregats per nous la santo Trinitat,
Qu'en bouno pats mentengo nostro bido,
E nous trameto la santat.

 Per Adam é tout pecadou
 Diu ben acata sa grandou.
 Hau, bezis, en reconneysseuço
 Canten nouel à sa nayssenço.

~~~~~~~~~~~~~~~~~~~~~~~~~~~~~~~~

NOUÉL PER LE JOUR DES REYS.

Mentre qu'en salut nous trouban,
Leben la bouts é le couratge,
Per canta le sant roumiouatge,
De tres reys del soulel leban.
 Des princes la fésto coulén,
 Que sus uno raro noubélo,
 Dins un establé de Bétlén
 An bist jasen uno piucélo ;
 E nous, per que les reys s'y fan,
 Adouren ouéy le bél efan.

A miéjo néyt, en pleno néu,
Nays le Seignou de las estélos ;
Tabe per él uno d'entr'élos ;
Meno les reys dan soun flambléu.
 Des princes la fésto coulén, etc.

 E dounc qui nou s'animariô,
Aprép uno ta braho troupo,
D'hounoura l'Efan-Diu que poupo
Sul sé de la Biérges Mariô.

Des princes la fésto coulén,
Que sur uno raro noubélo,
Dins un estable de Bétlén
An bist Jazen uno piucélo ;
E nous, perque les reys s'y fan,
Adouren ouéy le bél efan.

NOUÉL.

Dedins la grandou qu'és al mounde,
Dejouts quin cél que l'home biu
Nou y a cousin oun nou subbrounde
La majestat del Fil de Diu ;
E naü meses estéc en prenço
Per ouéy fa bese sa nayssenço.

Quand per sa crambeto garnido
Diu prenguec un flanc birginal,
Net de reprochis en sa bido
E de pecat ouriginal,
En toutis dous rabit, admiri
Le ros que toumbo sur un liri.

Que Satan soulomen s'azalbre
Sur les poumiés que li playra ;
Nous abén aros un bél arbre
De qui le frut nous nouïrira.
Que la serp s'ufle dessus Ebo
Jouts Mariô soun bere se crébo.

Per éstre augits de Diu le péro,
Nou n'abion pas prou bouno bouts ;
Mariô, soulo Biérges é méro,
Porto la parailo per touts ;
A bous-aüs ne siô la louanjo,
Noubéls estatjans d'uno granjo.

AUTRE.
Refrén.

Asso qu'és le belet,
Le Nouél noubelet.
E léu albados en campaigno,
E dan le cor, de ginouillous,
Hounouren l'efan merbeillous,
En qui le paradis se gaigno.
Bect le jour d'admiraciu:
Hau, l'amic, rebeillo, rebeillo.
Diu porto nostro salbaciu;
Rabiscau-nous sur la merbeillo.
    Asso qu'és le belet, etc.
Le Fil de Diu, coumoul d'amour,
Ben benazi nostro familho.
El és efan é Diu toutjour,
E sa Méro demoro filho.
    Asso qu'és le belet, etc.
Soulel, tu n'es daurat qu'à miéy;
Luno, tu n'es plus argentino:
Nostré-Seignet, qu'és nascut ouéy,
May que bous-aus nous illumino.
    Asso qu'és le belet, etc.
Nou se pot desira soulél
T'al que le bé de sa presenço,
Nou se pot admira qu'en él
L'eternitat é la nayssenço.
    Asso qu'és le belet, etc.

Ajustié per la fésto des Tres-Reys.

Tres reys courren en debouciu
Per beze l'efan adourable,
Qu'encaro que le cél sió siu,
S'es mudat dedins un estable.
    Asso qu'es le belet, etc.

Aqui souu en rabissomen,
Demest le fret é la pauriéro ;
E reys se disèn humblomen
Baylets del Fil é de la Méro.
    Asso qu'és le belet,
    Le nouél noubelet.
E léu albados en campaigno,
E dan le cor, de ginouillous,
Hounoureu l'efan merbeillous,
En qui le paradis se gaigno.

AUTRÉ.

Refrén.

OYDA, finde la cansouneto,
Al tour de nostro montaigneto,
Canten coussi Jousep è Mariô s'y fan
A baysa doussomen l'amistouzel efan,
E l'alounga dins la perneto.
    RABIT, en jour ta bél,
    Canti nouél noubél,
E quado bergé me segounde,
Ouéy que le rey del cél
Fa soun intrado dins le mounde.
Oyda, finde la cansouneto, etc.
    O Diu ! quin souleillet
    Toûrnejo soun eillet !
Coussi sur sa bouqueto bélo
Flayro le serpouillet
E creis la roso muscadelo !
Oyda, finde la cansouneto, etc.
    Demest tant de béutat
    Admiren sa bountat :
El qu'és le jour plus desirable,
Coumenço sa clartat
A miéjo néyt dins un estable.
                     Oyda,

Oyda, tinde la cansouneto, etc.
　　Entretan l'Efan creis,
　E tout le recouneis,
　L'ourient mémomen s'aprésto
　A li manda tres reys,
　Per enritgi la bélo fésto.
Oyda, tinde la cansouneto, etc.
　　B'és ingrat qui nou cour
　Douna-li soun amour,
　Tant que le bezén dan la Méro :
　Hé placio-li ! qu'um jour
　Le bejau al cél dan le Péro.
Oyda, tinde la cansouneto.
　Al tour de nostro mountaigneto,
Canten coussi Jouséph é la Méro s'y fan
A baysa doussomen l'amistouzet Efan,
E l'alounga dins la perneto.

~~~~~~~~~~~~~~~~~~~~~~~~~~~~

AUTRÉ.
Refren.

Sion brabomen d'accordi touts,
　Ta pla de cor coumo de bouts,
E de l'Enfantet-Diu saluden la bengudo,
Que nays per nous gandi de la peno diugudo,
　Bouleguen dins la soubenenço
Coussi per un excés d'amour,
Le Rey del cél en parél jour
Fazec en térro sa nayssenço.
　　Sion brabomen d'accordi touts, etc.
　Per coustousi l'Enfan aymable,
La méro nou bey poun de liéyt :
Le fret les ten à miéjo-néyt
Acoulignats dins un estable.
　　Sion brabomen d'accordi touts, etc.
　Sul mayti l'on auch la noubélo,
Dan le moutet deis angelets :

14

Alaro les pastourelets
Ban beze la jazen piucelo.
  Sion brabomen d'accordi touts, etc.
 De las desquetos qu'an pourtados,
Quad'un retiro soun prezen,
Que saut Jouséph pren en rizen,
E lour ne fa dos bounetados.
  Sion brabomen d'accordi touts,
  Tapla de cor coumo de bouts, etc.

NOUÉL.

Tiran del cor un nouél d'allegresso,
Ni nou resten per l'aflicciu que cour,
Ouéy que del cél la digno seignouresso
A miéjo-néyt nous douno le boun jour.
  Preguen le Péro que nous auch,
  De nous douna salut é gauch,
  Quand nostre cor reclamo
  Le Fil é Nostro-Damo.
L'Efan que nays és le jour de la bido,
E Diu dan Diu per nous ben fa l'accord,
Que paures orbs, dan le pecat per guido,
Courrion de caps pel cami de la mort.
  Preguen le Péro que nous auch, etc.
« O Seignour Diu ! césse bostro coulero,
E, pietadous, coumandats à l'angel,
Que per l'amour de la piucélo Méro,
Del sol moundi retire le flagel.
  Preguen le Péro, que nous auch, etc.
Bilénomen le pecat tuo l'armo,
E met souben le cos en perdiciu ;
Més autaléu le traïte se desarmo,
Que dins le cor nous sent la countriciu.
  Preguen le Péro, que nous auch, etc.
A nous tendra que le mal s'amourtisco,
En cercan Diu per trouba le perdou.

D'aros-en-là quad'un se coumbertisco :
Diu nou bol pas la mort del pecadou.
  Preguen le Péro, que nous auch, etc.
 De tristo mort l'Efantet nous deliure,
E nous en él biscan alégromen.
Per pla mouri nou cal sounque pla biure :
A qui fa bé, la mort ben doussomen.
  Preguen le Péro, que nous auch,
  De nous douna salut é gauch,
  Quand nostre cor reclamo
  Le Fil é Nostro-Damo.

NOUÉL.

Fazen trio de bélis mouts ;
L'aunou del jour nous y coubido,
Ouéy que se descurbis la douts
Oun l'home pot pouza la bido.
  Ajudo qu'es aco ? ajudo,
  Canten touts à la bouno fé,
  Sur la noubélo benbengudo,
  Que Mario, sur un pauc de fé,
  Del Fil de Diu s'és ajagudo.
 Al tens del plus gran tourradis
L'Efantet nays de Filho-Méro,
E ritche Rey de Paradis,
Per bres a prés uno fenhéro.
  Ajudo, qu'es aco ? ajudo, etc.
 Bé nous dibén hounoura d'él,
Qu'en pats ben tremuda la guérro ;
Que plus soulel que le soulel,
Esclayro le cél é la terro.
  Ajudo, qu'es aco ? ajudo, etc.
 Bél Efan, que naysséts per nous,
Quand mourirets ajats memorio,
Qué coumo cantan coumpagnous,
Coumpagnous bous bejan en glorio.

Ajudo, qu'es aco ? ajudo,
Canten tous à la bouno fe,
Sur la noubélo bengudo,
Que Mario, sur un pauc de fe,
Del Fil de Diu s'es ajagudo.

NOUÉL.

Jantis pastous, bélos pastouros,
Tens és de fa noubél amour,
E cole l'agreable jour
Qu'a de merbeillos may que d'houros.
 Nou se pot estima
 Le bé qu'on a d'ayma
 Las perfeccius d'uno filheto ;
 Que sur soun sé piucél
 Nouïris le Rey del cél,
 E li'scalfuro la bouqueto.
Le cél, à la fi fabourable,
Ouéy nous remounto de bonheur,
Ouéy passo nostre goubernur
Per la pourteto d'un estable.
 Nou se pot estima, etc.
Mario s'y ba Biérges ajayre,
E *Jesus* durbis les eillets,
Que Jouséph pren per souleillets,
Enbalauzit de tant d'esclayre.
 Nou se pot estima, etc.
Uno fabou nous diu prou maïro
A li douna tout nostre cor,
El que creéc le lum é l'or,
Nays de neyt sul fé coumo païre.
 Nou se pot estima, etc.

Ajustié per le jour des Reys.

Hourousomen bejan-le creysse
En mas de la bélo jasen,
Per que tres reys dan lour prezen,
Rey é Diu le ban recouneysse.

Nou se pot estima
Le bé qu'on a d'ayma
Las perfeccius d'uno filheto ;
Que sur soun sé piucél
Nouïris le Rey del Cél,
E li'scalfuro la bouqueto.

NOUÉL.

Efans, à ço que cour le brut,
La porto del cél és ubérto :
Qui ten las claüs és ouey nascut
Dins uno granjo mal iugérto.
 Réjouïscan-nous brabomen,
 Diu porto nostre salbomen.
Quand le mounde se bastissio,
El éro gran coumo soun Péro :
Aro per ta petit que sio,
Nou résto pas d'éstre ço qu'éro.
 Rejouïscan-nous brabomen :
 Diu porto nostre salbomen.
O ! qu'és poulit le poutounet !
E tant que la méro l'embrasso,
Jouséph l'y tiro le bounet,
E l'y ten présto la bourrasso.
 Rejouïscan-nous brabomen,
 Diu porto nostre salbomen.
A qui les pastous le beyran
Autaléu que la néyt se clabe,
E pey tres reys l'adouraran,
Bélomen qu'aco sera brabe.
 Rejouïscan-nous brabomen,
 Diu porto nostre salbomen.
Toustou, que nous dounats la pats,
Nostro causouneto vous placio ;
E bous, Biérges, que l'estroupats,
Métets-nous en sa bouno gracio.

Rejouïscan-nous brabomen ;
Diu porto nostre salbomen.

NOUÉL.

Oun ban tan de pastous amasso ?
Sampa, beze quicom de bel,
Pla pel segur bél é noubel ;
E yeu m'abanci prene plasso,
Per abe l'aunou d'adoura
L'Efantet que nous salbara.

A l'houro que l'albo clarejo
L'angel nous a dit un gran mout :
Lausat sio Diu per dessus tout,
E bouno gen en pats se bejo.
Pastouréls, anats adoura
L'Efantet que bous salbara.

Tout Efant coumo li play d'éstre,
Dins un estroup en paüretat,
El és en sa dibinitat,
El és le Christ é nostre méstre :
Tabé desiran adoura
L'Efantet que nous salbara.

Aco's le merbeillous messatge
Fayt de la bouco de l'angél.
Ouéy douncos, per poubla le cél,
Le Fil de Diu s'és fayt maynatge :
Ouéy tabé courrén adoura
L'Efantet que nous salbara.

Yeu parli may que n'é de leze,
L'amic : asso's prou discourit ;
E péy la Méro ó le marit
Mériton qu'on les ane beze.
O ! que me trigo d'adoura
L'Efantet que nous salbara !

NOUÉL.

Per uno poummo soulomen
Adam crassic bé loungomen
Dins l'un deis arbouts de la térro,
Més él sourtic de languisou,
Quand le Rey de pats é de guérro
Anéc enfounsa la prisou.
    Hounouren le retour
    De l'admirable jour
Que le Prince del cél nasquec efan per l'home,
Afi que dins l'ifér Satan nou l'endoulhome.

  De la negrou d'aquel pecat
  Un quad'un de nous és tacat :
  Aco's le payral heritatge.
  Atal tout home mort ô biu,
  Aurio ressentit lé doumatge
  Del gran jamay nou beze Diu.
    Hounouren le retour
    De l'admirable jour, etc.

  Pecadous, pla nous a balgut,
  Que Nostre-Seigne sio bengut
  Al secours de nostro miséro.
  Aro digan de cor countrit :
  Benediccitis à Diu le Péro,
  Dan le Fil é le Sant-Esprit.
    Hounouren le retour
    De l'admirable jour
Que le Prince del cél nasquec efan per l'home,
Afi que dins l'ifér Satan nou l'endoulhome.

Aquestos pessos foureguen mandados aprép l'impressiu de las precedentos.

RODOMOUNTADO EN PROLOGUE.

Tout é jamay s'es tengut à me brouilla l'agras é me fa qualque desaguici, aquel mistouflet Diu des gratilhous. D'él, encaro qu'esan Amour, me cal toutjoun parla, rey deis homes Rodomount, per coumandomen d'une filho regino Doraliço. La ma de l'un é les els de l'autro fargon cado jour dins moun cor qualquo noubélo passiu. De las boulugos se fan les lambrets en l'ayre, é de la sounario les trouneyres. Arribat escassopenos en bilo per sauta delà les mounts Pyrénéos, yeu ne pas metut le pé sul pount, que la Garono, chopo de legremos, m'a pregat de nou l'espia plus; car al prumié cop d'el sas gourgos ne soun bengudos ta caudos, que les plus grosses peysses y an layssat l'escato. Se la néyt passado biguéts portos é finéstros tremoula jouts las rabentos alenados de l'auta, aco's que miéjo doutzeno de souspirs m'éron escapats : se plassos é carriéros resplandission de fougayrous, aco benio d'un parel de sanglots amourouses que moun estoumac mandao preue l'ayre.

De l'Amour sauten à Mars, qu'aurio l'ounou d'éstre moun segoun, se Mandricard é Gradasso nou s'arrucaon à la soulo bisto de mous plumachous ; plus machous serion élis de gauza soulomen espia l'oumbro de mous rebésses. La pax nou s'apropio de mous els que quand dormi. Bellouno me rebeillo per fa toumba tours é plato-fourmos al bent de mous estournuts. A la guérro passado l'enemic me saludec d'uno canounnado ; més yeu d'amb'uno miflo mandeguí la balo tout à trabés de lours gabiouns coumo per un joc de quilhos, é ne féc toumba siés, part tres, de la pistoulado. Aquel joc nou m'és que passoteus, coumo tabe le joc de cartos, oun amourousomen me teni sul bisalge flous de jouënésso, balentomen cors dins le gipou, picos en ma, é al lansaquanet de ma couléro, couchi la bido deis enemics sul carréu, é ne tiri. Aco's aqueste fiér bras, may que le de Fierabras, que per nou prene les gigans en abantalge, nou tiro jamay le branc d'acié sur cinquanto : ceut li fan pietat. Sur dous ô tres regimens se play qualque cop d'assaja dos crouquignolos. Las parets de moun ort de plazenzo n'an pas d'autre brouc per cuberturo que moustachos de courpourals. Las Antipodos me fan tribut, ô dansi ; car à quad'uno de mas cabirolos lour ne ben un tramblomen de térro. A perpaüs de la térro, per que nou tourno la biéillo querélo de sous grans et grosses efans countro le cél : Jupiter se pouyrio douna de boun tens dan soun Yo, Leda ô Europo ; car per Tiphoé, Briaréo é Encelado, yeu les aurio léu remetuts dins un grazalet coumo tres her-betos d'ansalado. Atal uflat de despouillos é de rares espleyts, yeu rodi deçà, delà, per ren-countra coumpagnou en armos, se le mounde ne pot fourni la mitat d'un. Quand çazins m'és estat repourtat que le gran Hercules y diu pa-resse, per hounoura las bictorios d'Amour, que lo coundizis, dan sous plus rebélles enemics, en triouphe, la curiousitat m'a fait arrapa pel coulet un caballié de la partido, é de malo poou m'a dit qu'él é soun camarado soun discoureurs ô parlayres, que gazouïllon é brounzinon d'unis é d'autres, ti, ti, ti, ti, ta, ta, ta, fouïguetos, que nou bolen agrada la rejouïssenço, ni de-moura muts. Podes bé dire coussi moussur Estre baylao le biays à madoumayselo Choso ; garo que li marquo le pé : ho ! qu'aco nou se fa pas per bouno espécio.

Les seignous soun d'esprits boulatges, que porton lours afeccius d'un coustat é d'autre, plus biradissesque girouëtos, é que s'estimarion may que la mestresso les bisso nuts, d'aban que se besti de télo counstanço. Les autres soun gilouses, que de la coüo d'Argus se fan de mericles, que dins le clésc de l'entendomen nouïressen le bérm que lour rougagno l'abelano : embalaüsits, à la fi, élis cércon de tout lour poussible ço que nou bouldrion pas trouba.

Benen péy les tristes disgraciats, à qui per touto fabou las belos rebéllos giton pes pots un bel tout noou margat de fusto, noum pas res, é autant que lour ne diben manda de la bordo, é se gaïre se fachon, lour fan un moucadou de postes au de lour bailla de la porto sul nas.

Aro diu arriba le grand heros, fil d'Alcméno, de qui les doutze tribails fan amaga las balentisos de toutis les seignous, que mémos dins l'Africo poden endoulouma liouns, serpens é mounstres. Amour l'a rendut prisounié de las perfeccius de la bélo Yolé, le desarmo, le charmo, é li cambio la masso en counouilho. Moun capitani, bous nou sauriots admira coussi le prince d'Italio nous fa toutis amourouses countens, é coussi. Chut : calo-te, discoureur, s'é jou fayt : qui te fa parla de moun rialme d'Africo, ont home ni miéy Diu nou metéc jamay le pé que per fugi daban aquesto ma ? Par la mor de nou diré de laule, nou sabi que me ten que nou te mande à bélis estournobudéls enbourgua la luno ; é bejan s'en toumbau toun Hercules te goubara.

Més que me payssi jou per aci de paraulos, per que les fayts soun les exercicis de ma forço ? Ça douncos, s'aqueste guerrié ben, nous sçauren qui aura poupat de milhouno layt de liounos, ó se la besiado mestresso le reten, yeu é partidos à demescla couutro Galfarost, Galfambrof é Mandafabul, les tres gigans de las ilos espabentablos. Adiu, pays, é sios un pauc plus discrét.

~~~~~~~~~~~~~~~~~~~~~~~~~~

PROLOGO O PROULOGUE PER UN BALÉ DE QUATRE ITALIENS.

LA *fama que vola dignamente per tutto il mondo delle signore tolosane in belta et vagueza ricchissime à fatto di novo in Venetia che dui fratelli figlivoli del famoso signor Pantalon di besognosi, amendui spinti d'Amore radunarono tutta la robba loro et imbaroandosi con dui Arlequini servitori pigliarono la volta di Francia. Ma la fortuna spesse volte contraria à i dessegni d'amore gli diede in mano de Turchi, i quali contentissimi de tanto thesoro non sperato, non si curando altramente de far li prigioni, gli missero dentro una barchetta al piacere del Mediteraneo. Questa nova non fu sentita da me fumigliare loro, che seguitando presto i nemici con tre galere armate ricuperò il tutto. Cosi col favore del cielo mi sono condutto fino chi doue si dice che sono i mei compagni sempre melanconici et non cessando may de piangere cosi grande infortunio. Costoro pouerelli (como depoi ho sentito) non discoprino il foco loro, sapendo assay que senza il medicamento di danari Amore giace paralitico.*

De ce que d'autant que, à counta tout en dignés, quinze é naii fan tres carrolis mens tres toulsas, aros, en biran la lengo com'un gan, yeu baii acaba de dire (assos un cop éro un home) qu'aprép le recrobit sul Turc des mouyens perduts de mous coumpagnous, la scarioto fourtuno s'en courréc azempra les bens plus bufayres, per nous rebouudre dins un cementeri sens herbo. Aci bufo l'auta, aqui rebuffo cérs, aci la mar rouno, aci lo cél trouno é ta feroutjomen, que le plus gran de nostres capitanis, Arman Delort, nou pensao pas de mens que de fa per tout jamay à catitorbo dan les peisses. Yeu soul, resouluf coumo Bartolo, é d'amb'uno mino de cinq trinfles, en regagnan les els coum'un traüc de picharrou espouterlat, faü repompi l'aire d'aqueste paüc de paraulos: Toumbats routos, de dessus las espallos d'Athlas, toutos las oulos del cél: bostres téstis beléu me pouïrion amourra, més noun pas espaüri. Patienço, aqueste mounde n'és qu'un bartas ; qui ne passo s'y estrounco, é taléu s'y trobo l'escaragol coumo l'amouro : l'un é l'autre me soun bous, més le clésc é la rouméc me soun fachousos. A tal à la salço del lebraut le binagre se mesclo dan le sucre. Trabérsos de countentomen soun ourdinarios : é douno, camarados, degu nou s'estouno. Dinquio'aci tout anao pla ; més quand yeu bigui que l'aygo me bagnao les sabatous, las mibos amous : Ah ! ba, bau, ça dissegui-jou, jantis mariniés, pourtats me léu à l'ayre dins uno taulo de pourrets, qu'yeu soun preps de pcou. Ah ! luzentos dos estélos del cél, autres cops pouliquets dins un yoou de cygne, sourtéts aplati-me la mar, qu'yeu y boli fa dansa le troumpil. O Dius ! ta pla bezi que n'auren pas pourtat prou pa, se cal enchaya tant d'aygo.

Pel cap de non, se n'és bertat, be t'augi, qu'aco s'en anao fayt de l'égo, quand d'uno boutado de seignour d'ouctoubre yeu me bouti tout en gipous coum'un toc'aze, m'estugi dins un cabasset de paqueto, é me laissi tout poulidetomen leguena sur las oundados; é cértos
fort

fort à perpaüs, car Neptuno, que me prenguec per un coutinaüt nizal d'Alciouns, cridéc la pax per touto la mar, é me fazec sa scorto al fabourable bent de Malhorco, que me buffao per darré. Pourtat en ribo seguro, baü dret à uno de las seignourios de Carmautrau, é bezi qu'en refazen sa maysou, cassao las tararaignos qu'à soun absenço escuraon las grezilhos, ouu tabé le gat, à fauto de foc à la couzino, se rebetsivaho les guignous sur la lucano del galata. A qui sur mémo tens éron arribats mous coumpaignous; é l'un, per fabou specialo de l'agreable patrou des pefous, se poudrao de nouze muscado, se miraillao daban uno padeno, é se fretao les pots au de moustardo, per plus delicadomen baysa la mestrésso; l'autre s'estudiao à sa chancholos é beüre d'amb'un enfoumilho pèr nou se rebrega la moustacho; l'autre garnissio la guitarro de soun hoste, que per calhibos li fournissio naü lardous, é per cordos le pezel dan que d'ourdinari estaco les tripous: le mestié del quatriémo éro de se reserba las refrescaduros des flascous per ne tira toutos aygos d'enbelissomen: à lour bertut encaro le nas pérd sas pallos coulous, pés é mas lour flaquiéro, é le cor y recrobo la flou del gauch que les afas poüïrion abe blazido.

Autaléu sadoulets, Amour, que les dejus abion escartat, a entrepres nostro conduto, per beze, éstre bistis, douna é prene passotens, que pourten per petito boutado, é noun pas per un pétdabit prens de mirguetos. Aça donne, mas lunetos soun bounos. Yeu soun aci, oun, à la prumiero bisto de tant de béutats maridadouros, le Diuët à l'arquet d'or se galino de moun cor coumo nostre barbilhou d'un peillot que le gourdilho. Mous coumpaignous noun passaran pas de mens; car adeja yeu los cou-

15

neissi trop countens é rabits de se trouba fort hurousomen à pam de gat daban las raretats merbeillousos que tant de tens an admirat do dous cens légos. M'en bauc mettre-les en humou, brabes Italiens d'uno bilo oun qui intro per la porto d'Arnaud-Bernard pot sourti per la del Castel. Chut, é bostros paraülos bous soubengon.

CANSOU des bounis coumpaignous.

Eleu, per nous anima,
Fourrupen à pleno ma.
Les flacs é marfoundits
Noun prenen que dous dits.

Refren.

Abaricius coum'uno fenno enbriaygo,
Asso te porti, moun bezi.
Garo moun nas, que per nou creigne l'aygo,
Se m'és tintat en cramezi.

En despitan de la néyt,
Jamai nou péqui le liéyt :
As cousins les plus truns
Bezi cinquanto lums.
Abaricius, etc.

A la fi des tres uchaüs
Yeu demandi le repaüs :
Tabe la son me pren
Dinquios que le jour ben.
Abaricius, etc.

D'amb'un parrabast pel sol,
Nou me chaüti de linsol,
E péy tout aloungat,
N'augi, ni rat, ni gat.
Abaricius, etc.

ATACO AL BEZI.

Nou sabi pas quin tens fa,
Més be se bol escalfa;
Car aquel mouscailhou
Tout ouéy beu del milhou.
Abaricius, etc.
　　Per mo mettre en bel'humou,
Dan l'uchauët ó jou, prou;
Més be cal tout le cart
Per aquel grand mounard.
Abaricius, etc.

~~~~~~~~~~~~~~~~~~~~~~~~~~~~~~~

SALUT AS JANTIS CAMARADOS D'AMB' AQUESTO CANSOUNETO, Ô CANSOU NETO.

Qui sap s'aqueste bi douma s'acabara,
　O se s'escaüdara ?
　　　Refrèn.
Began douncos tout ouéy en rostoulan le beyre;
　Qu'anéyt abén trouncyre.
　Chéro de perdigals nou me pot anima,
　　Sense le beyre en ma.
Began douncos tout ouéy, etc.
　Sense tu, poulatget, bel tens a que le nas
　　Nou me fumario pas.
Began douncos tout ouéy, etc.
　Qui parlara d'afas, de guérro ni d'amour,
　　Nou beüra bi d'un jour.
Began douncos tout ouéy, etc.
　A la santat, amics, fazan un esfoursset
　　Per acampa la set.
Began douncos tout ouéy, etc.
　　Per nous rejouï drollomen,
　Bengo le flascou soulomen,
　E foro de nostro presenço
　Lascibetat é maldizenço.

EPIGRAMMOS.

Nous aurion pla l'armo groussiero
D'endura plus aygo çazins ;
Que duro, maco les razins,
Moltio, s'emporto la payssiéro.

———

Quand la coumayre beu dan nous,
Nou bol pas gouto de bi blous,
Tau sa la dousso é la magnaygo ;
Més aprép nous-aiis remercan,
Que se ten, per escupi l'aygo,
Boun estoumac de barracan.

———

S'aqueste brut es bertadié
Qu'un noubél regimen se dresse
Cucois desiro d'y paresse
Sur un roussi de pouts roudié ;
El bol un alezan la rare,
Afi que per nou s'engatja,
Quand la bataillo se prepare,
Nou fasso ré que tourneja ;

———

Cucois nou ba pas à la guérro
Nou sabi pas se cren le fer,
El a poou d'y trouba l'ifér,
E nou tourna plus en sa terro.

———

Le beyre me play en tout tens ;
De le buda nou cal pas qu'on m'enseigne ;
Més se n'és ple n'y podi pas atteigne,
Ta courtos me trobi las dens.

Uno Doumaisélo passo, é dous Camarados
se disen :

I. Anen beze les els d'aquelo doumaisélo ;
   Sa targo per darré me rabis gayrebé.
R. Abanço-te prumié per au milhou sabé,
   É fay-li dous poutets oun te semblo ta bélo.

Yeu nou soum pas tustaüt, tant que t'aurion bé dit,
Ni tu, bélo Margot, tant que te fan encreyre ;
Coumo le janti bi, moun cor es tout esprit,
E coumo toun miral, ta béutat és de beyre.

D'AMIC A AMIC.

D'aqueste més, ô bé serio grand'caüso,
Nou pourtaré coulou de gris de li ;
Car en passan pel chay de Goudouli,
Les mouscaillous penson que sio de raüso.

RESPOUNSO.

Les mouscaillous l'an seguit bélo paüso,
Noun pas per mal de l'habit que te play,
Més le grand moust que tu souflos al chay,
Fa que les pots te senten à la raüso.

Nous pensan estre fort countens
Quand passan doussomen le tens ;
Més sense qu'en bejan la trasso,
En passan le tens, él nous passo.

A moussur GOUDELI, sur son ramelet.

Jamay l'ort de las Hesperidos
N'a pourtat ta digne ramel,
Qu'augués las flous ta pla caüsidos,
Ni que pousqués éstre ta bel.

15...

Goudeli, que las a triados,
E que péy las nous a dounados
Per nous musqua le sentimen,
S'a cuillit un manat de glorio,
Que dins le temple de memorio
L'a loutjat eternélomen,
   Par VALENTIN DE GARROCHE.

AL METIS, SUR SOUN RAMELET.

Dessus toutos las flous, las de damo Clamenço
N'an empourtat toutjoun le préts é l'excellenço,
E Floro n'a jamay augut ré de parel ;
Que se l'on bol trouba quicom que las secounde,
Cal beze, Goudouli, las flous de toun ramel,
Que passon en béutat las plus raros del mounde.
   P. LACOMBE, T.

PRESEN D'UN FROUMATGE D'ANDORRE QUE FOUREC FAYT A MOUSSUR GOUDELI.

Bezi, per aqueste messatge
Bous recebrets un bel froumatge,
Que la crabo del cél a fayt
Ambé la cremo de soun layt,
Dins le sé d'aquelos mountaignos
Que ban tira las tararaiguos,
Dan lour cap toundut é pelat,
Del planché del mounde estelat ;
Aquo's un instrumen d'Andorro,
Que bal may que bostro Mandorro,
Ni que le biuloun de Pounset
Per touqu'albados à la set.
La glorio n'a poun d'autre ibori
Pel burin de soun escritori;

MOUNDI.

Fébus s'en serbis d'un crouquet
Per colofonio à soun arquet,
Bénus tiro d'aquel froumatge
Le bermillou de soun bisatge,
L'innoucenço soun amidou,
Nostro bido soun poulidou,
Mentre que les ans é las houros
Fan bira sas debanadouros,
Barchus le fa serbi de grays
Per las carrélos de sous chays ;
Las Musos n'unton à l'escolo
L'aissel de lour carriol que bolo,
E porto toun noum merbeillous,
Despéy aquel flube orgueillous
Que fa brounzi coum'un miracle
La glorio de nostre Bazacle,
Jusquos aquel que dins le liéyt
Del soulel pisso cado néyt.
Aquos le gran amic del flascou :
Carmantran s'en serbis de cascou ;
Amour, aquel gaigno-petit,
Per agusa soun apetit,
N'a poun d'autro péyro ni molo :
Aquos la plus milhouno colo
Dan que las bounos amistats
Poscon uni las boulountats ;
Aquos le prezen que bous mando
Moussul Conte, que me demando
Oun pot aros fa resplandi
Sa clartat, l'Apollon moundi,
Estounat de n'augi noubélos
De sas dibinos caramelos.

BOISSIÉRO.

A MOUSSUR GOUDELI.

PRESENTACIU DE SERBICI.

Goudeli, ta reputaciu,
Se ma libertat nou te facho,
Me dounara la permeciu
De te baysa la garramacho.
 En tout qu'é poou d'estre moucat ;
D'ufri mous berses à toun temple,
May quand aço serio pecat,
Nou pacaré que per exemple.
 Petit é gran se sent rabi
De ta rimo ; é fous uno souco,
E tous berses, coumo l'boun bi
Laysson à toutis bouno bouco.
 Yeu, per t'enjouca sus naü cels,
May que ma rimo te rebengo,
Coum' Argus és estat tout els,
Bouldrio atal éstre tout lengo,
E tant moun boun desir és gran,
Bouldrio, per fa toun renoum biüre ;
Coumo Briaro lou gigan,
Abé cent mas en de l'escriüre.
E pel tens qu'é aro emplegat,
May que gites l'el sus ma rimo,
Yeu me creyré subrepagat :
De tu depen ma bouno estimo.
B'é pla poou qu'auras en mespréts
Les bérses d'un pouëto noubici,
May ço que lour diu douna préts,
Es le bot de te fa serbici.

Toun tres-humble Serbitou ;
I. DEVALÉS.

A MOUSSUR GOUDELI,

CINQUIÉMO MERBEILLO DE TOULOUSO.

LA bélo Païilo, saut Sarni
Nous faran toujoun soubeni
De las merbeilhos de Toulouso,
Ambel Bazacle é Mateli;
May per la randre plus glouriouso,
Y cal ajusta Goudeli.

D. ROUGUIÉ.

A MOUSSUR DE GOUDELI, A L'AUÑOU DE SOUN RAMELET MOUNDI.

SOUNET.

ME brembo de prumié qu'anabi à las escolos,
E que l'flisquet as dits, é le saquet al bras,
Yeu fasio jouts le pount brounzi mant'un peyras,
Toun ramelet moundi fourec mas bessarolos.
   Alabets, coum'un gril que fourrupo chau-
     cholos,
Yeu chucabi tas flous milhou que bi-poucras;
E n'éri plus rabit, plus redoun é plus gras,
Que s'aguessi claquat pastissous ô rouzolos.
   Aros que soun mountat dinquios al Catounet,
Me gaüsario jouga l'emmolle del bounet,
Que puléu s'esfaran las péyros de Naurouzo,
   L'alo dessinjara Garono de barbéus,
Puléu la Marion perdra sous orlimbéus,
Que l'*Ramelet Mundi* se perdo din Toulouso.

DESESGAUX.

A MOUSSUR GOUDELIN, SUR LA TRESIÉMO
FLOURETO DE SOUN RAMELET.

DIZÉN.

Dan tas besiados inbenciús,
Goudeli, ta muso nous charmo :
As pus pefous, as pus auriùs
Douçomen enbelino l'armo :
Per tout reboffo unencomen
D'esprit é de boun jutjomen ;
Més d'aco mémoment m'agrado ;
Que sa floureto s'esplandis
A l'oumbro del gran *Caminado*,
Qu'és la flou des brabes moundis.

Doujat.

A MOUSSUR GOUDELI, SUR SOUN SECOUND
BROUTOUNET.

EPIGRAMMOS.

Aqueste broutou noubelet
Nou cren pas la que tout au taillo ;
Loung-tens a que le ramelet
Li trinquéc tout estrous sa daillo.

Casaubon.

Belomen cal que se descaüsse
Qui beu de las aygos d'Encaüsse ;
Daban que sabé lour bountat,
En malo poou m'éri boutat,
Que fauto d'argen m'attrapésso ;
Més aro que n'aü creigni pas,
Soungi de croumpa qualque pésso,
Que cértos faü pla mous afas.

G.

LA FLOURETO NOUBÉLO
DEL RAMELET MOUNDI
DE PIERRE GOUDELIN.

A MOUSSURS,

MOUSSURS GUY DUFAUR DE CUSTOS, *Barou de Pibrac*, *Gentilhome de la Crambo de Rey*; M.e PIERRE-PAUL DE MARTRES, *Aboucat, Barou de Benque é Gelas*; noble GUILLAUMES MESTRE, *Bourgés*; noble PIERRE DE SOUTERÉNO, *Bourgés*; M.e BERNARD DE BENOIT, *Aboucat, sieur de Nobital*; M.e RIGAL DE SAPORTA, *Aboucat, sieur de Cambou*; M.e PHILIPPO DE THOLOSANI, *Aboucat, sieur de Lasesquiéro*; noble FRANCES DE CATELLAN, *sieur de Lagrilho, Barou de Gaure*; *Capitouls de Toulouse, en l'an millo siés cens quaranto - siés.*

JAMAY plus yeu n'é recouneścut que la perfeccin pousquesso caïre dins le petit nombre de ouéyt. Asso dizi perque sorti de trouba unis ouéyt brabes moussurs, en qui la bertut resplandis parfétomen, é tapla le dous goubér ays afas de la bilo lour aquezis las affeccius de tout le poble. Le sati blanc é l'escarlato de lours mantelets figuron la ritchesso de lours bélos qualitats, é lour counscienço respon à l'hermino, que s'estimo may quita la bido que la netetat. Yeu les cercabi per lour fa presen d'uno floureto noubélo, que jouts lours nouns à fizo de se carra cent ans sur l'aureilho del tens. Se l'embejo l'y bol fa tort, elo troubara tout le dret dins le gran sabé de sous méstres ; se le bent del mespréts bol pourta desordre dins sás feillos, elo en lour jutjomen troubara bouno pouliço. La reparaciu la pot manteni toutjoun esplandido. La caritat espitaliéro fara prega Diu per la santat de touts, aquel que la semenéc à l'ort de la Muso moundino. Placio-lour que le jardinié sento per triméstre qualque ramassado de la pléjo de Danaé: Se dits qu'aquelo doumaysélo recebec l'or en pléjo per abariço; se bey que madamo Clamenço douno de soun tresor per honnestetat à courouna las gentilessos pouëticos : De sas quatre flous yeu ne gaignegui le souci d'argen : Aro trebailli per perdre lo souci d'abé d'argen. Aco's en bostre poudé, *Moussurs*, de l'in defendre la creissenço dins moun esprit, que me dimingario le gaüch de la bido, qu'estiri tant que podi per atteigne à l'accomplissomen de bostris coumandomens. Me trigo que coumencets de m'en hounoura, afi que béjats coussi bostro deliberaciu porto la tuibo à me fa demoura,

Des brabes é dignes Capitouls,

Le tres-oubeïssent é tres-humble Serbitou,

GOUDELIN.

A MOUSSURS, MOUSSURS LES BOURGESES DE TOULOUSO.

Tout d'uno tirado, en saludan humblomen les grans persounatges de la Bourgesio, les pregui de toutjour assista en ma fabou à l'uno de las liberalitats de la bilo. Per élis yeu jurare que l'injuro de las annados n'ouffensara jamay lours noums representats en péyros, libres é tableus, é belcop milhou dins lours meritis. Per pagomen de tant de courtezio, yeu les estreni d'un bél grand-messés, que teni dins la lieto de moun cor, é lour ne douni la claü. Atal élis coumandaran mas pensados de nou recebre que la boulontat de louga per les serbi,

Lo tres-oubeïssent é tres-humble,
GOUDEIIN.

A MOUSSURS LES CAPITOULS.

STANSOS.

Tu que jamay n'as bist caüso miraculouso,
A fauto de pourta l'esprit, les pés é l'el,
Per bese las béutats que soun dejouts le cel,
Béni-t'en admira la bilo de Toulouso.
Un lac de raretats que n'an pas de pareilhos,
Aprép que soun gran tour te sera descrubit,
T'engourgara les pés, é toun esprit rabit,
Se sentira negat de milanto merbeilhos.
Moussurs é menestrals y ban toutjoun en pilo :
Las gléysos claufiran toun cor de deboueiu :
Les oustals, les moulis soun fayts d'admiraciu,
Part ço qu'yeu te diré de la maisou-de-bilo.

Bis-à-bis Sant-Marsal és uno maysou forto,
 Grando é doun la béutat augmento d'an en an,
 Dan dos tours en lampezo as coustats del
    daban,
 E cent mousquets cargats al darré de la porto.
A qui on pot intra sense gran resistenço,
 Per saluda sur tout oueyt dignes capitouls,
 Que de gran jutjomen é de sibé coumouls,
 Per le commun repaüs prounouncion lour
    sentenço.
De lours esprits madurs la sagesso s'appliquo
 A fa toutjoun mounta Toulouso en perfeccius,
 Dount el cal coufessa que lours bélos accius
 Oublijon à jamay touto la republiquo.
Les unis néyt é joun beillon à la justiço;
 A las reparacius les autrés an le cor;
 Qui bey les espitals oun le paüre se mor,
 E qui ten per coumpas reglado la pouliço.
Amies del bé public, s'en ban en aüdienço
 Augi le cridadis d'un proucés impourtun,
 E pey seloun le dret é le tort d'un quad'un,
 Budon les differens en Diüs é counscienço.
D'aquesto gen d'aunou, dount yeu faü tant
    de glorio,
 Les noums despitaran la ferreto del tens,
 E lours fayts, qu'an randut les habitans
    countens,
 S'ennayraran al cel sur l'alo de memorio.
Adieu, qui que tu sios ! la Muso me dispenço,
 A nou t'entreteni de lour pouder per ops ;
 Ouby que soun coubidat à béoure quatre cops,
 Per saluda las flous de madamo Clamenço.

A L'IMMOURTALO MEMORIO
DE LOUIS XIII,
REY DE FRANCO É DE NABARRO.

STANSOS.

Yeu sabi que nou soun ni digne, ni capable
De saluda per ops le miracle des reys,
Louis, que féc trinfla las armos é las leys ;
Més de noun parla pas yeu serio trop coupable.
Briquo presoumptuous, yeu n'é pas la crezenço
De canta les exploits d'un ta gran poutentat,
Obe qu'un esfoursset de bouno boulountat
Crubira les defaïts de mon insufisenço.
Deja la religiu mor foro d'esperanço
De biure en autro fé que la de nostre rey :
Le mounde n'és rabit, é per aco le crey
Fil aynat de la gléyso é péro de la Franço.
Deja la rebelliu bey sas fougos passados.
Se les soldats an cor, ac'os per souspira :
A las figos sas tours se poden coumpara,
Que tant milhounos soun, tant may soun esquissados.
La pax hurousomen en Guiéno se fa plaço :
Soun oulibié flouris per tout le Languedoc.
Le Rouergue, le Carci nou bolen plus de foc;
Le fer s'en ba, rouillous, dins la Nabarro-Basso.
Les plus fiérs del partit, que l'ambiciu doumino,
Ouéy plegoun le ginouil daban sa majestat,
E l'y baysoun la ma, que nou lour a boutat
Cosses, armos é bés, é bilos en rouino.

16.

Les foulses que Brouté, Pyragmon é Stéropo,
 Fargaou sur Ætna per Jupiter é Mars,
 Soun aro per *Louis* le tretze de Cezars:
 El és tabe le soul que fa trambla l'Europo.
Garats coussi l'Anglés, per l'injusto quérelo,
 O sur la terro mor, ô l'aygo le rebouu;
 Garats coussi le sen de *Louis de Bourboun*
 Sap tauca l'Ocean per drubi la Rouchélo.
L'enemic que le bey per l'armado espaürido,
 D'espouderat de cor, s'enfuch armos à bas:
 Crezi bé, que pot fa qui bol cole de mas,
 Que traballa des pés per se gagna la bido.
La mort, que countro touts incessomen traballo,
 De qualque malautio s'ajudo fredomen;
 Més countro las ardous del plus fort regimen
 L'espazo de *Louis* li serbissio de daillo.
Un tabléu me reben, ount en rouyalo mino,
 Louis mostro le bras é le cor de guerrié:
 El és pintat de froun, euritgit de laurié;
 Car jamay l'enemic nou le bic per esquino.
Aro que des sutgets l'ennayromen s'acato
 Dejouts le gran *Louis* nostre rey é le lour,
 Anen beze que fa le Castilhan seignour,
 Supérbe courounél al siétge de Laucato.
Mes ô que fa? Gran brut, é noun pas grando prezo:
 Sous biut milo souldats diben tout abima.
 Tout bén: tal és ouéy fier, que fugira douma
 L'espabentable bras de l'armado francezo.
Al fum de sous canous la claretat beu soumbro;
 A la flambo, la néyt pot escarni le jour;
 Les drapéus dasplegats tenen un ta gran tour,
 Que trento regimens y coumbaten à l'oumbro.
Al brut des caballés que baten la campagno,
 Le lion pren la poou, l'aglo nou sap oun s'és.
 Tout s'en ba redouigna, per le *lyri* francés,
 Las unglos é le béc de la armos d'Espagno.
Aci soun les balens, les que porton l'auratge,
 Foc é fér, riùs de sang dins le camp espagnol,

Oun le plus resoulut toumbo mouri pel sol,
Le pauruc à Madril cour maleba couratge.
Atal en Languedoc, que cent bilos honoron,
L'Espagno n'aura plus forts ni retranchomens,
Oun l'artilhario fa may que les regimens;
Car les soldats s'én ban, é les canous demoron.
Perpignan entretan, que despito la guérro,
Nou sap pas proufita del malhur des bezis;
Més *Louis de Bourboun*, que le cél benazis,
Li fara léu senti que recrobo sa térro.
Coussi fara ? Fayt és ço que le *rey* demando,
En countro les esforts de gen é d'armomen,
Bastions é canous soun inutilomen
Oun dins un estoumac la famino coumando.
Per porta dins un loc las darriéros alarmos,
La flaquetat nou cren ni la forço, ni l'art.
Quin cor de rodomount nou bendra de renard,
Se Baccus é Cerés nou li fournissen armos ?
Helas ! que le bounhur nous biro léu bisatge :
Aro que le Françes per tout se rejouis,
En paüc regretara l'absenço de *Louis*,
Que la mort a cuilhit à la flou de soun atge.
Per le pcat aujol que cal que l'home morio,
Le rey n'a pas pouscut toutjoun demoura biu:
Més per abé regnat al serbici de Diu,
El és en Paradis dan le Rey de la glorio.
Aquel a l'el eyssut ó le cor insensible,
Que nou plaing l'accident d'un rey ta generous.
Puléu Diu le prengue, puléu rendec hurous
Le gran, l'home de bé, le juste, l'imbincible.
Merbeillous cop del cél ! un *Louis* s'en y bolo,
E laysso sur la térro un *Louis* hounourat :
Atal en toutis dous nous bezén figurat
Le phœnix biu que mor, é que mort rebiscolo.
Que se le *Péro* mort nous ten l'armo doulento,
Tiren counsoulacin que l'efantet *Louis*
D'uno grano de pats fa flouri le pays,
Jouts la sajo labou de la méro regento.

A SA MAJESTÉ TRÈS-CHRÉTIENNE

LOUIS XIV,

ROI DE FRANCE ET DE NAVARRE.

STANCES.

Le voici ce grand roi, de qui le jeune cœur
  Dispose l'univers a le voir son vainqueur;
Qui de tous les climats que la mer environne,
Jusqu'au palais d'azur où loge le soleil,
Reconnait seulement pour monarque pareil
  Le roi qui lui laissa le nom et la couronne.
Quand ce prince reçut les royales grandeurs,
  Le printems éventait ses aimables odeurs;
Le bonheur de la paix régnait en assurance,
Chantant parmi l'émail des gazons embellis :
Vive la fleur des rois, le roi des fleurs de lys,
  A l'âge d'un enfant le père de la France.
C'est pour l'amour de lui que la terre produit
  La beauté de ses fleurs, la bonté de son fruit,
Que l'air est aussi doux qu'ès isles fortunées :
Le temps même ravi de le voir triompher,
Promet que désormais il ne prendra le fer
  Que pour ramener l'or des premières années.
Par-tout où le soleil nous voit et se fait voir,
  Le nom du beau *Louis* établit son pouvoir.
Il vole, glorieux, de province en province :
Chez Radamante seul il n'est pas établi,
Puisque pour y descendre on passe par l'oubli,
  Et l'oubli ne peut voir la gloire de ce prince.
Que l'on ne fasse point ce reproche à nos yeux
  Qu'ils n'ont point admiré ce roi victorieux,

Qui rehausse la paix sur les bris de la guerre;
Il suffit que l'on voit au rais de la vertu,
Qui tient heureusement son esprit revêtu,
Qu'il est venu du ciel à l'honneur de la terre.

A SOUN ALTESSO ROUYALO,

DE SA BICTORIO SUR LAS PLAÇOS ENEMIGOS.

LA grandou de la Franço bol
　Que nou s'en trobe pas d'egalo :
　L'aglo mémo de l'Espagnol
　Arrésto soun supérbe bol
　Quand pérd las plumos de soun alo
　Daban soun *altesso rouyalo.*
Per tout oun sa balou coummando
　L'Espagnol pérd cor é caquet,
　E quito le pés del mousquet
　Per pla dansa la sarabando.

A MOUNSEIGNOU, MOUNSEIGNOU
LE PRINCE DE CONDÉ,

SUR SOUN INTRADO DINS LE COUNTAT DE ROUSSILHOU.

ODO.

LE prumié prince de la Franço
　Nous hounoro de soun retour,
　Yeu l'y baï douna le bouu jour;
　E nou perdi pas esperanço,
　Que quand l'y tire lé capel,
　Nou me fasso part d'uu cop d'el.

De tant d'aunou ma petitesso
Creissera, per dire milhou,
Las merbeillos que soun altesso
Ba pourta dins le Roussilhou.
E léu, ma rebelencio sorto,
Que mouseignou bol léu parti,
Tant li trigo de fa senti,
Le grand couratge que l'emporto.
Moun complimen sera d'un mout :
Bous siots le benbengut per tout,
Gran Prince, l'armo de la guérro,
L'espabent de delà les mounts,
Foulze d'uno superbo terro,
Roger de millo Rodomounts.
Se bostro *Grandou* n'és serbido
D'un que n'és en rés emplegat,
Si sap le cél qu'yeu le pregat,
De bous douna cent ans de bido.
Dins un mes d'aquelis cent ans,
Bous randrets humbles les Titans,
Ta pla que le rey del trouneire
N'aura plus besoum de s'arma,
Quand tout és prest de creigne é creire
Bostre gouber é bostro ma.
Qui sap se l'Espagno es prou grando
Per recebre ta gran guerrié,
E se s'y culh tant de laurié
Que ly cal per uno garlando :
El y ba, le *Brabe Seignou*,
Dan le bounhur per compaignou,
Oun deja daban sas armados
Payrés é fils soun espaurits,
E las mouilhés demarrimados,
Enginon le dol des marits.
Quand d'instrumens sense noutari,
Passon per ana tua gens !
E l'homme n'a qu'un pas de tens,
Per sauta del brés al suzari :

Quand d'espazos é pistoulets,
De méco, mousquets é boulets !
Quand de toumbaréls é carretos !
La poudro ba tout aflamba ;
E se las piquos éron dretos,
Gardarion le cél de toumba.
A l'abord de tant de noublésso,
Touto brasses é touto cor,
Se de poou l'enemic nou mor,
Ben sera malaüt de feblesso.
Per se teni lén de péril,
Bal may se fa lébre que gril.
May lour proufitara la futo,
En quitant le plomb é le fér,
Que cerca dins mino ni tuto
Le bezinatge de l'ifer.
Lour poble, que la mort talouno,
Al brut de trento regimens,
S'enfuch ent'as retranchomens
De Perpignan é Barsalouno.
Salsos fara qualques esforts ;
Més per enbrenica sous forts,
Les canous soun dejà là-foro :
Le dessén és pres commo cal ;
Car perque Laucat nous demoro,
La Salso n'y fara pas mal.
Nou cal que bailla léu la cargo,
Per counquista tout le païs.
Garats que Bachas s'enbaïs,
E Canet es foro de targo.
Sous ports nou seran plus frisats
Que de bayssels floudelizats ;
E mémo les mounts Pyrenesés,
Bezis de l'uno é l'autro mar,
Beyran l'enseigno des Francesés
Oundeja sur le Gibraltar.
Augéts les efans de la glorio,
Que les latis apélon pouls,

Coussi canton deban Haupouls
Un coumençomen de bictorio.
Nani, nou, magazin ni tour,
Nou tendran la mitat d'un jour
Countro le tourmen de las boumbos :
Las boumbos aci fan un joc,
Més aqui nou faran que toumbos
De l'enemic cubert de foc.
La poou cerco qui sap escriure,
Per signa la coumpousiciü
Del bourges qu'és encaro biü
Dins Ribos-Altos é Colliüre.
Se dits que per les manteni,
Milo bélos soun à beni ;
O quand lour secours nou s'abanço,
Que metan les drapéus à bas,
Ça dizen les souldats de Franço,
Per s'abilla de tafatas.
Aprengon las naciüs estranjos
De nou tarrida nostre rey,
Inbincible coumo se bey,
Soul digne de toutos louanjos.
Un couzi de sa majestat,
Férme pilié de soun estat,
Balentomen ten la campagno.
El est biü per ensebeli
Las fiéros fougos de l'Espagno
Jouts la francezo *flou de ly*.
Que l'ambiciü se lour acato,
De beze perdre leur countat,
Per un ardou de banitat
Que fourec fum daban Laucato !
Més qu'és aco del Roussillou,
Que le cap d'un ecbantilhou
Des grans espleyts de soun altesso ?
E yeu, que noun podi parla
Dan prou d'esprit é de justesso,
Faré milhou de me cala.

A MONSEIGNOU, MOUNSEIGNOU
LE PRUMIÉ PRESIDEN.

ODO.

Un més a soun en péssomen
 Coussi salude dins Toulouso
 Un seignou que la ten hurouso,
 Prince de nostro parlomen.
Més ô ! que parli-jou d'un més,
 Quand trento poüétos amasso,
 Dan touto l'ardou de Parnasso,
 D'un an nou diran ço qu'él és.
Phébus mémos y serio court,
 E Musos é Minérbo mudos,
 Tant de louanjos soun diugudos
 Al prumié moussur de la court.
Quand la balanço deis afas
 Le cerco per juste refutge,
 Sous meritis le fan bé jutge,
 Més l'equitat li ten le bras.
Qui se bey dret per playdeja,
 Cour à l'ouracle de sa scienço,
 E daban sa bouno counscienço
 Le tort nou pot que ranqueja.
Merbeillous *Bertié*, bous éts él,
 En qui la perfecciu demoro,
 De qui nostro terro s'hounoro
 Coumo le cél de soun soulel.
Bostre leze se dibertis
 A courtiza las naü Sourretos,
 Que bous fournissen las flouretos
 Des Grécs, Francesés é Latis.

Elis poden bé bous rabi,
  E flouri dins bostro memorio,
  Més yeu les passi de la glorio
  Qu'é d'estre biü per bous serbi.
Per mendre dibertissomen,
  Agradats ma feblo boutado,
  Tapaüc moun humou n'és pourtado
  Qu'a bous rejouï doussomen.
Aro charmat may que jamay
  Sur bostro bertut accoumplido,
  Cent ans bous desiri de bido,
  E pey pregaré Diu per may.

~~~~~~

A MOUNSEIGNOU LE PRUMIÉ PRESIDEN;

CHANCELIÉ DES JOCS FLOURALS,

È A MOUSSURS LES JUTGES È MANTENEURS.

PETITO SALUTACIU.

Ouèy que le janti més de may
Tourno flouri coumo jamay,
Que la campagno touto belo,
En bert retinto sa gounelo,
Oun le soulel se fa tout els
Per admira millo ramels,
Yeu tabés ouéy me rejouyssi,
E sur quatre flous me rabissi,
Que dan l'argen, l'email é l'or,
Despiton le caüt é le tor.
Pla bous bal, filletos de Floro,
Que le grand *Bertié* bous hounoro,
De qui le noum a méritat
L'aunou de l'immourtalitat.

E bous, *Moussurs*, per qui Toulouso
Se manten doussomen jouyouso,
E qu'en un joc miraculous,
Biro quad'an triufle de flous,
Bous que budats à pleno tasso
Las trés canelos de Parnasso,
Fazéts-m'en part d'un goutilhou,
Per bous entreteni milhou,
Quand auré tirat de ma peno
Uno floureto per estreno.

SOUNET DICTAT A LA MAISOU-DE-BILO.

Entretant que l'Amour enseigno Philomelo
De redoundi soun niu demest les ramelets,
Oun le mascle, que bol d'heritiés auzelets,
Cérco de gratilhous le bec de la femelo;
  Que le prat rejouenit, mostro la pimpanélo
Per rejoui le cor de sous pastourelets,
Quand dins un coumunal menou les agnelets,
Yeu me senti l'esprit prens d'uno ardou noubélo.
  Çacins, que tout és plé de béutats é d'audou,
L'aureilho de qui m'atich sera la lebadou
D'un sounet que tout siaü m'escapo de la beno.
  Grand *moussur*, per qui soul cent poémos se fan,
Yeu soun subrepagat de ma petito peno,
S'espials de boun el la jazen é l'éfan.

AUTROMEN DE L'INTRADO DEL BEL TENS
A BILOLOIN.

L'HIBER, coussi quicom, nous mostro les talous:
Floro noubélomen s'abilho de berduro :
Dins un ic enritchit de musc é de coulous,
Le tailleur del printens l'y prenguéc la mesuro.

O ! que m'éro defat de n'y beze las flous,
Per encoula mous els à lour mirgailladuro !
O ! coussi m'a trigat le cant miraculous
Dan que le roussignol m'endrom à la frescuro !
 Las Nymphos entretan y perfumon les gans,
En bufan les broutous dins les je vous y prens :
Les partérros y fan à qui sera plus brabe ;
 E l'Amour, que charmat, nou sort de tout le jour,
Fa trento cabussets dins l'aygo-ros que cour
Sur las milo béutats de Fouteno-Mounrabe.

~~~~~~~~~~~~~~~~~~~~~~~~~~~~~~~

A MOUSSUR DE RESSEGUIÉ, COUNSEILLÉ AL PARLOMEN DE TOULOUSO.

A LA ribo de l'Aussounélo,
 Sul fé noubel per escabélo,
 E las tabletos à la ma,
 L'espùnto m'a prés de rima.
Tant qu'yeu trepegi l'hérbo fresco,
 Mous coumpagnous soun à la pesco,
 Per prene le barbut barbéu
 E l'anguilo grasso, beléu.
Per mi, nou boli pas grand'aigo,
 Despéy qu'à ma sazou primaigo,
 En y fazen un cabussét,
 Ne fourrupégui sense sét.
Aymi bé la foun cristalino,
 De las filhos de Mnémosino,
 Doun qui s'en bey les pots goutens,
 Ouscara la daillo del tens.
Le tens goulut tapaüc nou manjo
 Un home digne de louanjo,
 Tant la ma del pouéto pot
 Gandi le meriti del clot.

Qui sçaurio ço qu'Achilles éro
 Sense le bel esprit d'Houméro ;
 E qui parlario d'Eneas,
 Se l'Eneïdo n'éro pas ?
Atal Apollon se resérbo
 Le dous oubratge de Malérbo ;
 Atal Maynard és immourtal,
 Qu'un cop dinnéc à moun oustal.
S'yeu poudio maleba sa beno,
 Nou me troubario pas en peno
 Coussi louanja dignomen
 Un counseillé dél parlomen.
Aco's él qu'yeu cérqui per estre
 Moun rappourtur amay moun mestre,
 Qu'en l'uno é l'autro coundiciu
 Ten moun cor en admiraciu.
Moun cor, que dits que sas pensados
 Hurousomen soun emmersados,
 E se sen doussomen rabi
 Quand a l'aunou de le serbi.
Moussur, bous tenets la balanço
 A la segoundo cour de Franço :
 Notre proucés s'y pezara :
 Aco sera quand bous playra.
La justiço de nostro caüso,
 En bostre jutjomen repaüso,
 Sense debremba las fabous
 Des brabes seignous coumo bous.
Abéu tens és qu'yeu me retire :
 Tabe soun feble per pla dire
 Las grandous de la dignitat
 Que sa bertut à méritat.
Couratge, que bé tourno d'houro
 La camarado pescadouro :
 Peys y a pel segur prisounié
 Dins le saquet é le panié.
Yeu, que n'é choupat pé ni cambo,
 Les dibi mena dins ma crambo,

17.

Oun nous festejen brabomen,
E canten amigalomen.
A pacte qu'à moussur l'y plaçio
Que began à sa bouno gracio,
Dins un loc de recreaciú,
Que s'éro nostre serio siú.

D'AMIC A L'AMIC.

EPIGRAMMO.

Per me garda de may guimba;
La flaquetat me ben traba :
Tapaüc aco nou bol ré dire,
De n'abé souci que de rire.
Cal pensa qu'un jour mouriren,
E nou sabén ount aniren.

DE LA MORT.

ODO.

En bezen cos un camarado,
Dan qui souben abén rigut;
Tout l'esprit se m'és emaügut,
E ma gayetat retirado;
Més qui nou se treboulo pas
Sur la pensado d'aquel pas,
Que n'a plus de retour al mounde ;
Quand l'home, dins l'atge plus fort,
N'a pas d'amic que lo segounde
Al duel d'él ó de la mort.

Nou sabi bounomen ount éri,
Quand le coumpagnou trespassat
Fourec fredomen delayssat
Dins un coufin de cementéri.
Nou fouregui pas à l'oustal
Que le cor me dissec atal :
Coussi las gens ne ban d'augido ;
Coussi touts leguenan al clot,
Oun sur un cos beousé de bido,
Les hérs fan al tiro qui pot !

Fils ingrats de nostro miséro,
Per bous nous engraissan la car,
E croumpan le boussi plus car
An de bous fa millouno chéro,
De ré, paurets, nou nous serbis,
La duro péyro que crubis
Las pelagoustos et les osses ;
L'heritié couïtat nous y bol,
E per enbeloupa les cosses,
Nou plaignira pas un linsol.

Bese que l'on tourno poulbero
Quand le soulel nous a quitats,
E n'espia que banitats,
Aco's abé les els de cero :
Sabé que le plus ritge mor,
E s'estaca d'amour à l'or,
Aco's abé le cor de fusto :
De fusto sio ; més quand la mort
De sous pés dreturiés y fusto,
L'armo l'y drubis é ne sort.

Se fugéts ouéy, ça dits l'auribo,
Já bous attraparé douma :
Balestiéro de quado ma,
Flagel de la persouno bibo,
De tout sexe faii mous bouignous ;
Truqui sur baylets é seignous :
Esprit, couratge, bouno mino
Soun à moun bras indifferens ;

E les els d'aquelo moundino,
Morts, nou faran plus les mourens.
　　Per mi, que me plazi d'escriüre,
Fasso ma plumo mal ô bé,
E qui me legira tabé,
Un cop acabaren de biüre.
Le prumié deis homes mouric ;
La prumiéro fenno pouïric ;
E l'un dan l'aütre redebable
Al pecat que les féc toumba,
Dous, féguen un déute soulbable
A jamay plus nou maleba.
　　En demouran que l'houro benguo,
La que riboun ribayno ben,
Per que péqui jou ta soubeu
Del cor, de la ma, de la lenguo ?
Sur l'arrést que nous cal mouri
Yeu me senti tout espaüiri ;
Noun pas qu'yeu me doune d'alarmo,
De beze que le tens s'enfuch,
O bé de sounja que fa l'armo
Quand és foro de soun estuch.
　　D'abéscops pensatiu demori
Sur qui péco laügéromen,
Que per un cop ô loungomen
Ba langui dins l'esprecatori.
Encaro qu'aquel triste loc
Sio plé de doulous é de foc,
Almens un jour on sort de peno ;
E le cailhiu se refredis
De l'armo que l'angél s'emmeno
Dins le repaüs del paradis.
　　Ay ! que faran les malhurouses
Que la malo mort surprendra,
E le Sathanas reboundra
Dins les abîmes rigourouses ?
Nou faran ré que malazi,
Que brulla sense demezi,

Ni de relambi d'un quart d'houro;
Abimes orres é pudens,
Ount éternélomen s'y plouro,
E s'y regaigno de las dens.
　Bireu-nous debés la merbeillo
Ount un apostoul se rabic,
Qu'en cor nou mountéc, el nou bic,
E n'intréc dedins un'aureilho.
Ta gran rabissomen se diü
A qui donno soun cor à Diü,
Per un jour admira sa facio,
Oun dins l'hur de l'eternitat,
Les angéls, confirmats en gracio,
Adoron la Dibinitat.
　O! cos amic, tu dormes aro,
E bé jà té rebeillaras ;
E tu, l'esprit, jà gariras,
Se lajouts te purgos encaro :
S'en paradis és estatjan,
Nous pregan Diü que t'y bejan,
Lén de malautios é de guérro.
Per aco demandi perdou
A qui féc le cél é la térro,
Yeu miserable pecadou.

~~~~~~~~~~~~~~~~~~~~~~~~~~~~~~~~

QUATREN.

Qui nou toumbario pas en triste languimen;
Se sabio de n'abé que dous mezes de bido :
Hélas ! nous la passan en plazez d'un moumen,
E dins aquel moumen nous pot éstre rabido.

A MOUSSUR DE BERTRAN, COUNSEILLÉ DEL REY, SEIGNOU DE MONEBILO, JUTGE-MAGE DE MOUNTALBA.

Nani, nou me saurion teni
De fa la courço d'uno légo,
Ouéy que le marmul se boulégo
Que moussur Bertran diu beni.

 Bengo per moun rabissomen
Le péro de la gentilesso ;
Moun pé, malaütis de feblesso,
Me pourtara plus doussomen.

 Soun retour me fa camina
En quino carriéro que lotge ;
E nou cal pas d'autre reloge
Per sabe l'houro del dinna.

 Aro pensi que may me bal
De le demoura dins la bilo,
Que d'ana dinquio Monébilo,
Sense carosso ni chibal.

 Brabe Moundi d'admiraciü,
Per bous moun harengo s'apresto,
E per coumençoment de festo
Faré tira la coulaciu.

 Bostro taülo me play sur tout,
Quand aprép la pauseto lizo,
Toutis fazén de galantizo
A qui milhou dira le mout.

 S'y counto bé quicon de bel,
Que l'ounnestetat nous enseigno,
Noun pas que la blousso bereigno
Nous carobire le cerbel.

 Cadun y porto sas cansous,
En estourrin la tasso pleno ;
Més un soul bers de bostro beno
Me pipo de milo douçous.

Quand ma Muso se bol leba,
Aco's per bous que se rebeillo ;
Bous, per subrepés de merbeillo,
Jutge-Mage de Moutalba.

A l'autouritat de las leys
Paiic amigos de las alarmos,
Bons jugnéts l'aunou de las armos:
Le cor à l'effet se couneys.

Perque bous sabéts coumo cal,
L'un é l'autre dret é la rimo,
E las adressos de l'engrimo,
Diable sio qui bous bolgo mal.

Arribats dounc hurousomen,
Bel esprit, qu'un cadun admiro,
Oun bostre baylet bous desiro,
Per bous y serbi brabomen.

A MOUSSUR DE LOUPOS, COUNSEILLÉ DEL REY, JUTGE CRIMINEL EN LA SENECHAUSSÉO DE TOULOUSO.

Dins uno bordo prou gentilo,
Oun se recuilhis blat et bi,
N'é pessomen que de serbi
Un des grands hommes de la bilo ;
A qui mandi moun afecciii,
Per l'y jura que soun tout siii.

Yeu faii quicoumet à ma modo :
Ouéy mêmo m'y baiic afaua ;
E en pensau à qui douna
La faysouneto de moun odo,
Le noum del jutge criminél
Y ba coumo péyro en anél.

De Loupos és le que j'hounori
Demést las gens de qualitat ;
E rabit sur sa brabétat,
Soun humble serbitou demori.

Bisco-jou cinquant'ans ô may,
Nou le debrembaré jamay.
  Boun jour, moussur : à bous me biri ;
E s'ets en repaüs à l'oustal,
O per d'afas al senechal,
Tant de pilo d'ans bous desiri,
Coumo de gras ouéy bentaren,
Coumo de grus pey trepiren.

GAYETAT INNOUCENTO,

En un Coc-à-lano, bint é quatre Epigrammos,
Cansounetos é autros pessetos noubélos.

RECOUMANDACIUS DEL POUL AL FAYCIÉ DEL MOULY.

AL punt que l'albo se rebeillo,
  Un poul, en se gratan l'aureillo ;
  Trameléc aqueste paquet
  A soun amic le bourriquet.
Yeu bouldro sabé, camarado,
  Se ma salutaciu t'agrado,
  E se toun cos se porto pla,
  Daban que t'anes establa.
Baudet, toun méstre m'asseguro
  Que la galantiso te duro,
  E quel mor de rabissomen
  De t'aügi canta doussomen.
Gar'aci de nostros noubélos :
  Tu qu'as las aureillos ta bélos,
  E ta gran toun entendomen,
  Que tout y caïra brabomen.
Amic, uno embejo me pico
  De me gita dins la trafico,
  Afi de nou layssa conquis
  Mous gentilets quiquiriquis.

Se la fourtuno m'és amigo,
 Yeu pensi fa bouno boutigo,
 E proufita del soul aglan,
 Tant de tessous auren tout l'an.
E bé fazan lour bouno caro;
 La sedo ne sera mens caro :
 Tabé tal que ne ba caussat,
 Amago co de petassat.
Més quin brut ben à touto sérro ?
 S'aco soun tambouris de guérro,
 Yen sabi prou souldats noubéls,
 May qu'on nou tire pas ays els.
Moun méstre, per se mettre en gardo,
 S'en ba derrulha l'alabardo;
 Més sur mi la capo se plaü,
 Sel se boutjo, se jou n'y baü.
Bé t'augi : que fario la bordo,
 Quand la campano toquo l'ordo ?
 Mas poulos, capous é poulets,
 Nou saurion pas dourmi soulets.
Nostro goujo, quand és sadoulo,
 Per nou dourmi pas touto soulo,
 Se ten un gipou pel coulet,
 May que dedins és le baylet.
Se l'alarmo se renoubélo,
 Yeu boli fa la santinélo,
 E pourta moun petit jouquié
 Sur la lucano d'un clouquié.
D'aqui jou beyré las armados
 Countro l'enemic animados,
 Amay les brabes coumpagnous
 Que se fan layssa les canous.
Le counte dits qu'uno droullato
 Arro tout le peys de Laucato,
 Despéy que dedins un mujol
 Se troubéc un nas d'Espagnol.
Pim, poun : ay ! dejà la barbolo
 Al bent del mousquet me tremolo.

LA NOUBÉLO FLOURETO

Sec, jamay nou fario moun prou,
Se me coupaon un garrou.
Al mendre regard d'un gendarmo
Le glas me la treboula l'armo,
E la pats me gardo de poou
Quand soun à la fayssou d'un yoou.
Des trucs biren-nous à la casso :
Bélomen qu'és dé bouno rasso
Le lebrié de Lanturulu,
Que manjo de pa tout deju.
Per de pa n'ajan pas disputo,
Ca dits un enemic dé fruto ;
Moun nas nou demando que bi,
Quand bol fa mostros d'un roubi.
Un gousset sabi jou pla, méstre,
Que nou ba gayre pél campéstre,
E pren callos é perdigals,
Amay s'apélo cranto rials.
Aro cour uno prounoustico
D'un esterlot sense pratico,
Qu'al bourset de la pauro gen
Nou se mouzira pas l'argen.
Qu'un aujol que se plaing la bido,
Dan l'escarcélo pla garnido,
Trobo léu qui ly croco l'or,
Taléu que ritche chiche mor.
Quand le parent de la bezino
Se marido dan l'arléquino,
L'astre dits que dins l'an é jour
Auran de fam may que d'amour.
Quand Jan é Jano parloutejon,
E toutis dous se poutounejon,
Pot arriba, s'arribat n'és ;
Que dins nau mezes seran trés.
Per éstre dous, ca disséc uno,
Yeu troubégui bouno fourtuno,
Quand Peyrot, tout espanjarlat,
Me féc l'amour dins un balat.

Aro

Aro degu nou me reprengo,
　Car yeu nou porti béc ni lengo
　Que per pica la bilagno
　E rejoui la coumpagno.
E tu, destrussi de sibado,
　Boudet, say-me qualque cambado;
　O per brandi le farinal,
　Gouludo-te sur l'esquinal.
Adiü; le soulel se pencheno,
　Baü beze se la clouco joueno
　M'aura fayt calque poulicou,
　E cantaré coucouroucou.

EPIGRAMMOS A BOUTADOS.

Estr̃é n'a pas un pan de terro,
　E fa le moussur per aci,
　Despéy qu'és bengut dè la guerro
　Sur un ta superbe roussi,
　Que per esperou nou se pico,
　Ni per alouns nou se maü brico;
　Des flisquets soulomen a poou,
　Quand auch crida diahuruhoou.

Nou sabi pas s'és bertadié
　Ço qu'un moun amic m'asseguro,
　Que jouts las brancos d'un figuié
　L'on attendris la car plus duro.
　Amic, s'aco n'es pas erron,
　Que lour prouprietat sio talo,
　Bay-t'en y mettre ta cabalo,
　Que b'és pla duro d'esperou.

Coussi nou te maridos pas :
　Tu benes blanc é tout lagaigno,
　Quand la néu crubis la montaigno,
　Amour és fret al pays bas.

DE MI METIS.

A ço qu'un libre m'a countat,
Qualque Diu de l'antiquitat
Cambiéc en flou le bel Narcisso;
Rabit de sa béutat metisso,
Yeu m'en baïi, floureto, d'amb'él,
Perque soissante-siés ans d'atge
Me fan al cap é sul bisatge
Un totus albus de moun pél.

D'aci'ndaban, dins quatre jours,
Le logicien fara soun cours,
Perque per redoundi la panço
Del soldat pagat é nouïrit,
Le pagés de plus gros esprit
Sab que bol dire subsistanço.

Prép d'uno foun, per béure caüt,
Un saumatié benguec malaüt:
El mandéc quérre per sa mayre
Un diabolus al pouticayre.
De si metis, sense counsél,
El ourdounéc la médecino,
Le dia bouillo per sa poulino
E le bolus éro per él.

Un cop Guilhot à soun oustal
Me layséc beure d'aygo stérço,
E péy me disséc sul pourtal,
Que soun bi n'éro pas en perço:
En perço, taquin, é coussi
N'és pas bou le bi per assi?

OURDOUNANÇO MEDECINALO.

A qui l'ambiciü fasso mal,
Milhou remedit nou li cal

Que la lanceto dés Francesés,
E lés que nou se sannaran,
Coumo dins Perpignan, faran
Uno diéto de tres mesés.

Perpignan nous és obligat,
Quand al plus fort de sa miséro,
Diü marcé, nous féc bouno chéro,
Sur-tout de pa de l'amagat.

Giugi le barbo d'aiijouleto,
Per sa le janti coumpagnou,
Serbis uno doumaizeleto,
Que nou l'aymo, ni paüc, ni prou :
Elo fuch; él li fa l'aléto
Coum'un poulart capounadou :
E poou que la fino droulléto
Le counsidero per capou.

D'UN SOUNJAYRE QUE BEBIO.

Un dilus, à primson, Tocoson le grouillié
De quatre cops de pun estrenéc sa mouillié,
Tant que d'els ni de nas n'éro pas bezedouro :
La paüro, per amour le boulguec palpuga :
Bou, més que per malhur le rebeilléc à l'houro
Qu'abio le cos al liéyt é l'esprit al pega.

Un supérbe pedan, que l'un é l'autré pico,
Apelat en duél, le refuzéc un cop,
Per ço que soun espazo és un paüc laconico,
E la de l'oufençat éro proulixo trop.

DE DOUS PLAYDEJAYRES.

Siots d'accordi, couzis, que d'endespéy l'instanço,
Jà bezéts qu'entre bous n'abéts degun accés.
Dins un ort semenat de grano de prouçés
Raromen s'y cuillis uno flou d'amistanço.

18.

Que moun mantou d'hyber és pacient per aro !
Li é baillat un soufflet, é me serbis encaro,
Percanto del laügé, que n'éro pas tournat,
Pesara-me douma, quand ouéy le m'au panat.

D'UNO BEZIADO QUE TIRAO NEUASSADOS.

Qu'es aco que toun gan manejo ?
Aco soun dos bolos de néu.
Friando, se bos qu'on te crejo,
Amago te le sé puléu.

Choso, que biéillo bol sabe
Quantis de marits pot abe,
Fa crica sa ma toutjoun orro
Coum'un balat que se destorro.

Choso, jouenelo, baladino,
Per paressé de bouno mino,
Despendec tout le bé payral.
Aros un'anco li fa mal
Quand cal dansa bralle ni bolto :
Aro paüro, coumo l'on sap,
Sense rebengut ni recolto,
N'a ré d'argentat que le cap.

Qui croumpo de petits chichous,
Que se porton dins les manchous,
E nou les bol plus grans ni grosses,
Les mande dinna dan Peyrot,
Que d'un pouldinde é d'un gigot
Nou lour gitara que les osses.

Les souldats de nostro bourdeto,
Que n'an, ni mousquet, ni fourqueto,
Bolen qu'yeu dormo moun sadoul.
Perque m'an empourtat le poul.

Bezi, tu rises grassomen
  De ço qu'un saüt sul pazimen
  M'espoutic le fons de l'esquino;
  Afi de nou m'en dole pas,
  M'an ourdounat per medecino
  Un cataplame de toun nas.

D'UN POÉTASTRE QUE N'AGRADO PAS MOUN NOUM AL RAMELET.

Tu dises, en rufan lo nas,
  Que moun noum nou merito pas
  D'estre soulomen en naturo;
  E yeu te trobi ta groussié,
  Que toun noum n'és en escrituro,
  Qu'a la parét d'un pastissié.

T'ocosson dits à Tarlimbaüt
  Que la perlic é le lebraüt
  Le tenen en taülo dos bouros;
  Més al dire del serbitou,
  Sensé le cartet de moutou,
  El fario l'an trento tempouros.

PARTIDO DE COUMPAGNOUS PER DEFORO BILO.

Baïdomen anen prené l'ayre
  Per beze Peyrot le coumpayre;
  Més se nou pourtan ço que cal
  Per escuréto de cayssal,
  Aprép un jour de bouno mino,
  Nous boudra beze per esquino.

Amour és bé prou gran seignou
  Per teni chibals é carrosso;
  Més b'és gaillardomen d'humou
  Quand ba qualque cop en carrosso.

SILÉNO ASJANTIS COUMPAGNOUS.

STANSOS.

LE paüre Carmantran, ça me crido le mounde,
Bél tens a nou se bic ta magré passotens.
Nou tendra pas à mi que nou biscats couutens;
Més qu'és oungan besoun que quad'un me se-
   gounde.
  Boun mercat esta couch, caréstio se fa cregne,
Al loulgis, à mens d'or, on passo per quinaüt.
Le lebraut à la peyro és enjouquat ta naüt,
Que trento soous-mercats n'y poden pas ateigne.
  La poulo d'un testou semblo que sio panado:
Cal éstre pla moussur per croumpa la perlic.
De biüre de badals on ben mélancoulic,
Crédit mor de talen é nou beu que binado.
  Gentilcasos en bal, permenados en cocho;
Porton un amouroux dins le rabissomen;
Oyda, més le biülon souno fort fredomen,
Se qualque liberal nou jogo de la pocho.
  Ouey donc que tout és car, per mena bouno
   bido,
Quad'un fasso toumba la piastro de las mas.
Atal toutis riren, é l'on nou beyra pas
Ta triste Carmantran coumo le mounde crido.

BACCHUS A SOUS AMICS,

PER LE PASSOTENS D'UN'APRÉP-DINNADO.

PER beni biéls, ô mous efans!
D'aygo nou bous prengo l'embejo,
Car yeu demori couro bejo
Uno granouillo de dous ans.

UN BEU-LAYGO FRET EN AMOUR.

L'aygo me fa la coulou pallo;
Ma forço fredeluco mor;
Tapaüc n'é plus l'amour al cor,
Que le porti dessus l'espallo.

AMOUR ENCOUNSOUMIT.

Quand la son doussomen m'attiro,
Mas armos repaiison al croc;
Moun arc cruchit és sense biro,
E moun flambléu n'a plus de foc.

LA GUENUCHO, BRESSAYROLO DE CUPIDOUN.

Amourouses, benéts à mi,
Les que nou poudéts pas dourmi;
Car quand on a prés la mounino,
Aco's segur que l'Amour nino.

MOUSSEN GUINDOUL.

S'yeu suzi me trobi tout aygo,
S'escupissi nou fauc que d'aygo,
Se plouri n'eyssugui que d'aygo,
S'aurini n'escampi que d'aygo,
Douncos al bi jou bebi d'aygo,
Dounc per darré mi meten aygo.

DONO JANO.

Le marit dits qu'yeu soun embriaygo;
E que le bi blous me fa mal;
Més, permofes, yeu bebi d'aygo,
May qu'ajo bouillit d'amb'un coual.

AS CAMARADOS DE TAULO.

Que nou me parlen plus de canta ni rima,
Qu'yeu n'ajo le beyre à la mia.
Me play de manteni, que Musos é musico,
Tenen l'esprit de la barriquo.

Segoundo-me, l'Amic, si faré brabomen'
En cansous, en fourrups del frut de l'eissermen,
　Yeu despiti l'argen de me poudé rabi,
　　Que per croumpa de janti bi.
Dinnaré del croustet, may que le boun bi bengo
　A gran labassi sur ma lengo.
　Quand me bati pés chays à cops de gimbelet,
　　Moun segoun és le flascoulet :
Labets, tout foc é fum, aterri la pepido,
　　E li faü demanda la bido.
　Dins le brut des mousquets é toc des tambouris
　　Ma sou doussomen se nouïris,
Le bi me fa dourmi ; més se n'és d'un'aureillo,
　　Uno mirgueto me rebeillo.
Segoundo-me, l'Amic, si faré brabomen,
En cansous, en fourrups del frut de l'eissermen.

~~~~~~~~~~~~~~~~~~~~~~~~~~~~~~

CANSOUNETO.

TU m'as tratat ouéy, camarado :
Granmecés, que plazé m'as fayt :
Més nou me dounés plus de layt,
Sounquo d'aquelo que m'agrado,
Dan que fan chaticholos al gril,
E que se mouls per un douzil.
　Qui me fa serbi la troueto,
Le loup, la solo, le salmou,
Satisfa patic à moun humou,
Se n'é dos sardos de groulleto,
Que sense cordo ni pouli,
Me fan enchaya forço bi.
　A part, lamprezos é laüquetos,
Le gay sauret fa per nous-aüs ;
Nou li tiran pas les denaüs ;
Si fazen bé las aguilhetos :
A pessucs ne fazen gintet,
Dinquio que budan le cartet.

AQUESTO PASSÉG PER CATALANO DABAN DE FRANCIMANS.

Despey que l'argoulet Amour m'a corferido,
Un grand enfregimen
Me fa sta paouromen
Embalauzido,
Estrementido,
Embaboutido.
Al cap d'un paüc le brusc, la mélso, la courado
Gargoton de calou,
E mori de doulou,
Engargassado,
Enraüimassado,
Esquinassado.

CANSOU D'UN BERGÉ A LAS DOUMAIZÉLOS SAS SEIGNOURESSOS.

Beutats triados de nostre atge,
Milhou soulels que le del cel,
Hounourats d'un petit cop d'el
Las beziaduros d'un bilatge.
Nou y a tal passotens
Que de büire countens,
E sur un tapis de flouretos
Se rejouï per amouretos.
Per nous la jantio miscarolo
Afisco le roussignoulet,
E tout le long d'un tucoulet
Uno foun doussomen redolo.
Nou y a tal passotens, etc.

Aci l'Amour pren la boulado
  Per crubi las nymphos de ros,
  Que fa passa per aygo-ros,
  Quand las bol tratta de caülado.
    Nou y a tal passoteus, etc.

~~~~~~~~~~~~~~~~~~~~~~~~~~~~~

CARTÉL DE **CARMANTRAN**, OPERATUR,
A SA BENGUDO DE LAS INDOS.

Y<small>EU</small> beni del païs ount à cops de cougeto binouso é d'autres cops emboutit le gautimas des béu-l'aygos indiens. L'abariço nou m'a pas menat en bilo, per que laforo les diamans soun de sobros dius les els de mas mestressos, é les rubis sul nas de mous serbitous. L'humou de pourta mous serbicis en Toulouso m'a gitat dins uno bacaciu que me ran aymat del mounde, amay des barris, tant del gros, que s'endimenjo de sati, coumo de la mounedo, que s'escalfuro de courdelat. Amour, mon camarado, se banto de pariüs abantatges sur ritches é païres ; més sa biro n'intrario que raromen dins un cor en deffenso, se moun flascoulet nou fasio la brécho. Le mourbouset nou berio plus de souldats jouts sas enseignos sen mi, que per pieja lour flaquetat, tiri de la terro trufos au pebre, de l'ayre parrats, de la mar lustros, del foc pastisses é poutatges dan de crestos, escarjofos é cardos ; n'y gauzi pas bouta cardous, per fugi à la priéysso des bourriquets per aci toutis toucans. Del mal d'amour saüten al mal de mour : Ah ! mour de porc, ça dizio Bénus, que tu m'as fayto mayre de desplazés en m'abéuzan de moun Adonis. Yeu dizi que prép des pots demoron las dens, é qui ne sento malo doulou se frete las razics dans le couïlle.

Countinuen nostros ourdounanços : Qui sentira fret à las aureillos las mude del capél à la pocho ; qui nou bolgo pas le bord escarlatin ays els le mande sur un talou de guito. Per la luzento, recipé : Dous gats ; fazets ne dança l'un dinquio que suze, é dan las urpos de l'autre pauzats la suzou sul gargailhol malaüt, se nou garissets dins bint é quatre houros, yeu bous moustraré que m'en chauti gaire. Per uno filho mal countento, recipé : Dos ô tres permenados as Cambis, oun trobo poumos d'amour noubélos, dans l'ansaladeto d'hérbo de cambio de poul. Per un maridat alanguit, recipé : Bisito d'ouncle quado més. Countro la mouillé renouso, prenéts d'aquesto brustio poumado de bouquetos (tabe n'en al tens) é se fara sur soun cap dan cinq ô siés trucs de masseto. Countro las pallos coulous, aquesto toupinet fournis à mademoiselo choso chuc é musc de marit baleu ; é à moussur estre, descoulourit, quintessenço de souqueto, que le bardoc boudoutsouno dins un'amboulo de mijanos. Més uno beziado indispaïsado me guigno de li moustra en crambo ço que debiti per la carriéro. Bélos, que l'escarnissets en malautio de gratilhous, fazéts-me l'annou de me beni beze, que demori al coustat d'uno plasso toc é toc d'un cantou que respou à moun cabinet, beléu. Qui trobe la porto tancado pouïra demoura defuro ; en talos entreseignos que se n'y soun pas, m'en seré justomen anat, coumo m'en baue aro cerca remedits à la justo. N'é pas may de papié ni tinto, s'y à be de poutingos.

A DE BOU, AUTRE COP.

ODOS

A MOUSSUR, MOUSSUR
GRAMOUN DE POUMAYROL.

O Que me paro brabomen,
Que recrouban un ornomen
De las famillos relebados,
De qui la grando coundiciü
Dins las mountagnos estelados
Ennayro la reputaciü.
   Sur le dessén que toutjour é
De le serbi tant que biuré,
Yeu sorti de prene l'audacio
De mettre las cambos sul col,
Per saluda, may que li placio,
Moussur Gramoun de Poumayrol.
   Brabe moussur, bous éts aquel
Que la pats cérco per counsel :
Que Mars a las armos animo ;
E per creyssenço de fabous,
Un prince dignomen estimo
Las qualitats que soun en bous.

A MOUSSUR, MOUSSUR
LE BISCONTE DE FOUNTARAILLOS.

Yeu soun ta poussiu de palmou,
Que nou courri plus à la guérro,
Yeu nou me senti plus l'humou
De pensa bouta tout à terro,
Despey qu'un cop de falcounéu,

Dessarrät

Dessarrat debés un carnéu,
Refredic ma mino brabacho,
E que per tout les pistoulets
Me relebaou la moustacho
Dan le foc de milo boulets.

 Més ô, d'autouritat de qui
M'éro bengudo la boutado
De me fa traiica le bequi
D'un pic ô d'uno mousquetado?
Qualqu'un dissec que les canous
Nou tiraon pas countro nous,
Que n'abén pas prou bouno mino :
Passe ; més qui pot debigna
Se qualque guerlho carabino
M'aurio toucat sense guigna ?

 Aro boli fa quicom may,
Tant que la Muso me segounde ;
Tapaüc nou sounjégui jamay
A manda gens à l'autre mounde.
Boli parla d'un grand seignou,
De qui Mars se fa coumpagnou
Per gaigna bitos é batailles,
T'abe dessus un camp guerrié
Le biscomte de *Fountarailles*
Quado jour cuilhis un laurié.

 O le bel beze que le fa,
Resoulut, en campagno razo,
Dins l'exercici d'esclafa
Las cuirassos à cop d'espazo,
E pourta dins les regimens
Trucs, poous é despouderomens,
Qun la mort mêmos enbahido
De nou trouba pas un amic,
S'en fuch, per se salba la bido,
Dins las plagos de l'enemic !

 En pensan à sas perfeccius,
Me ben coumo bélo bergougno,
Quand nou canti pla las accius

D'un ornomen de la Gascouigno.
La grandou de soun jutjomen
Manten la pats hurousomen
En bint plaços de soun houmatge.
Le cél fa de cops rabissens,
Quand marido dins un couratge
La balentiso dan le sens.

Per teni les esprits countens,
Le repaüs nous és necessari :
Souben un petit passotens
Nous pot aleigua del susari.
Amics, auats-li counseilla
De nou tant dourmi ni beilla
Jouts la pesantou de las armos ;
E per se rejouï milhou,
D'aci'nla négué las alarmos
Dins las doussous de Castilhou.

Que n'éri jou dél trattomen,
Coumo les moussus de Toulouso,
Per prene le countentomen
D'uno chéro miraculouso !
Perque le lebraüt néyt é jour
S'y tiro de l'ast é dél four,
Me trigo qui soupen amasso,
Soulomen per abé l'aunou
Dé baysa doussomen la tasso
A la santat de mounseignou.

~~~~~~~~~~~~~~~~~~~~~~~~~~~~~~

A MOUSSUR, MOUSSUR
DE MOUNTAUROUN.

Yeu n'é, ni plumo, ni paraülo
Per trata d'un brabe seignou,
Que l'autre jour me féc l'aunou
De me recebre de sa taülo ;

E moun esprit nou sap oun s'és
Quand l'in cal dire grannecés.
　El agradéc ma couneyssenço,
E me féc liberalitat,
Soulomen per la qualitat
Qu'yeu soun del loc de sa nayssenço,
Cértos yeu m'en trobi rabit,
Per jamay nou l'abe serbit.
　Yeu me faü be tira l'aureillo,
De nou descrubi léu soun noum,
E de nou pourta soun renoum
Dins uno bilo de merbeillo,
Toulouso é jou, que pregan Diü
Que cent ans nous demore biü.
　Mountauron és le noum aymable,
Que biüra dins moun soubeni,
El que las bertus fan beni
Dins un estat inestimable,
Oun serbis en fidelitat
Soun imbinciblo majestat.
　La diligenço, la sagesso,
L'hounestetat, le jutjomen
L'accoumpagnon huronsomen
A las grandous de la ritchesso,
Digne d'un plus rare tresor,
Perque ne douno de boun cor.
　Muso, tanquen aci la beno ;
Tapaüc n'aben pas entreprés
De parla de tout ço qu'él és ;
Countenten-nous de son estreno.
Plasso douno, plasso coumplimens,
Per prene sous coumandomens.
　Aro soungi de prene courço
Per sauta d'aci dins Paris,
Ount aquel grand moundi flouris,
Que féc grana d'or dins ma bourço.
Placio-li qu'en le saludan,
Yeu fasso recolto quad'an.

A MOUSSURS, MOUSSURS MOUS AMICS.

Amics, que per m'oublija trop,
Me benéts beze qualque cop
Dins la crambeto d'un hermito,
Bous nou saûriots creyre coussi
Yeu senti moun mal adoussi
Quand m'hounourats d'uno bizito.

   Un cop me biguets miéy troublat,
Perço que n'abio plus de blat
Ah de fa rire la couzino.
Pardinet be n'é pla bezoun;
E péy les amics d'aro soun
Ta clars qu'y cal bouta farino.

   Yeu soun deja las é sadoul
De trouba seguit moun ginoul
De flaquetats mas coumpagneros;
Disen que per me soulatja
Me cal ana chapouteja
Dins las estubos de Bagnéros.

   Encaüsse nou m'agrado pas
Que per me sobre pés é mas.
L'aygo dédins m'és inutilo.
Quin habitant n'és estounat,
Quand l'enemic destermenat,
Intro dins le còs de la bilo.

   Aygos que rumon le palmou,
Nou countenton pas moun humou;
Que se per de frescos é bélos,
Mous rens se poulion renfourça,
Bél tens a sabi per-deçà
Le grifoul é las tres canélos.

   Bibo le sen d'un moun amic,
Excellent en l'art galenic,
Que m'en descounseille l'usatge;
Sampa, sap que despéy l'estroup

Yeu noun bebi le mendre gloup,
Se nou m'en bouton al poutatge.
Moun mal agrandit és be tal,
Que me cal garda dins l'oustal
Les cafouyés ô las courtinos,
Quad'an me cal teni le liéyt
Despéy le balé d'uno néyt
Que m'espoutigui las esquinos.
Qu'yeu me trigosse mal ô be,
Toutjour me beyran en debe
De recounéysse qui m'oubligo,
De bons espéri que mous pes
Se crubiran de recipes,
Se bostro fabou m'és amigo.
Quand la pocho souno souben,
L'embejo de dansa me ben,
E miéy rabit, me rejouissi ;
E bous, tant may m'ajudarets,
Tant plus loungomen troubarets
Goudelin à bostre serbici.

POÉSIO DEBOUCIOUSO.

NOUÉL DE L'AN 1646.

Aer l'aben le tens aymable
Que la Biérges de perfecciü,
A miéjo néyt, dins un establo,
Dounéc le jour al Fil de Diü.
Refrèn.
Estrenen l'Efan-Diü d'un nouél noubélet ;
Que bisquéc en pastou, mouric en agnelet.
Dins las houros de sa nayssenço
Le soulel fugic deban él
Que sabio be qu'en sa presenço
Nou fousso pas estat soulél.
Estrenen l'Efan-Diü, etc.

El és le bergé de merbeillos
Qu'acoutso le loup infernal :
Sous serbitous soun las aoüeillos,
Paradis és le coumunal.
  Estrenen l'Efan-Diü, etc.
 La coumpagno sio benasido
De l'admirable Rey dèl cél,
Que per nous y douna la bido,
Mor inoucent coum'un aignél.
  Estrenen l'Efan-Diü d'un nouél noubélet,
Que bisquec en pastou, mouric en aignelet.

Qui nou sap l'ayre noubél, pot canta sur :
Enfans, courons à la bouteille.

~~~~~~~~~~~~~~~~~~~~~~~~~~~~~~~~~~~~~

NOUÉL,

Sur l'ayre : *Quand je me lève le matin.*

L'AN mil siés cens quaranto-cinq,
Repassen per nostro memorio,
Coussi Jousép en paüre trinc
Accoumpagnéc le Rey de glorio,
Quand demourao dins les rens
De Mario la piücelo prens.
 Jousép é Mario maridats,
En Bétléhén s'en ban amaço :
Nou soun pas fort amounedats,
Mes be soun de rouyalo raço,
E l'Efan és Rey dins les rens
De Mario la piücelo prens.
 Sense grand argen al paquet,
N'an pas un trinc de grand'parado :
Nou menon que le bourriquet,
Dambe la Bioou soun camarado.
Diü mentretan es dins les rens
De Mario la piücelo prens.

Aprép un pénible cami
Sant Josép é la Santo Méro,
Que nou saben pas oun dourmi,
Ban beilha dins uno feignéro,
Oun l'Efan-Diü, que sort des rens,
Nou laysso plus sa Méro preus.

Aqui la paillo lour fa liéyt,
Sense cousseno ni courtino,
Oun las estélos de la néyt
Bezen ajayre lour Regino,
E naysse l'Efan dé sous rens,
Piucélo toutjour, é nou preus.

autre NOUÉL.

Enprigoundits en deboucili,
Canten un nouelet que placio
A l'Efan-Diü, que de sa gracio
Fourméc Adam à perfeccii.

Refrèn.
Oyda, bezi,
Fazan-nous-y
A cole le jour admirable,
Oun d'aço la merbeillo creys,
Que le plus ritche Rey des Reys
Es ouéy nascut dins un estable.

Més cértos él se féc gran tort
Dedins le paradis terrestre,
Quand creat immourtal é méstre,
Se rendec baylet de la mort.
Oyda, bezi,
Fazan-nous-y
A cole le jour admirable, etc.

El ne mourio : quad'un ne mor,
M'ay qu'esperan uno autro bido.
Diü ben per y serbi de guido
A qui l'hounoro de boun cor.

LA NOUBÉLO FLOURETO

Oyda, bezi,
Fazan-nous-y, etc.
Ane dounc, hounouren-le touts,
El que per nous toutjoun traballo.
Efantet, nays ouéy sur la pailio;
Home, mourira sur la croux.
Oyda, bezi,
Fazan-nous-y
A cole le jour admirable,
Oun d'aço la mérbeillo creys,
Que le plus ritche Rey des Reys
Es ouéy nascut dins un establc.

NOUÉL.

LE dous silenci per tout éro,
E la néyt al miéy de soun cours,
Quand le soulel de nostres jours
Nasquec d'un'Albo fillo é méro.

Refren.

Qui soun les que s'y fan à canta le moutet,
A l'annou del bel efantet?
Yeu, nous, touts boulén part à la rejouissenço,
Per que touts coulén sa nayssenço.
Un loc desayrat é campestre
Recep le Seignou des seignous,
Oun dous animals coumpagnous
Counéyssen l'oustal é le méstre.
Qui soun les que s'y fan, etc.
Le bioou, que trigosso la férro,
E coustumié de beze blat,
Es ouéy doussomen establat,
E bey le pa del cél en térro.
Qui soun les que s'y fan, etc.
Hé! coussi la méro l'embrasso;
Per le gandi countro le fret,

Tant que Jousép bat le ferret,
Au d'escalfura la bourrasso !
Qui soun les que s'y fan, etc.
    Réyno dibinomen caüsido,
Fazéts-nous beze le Dalphi,
Ount le gaüch duro sense fi,
Per tout'armeto benazido.
Qui soun les que s'y fan à canta le moutet,
    A l'aunou del bél Efantet ?
Yeu, nous, touts boulén part à la rejouissenço,
    Per que touts coulén sa nayssenço.

~~~~~~~~~~~~~~~~~~~~~~~~~~~~~~

NOUÉL.

Que le fret se fasso senti,
N'és pas noubélo fort estranjo ;
Obe qu'en un coufin de granjo
Diü bolgo naysse per pati.
    Refrèn.
    Se non pouden coumo se diü
Saluda la Méro de Diü,
A soun aunou fazan retrouni l'ayre,
Elo, que de soun bél Efan,
Oun le ben éro l'estatjan,
Biérges, s'anéo dibinomen ajayre.
    Jousép li fa mantun poutet
Dessus un piloutet de paillo,
Oun per la paret, que badaillo,
Les gibres torron l'Efantet,
    Se non pouden, etc.
    E dounc pensen à l'adoura
Sul bras de sa sacrado Méro,
Rey del cél coumo toutjour éro,
Coumo toutjour és ó sera.
    Se non pouden coumo se diü
Saluda la Méro de Diü,

A soun auiou fazau retrouui l'ayre :
Elo que de soun bél Efan,
Ount le bent éro l'estajan,
Biérges, s'anec dibinomen ajayre.

NOUÉL.

Deja l'ayre luzis
De l'albo que nous tourno beze,
Anen à Diü, bezis,
Dementre qu'abén tens é leze ;

Refren.

Sapian ço que l'angél
Nous a countat de bél,
E que, l'amic ? Qu'un Efan adourable
Anéyt nasquec per nous en un establé.
Dan les pes dins la néu,
E le cor debés la feignéro,
Fazan à qui puléu
Salude le Fil é la Méro.
  Sapian ço que l'angél, etc.
N'ajan pas poou del loup ;
L'Efantet, péro de merbeillos,
Qu'és aros à l'estroup,
Ben per nous garda las aoüeillos.
  Sapian ço que l'angél, etc.
Assos un cop del cél,
Uno noubélo pla noubélo,
Qu'un marit siô piücél,
E la mouillé méro é piücélo.
  Sapian ço que l'angél, etc.
Més, ô jantis pastous !
Que dizen-nous à sa presenço,
Que coumo serbitous
Ouéy l'adourau à sa nayssenço.

Sapian ço que l'angél
Nous a countat de bél ;
E que, l'amic ? Qu'un Efan adourable
Anéyt nasquet per nous dins un estable.

~~~~~~~~~~~~~~~~~~~~~~~~~~~~~~~~

NOUÉL.

Pastous, anen à touto sérro,
Beze l'Efan que cal ayma,
Aquel que sul clot de la ma
Fa caüre le cél é la térro.

Refren.

Augéls, pastourelets,
  Coussi les angelets
  Se rejouissen
  E rabissen
Sur las merbeillos que se fan
A la nayssenço d'un Efan.

Més ount és le castél capable
De loutja le prince del cél ?
Yeu faü gatjuro d'un aignél,
Que le trouben dins un estable.
  Augéls, pastourelets,
    Coussi les angelets, etc.

Assos él: yeu bezi la Méro
Que ten soun Fil à bél brassat;
Més le marit, tout emp·ieyssat,
Nou semblo pas éstre le péro.
  Augéls, pastourelts, etc.

Filho jazen, Diü bous ajude;
Méro de nostre salbadou,
Atal tout humbe pecadou
Dins la paradis bous salude.
  Augéts, pastourelets, etc.

NOUÉL.

Nani, jamay plus n'és estat,
Ni nou béyren la raretat
Qu'uno filho fasso maynatge,
E mantengo sense dommatge
La flou de sa birginitat.

Refren.

A touts seignous
Toutos aunous ;
E nous-aiis hounouren d'un nouél agreable
Le Fil de Diü, que poussedis
Tout le trésor de paradis,
E per l'amour de nous nasquec dins un estable.

Les cops d'un miracle ta grau
En Mario soulomen se fan,
En qui n'és gracio que n'abounde ;
E pey la redemciü del mounde
Nou bol pas que Diü tourne Efan.

A touts seignous
Toutos aunous, etc.

Ple de pietat é d'afïecciü,
Diü prenguec nostro coundiciü ;
E l'amour qu'encaro nous porto
Fourec d'uno passiü ta forto,
Que li causec mort é passiü.

A touts seignous, etc.

Per aquo nous, de qui les ans
Nou soun que de paüres passans,
Emmersen-les en bouno bido ;
Nostre nouél nous y coubidó
Dins la grand gléizo des Corps-Saus.

A touts seignous
Toutos aunous,

E nous-aüs hounouren d'un moutet agreable
 Le Fil de Diü, que poussedis
 Tout le tresor de paradis,
E per l'amour de nous nasquec dins un establé.

DE LA MORT É PASSIU DE NOSTRE-SEIGNE.

STANSOS.

Qu'yeu sio le pecadou des piris pecadous,
Que perdessus moun cap l'impudenço reboufe,
E que dan tout aco l'enemic nou m'estoufe,
Pla me bal, seignour Diü, que bous éts pietadous.

   Superbe, s'yeu n'é fayt bostre coumandomen,
D'aci'n-là bostre noum occupe ma memorio;
Bous nou demandats pas que le pecadou morio,
Obe que coumbertit bisco éternélomen.

   Bous nasquéets paüret, més ritche d'afecciü,
En biben home Diü, per un miracle rare;
Aro bous permetets qu'uno crouts bous empare,
Tant bous trigo la fi de nostro redemziu.

   Per un coumençomen de doulous é de mort,
Un trayte malazit bous entournejo d'armos;
Bous pensats dins un ort à nous salba las armos,
Coumo l'aujol Adam las perdec dins un ort.

   Pierre, Jacques é Jan s'endormen à coustat;
Nou fa pas l'Escariot nascut à sa ruino;
El beillo per cluqua l'el que nous illumino,
De qui l'astre plus bel malébo sa clartat.

   Helas! que de jousious amics é coumpagnous,
Countro bous, ô grand Diü, per qui tout se
     goubérno!
Be soun orbs de cerca le *Lum* dan la lantérno;
Be soun fols d'acata le Seignou des seignous.

   Encarnassits al mal, bous prenen al coulet,
Sarron de mal esquis à grandos secoutidos,

Buton entra l'oustal d'un de bostres partidos,
Oun paréguets la gaüto à la ma d'un baylet.
    Néyt é jour accusat, é jamay défendut,
Pilato bous jutgéc sense misericordo.
Labets mart'un jousiou, dan le bim é la cordo,
Blazis le cos precious que bol beze pendut.
    Que siô crucificat! ça cridon les cruéls.
El ne douno l'arrést per soulo coumplacenço :
Les loups soun autaléu sur l'agnél d'innoucenço,
Les sutgets de Satan sul Prince deis Angéls.
    Qui bous saludo réy, qui per un scéptre d'or,
Trufandié, bous ufris un tros de canabiéro !
Qui bous gito d'escups de sa bouco ganguiéro !
B'és pla sense pietat qui nou n'a mal de cor.
    Tant d'affrouns que ly fan, tout és à son agrat,
Poulpro, bendél, souflets, boufanarios é minos,
Las injuros, les trucs, la courouno d'espinos,
Que crubissen de sang le bisatge sacrat.
    Flac, é toutjoun batut, encaro le boun Diü,
Al miéy d'un poplo ingrat, que per tout l'a-
    coumpagno,
Cal que porte sa crouts d'inquios à la montagno,
Ount pague la rançou que le pecadou diü.
    Quin aprést d'instrumens, é de fusto, é de fer!
Quant d'endiablado gen se couïto per ateigne
A bous beze mouri, benazit Nostre-Seigne,
Bous, ô mort de la mort, l'englasi de l'ifer.
    Le Calbari parés ; bous y bela mountat,
Oun des plus emmalits de la troupo bourrélo,
L'un bous met sur la crouts, l'aütre bous y clabelo,
Hélas ! acos per mi que bouts éts turmentat.
    Enbejouso furou d'un poplo malhurous !
N'entendén re de Diü que de trets admirables,
Nou bezén re de Diü que d'actes adourables,
E le penjon en crouts entreméy dous layrous.
    Diü, de qui la bountat lour douno layt é mél,
Per qui del sant païs indignomen jouissen,
Aro que mor de set, les biléns ly serbissen

Un orre mescladis de binagre é de fél.
　Atal boulguec pati le boun Seignou de touts,
Atal boulguec mouri dins la sang de cinq plagos.
Soulel de nostre cél, à boun dret tu t'amagos
Quand le del paradis s'entrumis sur la crouts.
　Albre sant é sacrat, sur bous se pézo l'or
De nostro redemciii, dreturiéro balanço;
Sur bous un caballé, dans le fér de sa lanço,
Acabo de drubi la mino del tresor.
　Sur l'albre de la crouts le boun *Jesus* se dol,
En cridan, mor; é mort, mant'un sant rebiscolo;
Le cél plaing soun Seignou, la terro ne tremolo,
L'esclipse general bestis l'ayre de dol.
　Diü, que mouréts per nous, ajats pietat de mi,
Que mouriré tabe, més que noun sabi l'houro;
E tirats enta bous moun armo pecadouro,
Quand dins un triste clot me pourtaran dourmi.

DE SAINT-EDMOND.

Tandis que capitouls sous Louis, roi de France,
Nous rendons nos devoirs à la toute-puissance,
Edmond, roi des Anglais, ravit nos sentimens
En l'élévation de ses saints ossemens.
Son corps est parmi nous, et son âme céleste
Eteignit en ces lieux les ardeurs de la peste;
Par lui nous respirons, et lui par le Danois
Expira serviteur du Monarque des rois.

SIZAIN.

Si je n'emprunte que par fois
Les mots d'Orléans et de Blois,
C'est que la Muse triviale,
Que j'aime dès mes jeunes ans,
Veut que le pont-neuf et la halle
Soient mon Blois et mon Orléans.

QUATRAIN A MESSIEURS MES AMIS QUI M'ONT DONNÉ DES VERS.

Au temple d'Apollon je ne suis que novice :
Je ne fais pas un vers capable de charmer ;
Mais je dis de bon cœur que je veux vous aimer,
Et joindre à l'amitié mon très-humble service.

A moussu GOUDOULIN, aboucat a TOULOUSO.

ODO.

A Tu, Goudelin, coumo méstre
Deou mestié tant qu'ome ag pot éste,
Joum presenti per aprendis,
Per hé creba de gilouzio
Quauque jour de petits badis,
Que se trufon de ma pouézio.

Jou héu bersis, é jours, é néys ;
Que sirén bers s'éron plan héys ;
Més jou nou sabi que m'en dise,
Ni més coumo m'ag apera,
Aquets beziats nou hén que rise
Quand jou pensi deous hé ploura.

Arcep-me doune, cértos me trigo
Que tu m'ages din ta boutigo
Per asseguram'au mestié ;
E n'ages poou de toun salari :
Gouéro que l'é prést tout entié ;
Ajam soulamens lou noutari.

Lous sartes é lous techinés,
Si dan tres ans, aco's lou més,
Per plan hé lour apprendissatge,
E jou que t'en podi da bint,

Qu'en é cinquanto ô danantatge
Si moun baptistari nou mint.
 La glorio de ta renoummiado
Que l'outan aci nous a miado,
Dan broumitéros é lambrets,
Ne constreing de hé (aut d'auanço,
Puch qu'on te ten de touts endrets
Des prumés pouétos de la Franço.
 Per mi jou é bist tant floureja
E tant sentit saboureja,
Toun ramelet, que jou l'adori,
E despiti lou houec d'aci
E més lou de l'esprecatori,
De teou seca ni teou laci.
 Per quauque traiic tu dioues éste
Entrat cou paradis terréste,
Oun as panat acqueros flous
De ta béro ó loungo durado,
Qu'au moun noun y a nado que hous
Per dura sulamens y annado.
 Més aco's l'ounglo deou lyoun :
Jou crey que tu n'as un milioun
Qu'eternaumen flocon Toulouso ;
Toulouso, qu'a grano rasoun
(Gran merces tu) d'éstre glouriouso ,
Puch qu'a flous en touto sasoun.
 Aro, puch que la man genéco
A prou parat, s'es n'ado péco,
De flous soun territori gras,
Jou cresi qu'ero se preparo,
De para de naoŭels lugras
Soun cén, qu'eoŭ hé ta béro caro.
 En un mot la plan coum'en sét,
Despuch que lou hil de Japhet,
Héc de Toulouso le proubajo,
De touts lous que y an tribaillat,
Nou s'es troubat ome qu'ey ajo
Tant d'aüdé coumo tu baillat.

Ses tu Toulouso seré orro,
Ses tu, dig-jou, puch qu'es sa gorro,
Qu'es soun jouyéu é soun trésor,
Et si coum'yo nobio éro brago,
Tout ço d'aute pu bét es l'or,
E tu lou diaman de sa bago.
 Per aquet trésor toulousan,
De qui lou cric brounich ta gran;
(Quino caüso qui s'en eybente)
Quanto de mi; jou é plan cresut
Que ta may l'aoué dius soun bente
Daouant que tu houssos basut.
 Toulouso tengue per miracle
Soun Saut-Sernin é soun Basacle,
La béro Paülo é Matelin;
Més d'aro'n là, ses més debate,
Caü, per parla de Goudelin,
Debremba touts les autes quouate.
 Més jou augi quauque rounadis :
Tut'fachos countro l'aprendis
Que ta grousséromen te laüso :
Perdoun'un cop ma libertat,
Que si jou disi maü la caüso,
Aumens la disi dab bertat.
 Ço qu'encoua pousso moun genio
De recerca ta coumpagnio,
E de hé de tu ta gran cas,
Es que haïches l'aygo holo :
Bertat cértos que jou n'é pas
En aco besouing de ta scolo.
 Més perço que soun abertit
Que tu tengues plan moun partit
Countro d'aquelo bandouléro :
L'odo que hés darriéroment
Me tamonio prou ta couléro
E toun juste ressentiment.
 Ta fort é frem jou l'aspudichi;
Que per coumpagnou jout'caüsichi

A m'ajuda deou boule maü;
Mes pér estérlomen aprene
Deou hé la persuto que caii,
Per moun méstre jout'boli prene.
 Aro be jutjos qui jou soun,
Aro b'entenes à moun soun
Que nou soun pas brico beü-l'aygo :
Nou m'arrefuses per aco,
Que quand ma Muso és embriaygo,
Ma Muso hé tout ço que bo.
 Rasoumpotum, yo pleyo tasso,
Es moun benerable Parnasso,
Ses darren més m'enpetega;
E boli hé tanto de naso,
Taut qu'ajo la hount deou pega,
A la hount pégo deou Pegaso.
 Per moun Apollon aco's tu :
Que si tum'counegues trop du,
Coum'ag soun, é si m'arrefusos
En qualitat de toun factou,
Bouillats ou nou, tu é tas Musos,
Be soun au mens toun serbitou.

J.-G. Dastros,
A San-Clar-de-Loumaigno.

A MOUSSUR DASTROS, DE SANT-CLA-DE-LOUMAIGNO.

ODO.

Per l'odo, sur que me rabissi;
E que m'oublijo per toutjour,
Moun cor bous tramét à soun tour
Uno proumesso de serbissi.

Yeu n'é pas peno de bous creire
Le bayle de nostre mestié,
E que nou tirats pas coustié
Quand cal douna dedins le beire.

Més be budats millou la tasso
Quand ben pleno del grifoulet,
Qu'un cop de pé de chibalet
Fec doutza sur le Mount-Parnasso.

Tres poésios en un tome,
D'elemens, stanços é nouéls,
Nous desplégon daban les els
Las coundicius d'un galant home.

Bostro gentillesso me douno
Le be de forço qualitats;
Més aco's bous que meritas
L'aunou de la Muso gascouno.

―――

A MOUSSUR DE LAUGE, ABOUCAT EN PARLOMEN,

Sur soun Playdejat noubél, et la Refutaciu de la Bengudo de l'Ante-Christ.

L'ACCIU rabissentomen bélo,
Que cour aro per tout endret,
Fa que le palays bous apélo
L'aunou de l'un é l'autre dret.
Dins l'estendudo de nostre atge
Encaro home nou s'est bist
De tant d'esprit é de couratge
Que s'en sio pres à l'Ante-Christ.

―――

Mon cher Goudelin, me voici
Qui veux en ton amitié vivre;
Et voyant mon nom en ton livre,
Je viens t'en dire grand-merci.

Accedat nobis vultu Godelinus amico,

A MOUSSUR DOUJAT, ABOUCAT EN PARLOMEN, DOUCTOU EN LA GAYO SCIENÇO,

Sur sous Trioumphes de la Bago d'Or, la Biületo, le Lyri, l'Englantino, le Rouzié, la Palmo, etc.

DE noços éts, Musos sourretos,
Ca dits le gentil Apolloun :
Bous cal braga dan las flouretos,
Que soun le préts d'un docte froun.
   Doujat prestara sa garlando,
Plus estimado qu'un tresor;
E yeu, que menaré la bando,
Malebaré sa bago d'or.
   De sa part, amic, yeu m'y trobi,
Per troumpeta de tout coustat,
Que toun bél esprit és le nobi,
E la nobio l'eternitat.

A MOUSSUR GRANJOUN, ABOUCAT EN PARLOMEN, DOUCTOU EN LA GAYO SCIENÇO.

SE qualqu'un cérco l'Apollon,
Que nou se chaüto de biuloun,
Quand és méstre sur naü musetos,
Nou ly caldra pas de lunetos
Per le trouba léu, qu'és Granjoun.
   Se dits per caüso merbeillouso,
Que las Musos é lour seignou,
Tantos, à nostro grand'amou,
Fan lour intrado dius Toulouso :
Asso's segur, qu'en demouran
Que la gentilo troupo bengo,
Toutis les pouétos y seran :
Més Granjoun y fara l'harengo.

A MOUSSUR GOUDELIN, ABOUCAT,
SUR SOUN RAMELET.

ODO.

Tout co que la naturo pinto
O mirgaillo de sas coulous,
Al respét de tas bélos flous,
Ramelet, aco n'és que tinto.
Tabé la ma que l'a triat,
T'a farcit de tant de béutat
E de musquet tas pinpanélos,
Que me perfumon le cerbél,
E les els me fau mimarélos
De bese tant de flous dins un petit Ramél.

 Aprép tant de flous ésplandidos,
Que Goudelin nous met al joun,
Per ma fe, jou nou crezi poun
Que la autros nou sion blasidos.
Soun souci, que parés al miéyt,
A dounado la bouno néyt
A toutos las flous de la térro,
E sa béutat sense perél,
Lour a fayt uno talo guérro,
Que toutos au cédat à la de soun Ramél.

 Pintres, que pintats ses mesuro
De plenis biouliés de flous
De milo é milanto coulous,
Que l'art fa ceda à la naturo,
Ayci se fa foro de part,
Goudelin, dessus bous-aüs gaigno.
Se n'abéts un plus dous pincél,
Bostros flous nou soun que lagaigno
Al respét de las flous de soun janti Ramél.

 Pouétos, qu'Apollon illumino
E que bous a randuts sabens,

Bélomen bous met sur las deus
La nostro muselo moundino ;
Soun sabe delicat é bél,
A fayt foro de moun castél
A touts les pouétos de la Franço,
Que per nou se poude gaudi,
Qu'iéu lour espazo e lour lanço
Taléu coum'an sentit le Ramelet Moundi.

P. G. P. T.

A MOUSSUR PAUCI, ABOUCAT EN PARLOMEN.

Pauci, toun bel esprit, que louanjo mas obros,
Rebouffo d'inbencius, que Phébus animéc :
Aco t'honoro fort ; més b'as aunou de sobros
De beni de parens que Jupiter ayméc.

Pauci quos æquus amavit
Jupiter.

A MOUSSUR GOUDELIN.

SIZEN.

En tout qu'on préze per aci
La girouflado, le souci,
L'englantino dan la biületo,
Nou se gauson pas esplandi
Despey quel'Ramelet Moundi
A crescrut d'un'autro floureto.

BARON, Esc.

A MOUSSUR GOUDELIN.

DIZÉN, SUR SA FLOU NOUBÉLO:

Aco n'es pas tan grand miracle
Qu'uno héutat donne d'amour,
Qu'on porte de blat al Bazacle,
Beze le soulel en plen joun,
Qu'uno agasso sio negro é blanquo,
Que les pecouls porten la banquo,
Que le mal caüse la doulou,
Que la pats acampe la guérro,
Quand bezén que d'un biél partérro
Ne sort uno noubélo flou.

A. C. T.

POUR MONSIEUR GOUDELIN, SUR SON RAMELET.

Goudelin, j'ai vu ton travail,
Tu peux l'avouer sans vergogne;
Car quoiqu'il sorte de Gascogne,
Il sent plutôt l'ambre que l'ail.
   C'est un bouquet que pour former
La nature s'est dépouvue
Des plus beaux objets dont la vue
Se laisse doucement charmer.
   L'Amour a ramassé les fleurs,
Les Graces les ont distinguées,
Et voyant des couleurs si gaies,
L'envie en a jeté des pleurs.
   Je connais même le dessein
Qu'elle a de lui faire la guerre;
Mais ton bouquet vient d'un parterre
Que garde une puissante main.

Qu'elle

Qu'elle arme le froid aquilon,
Qu'elle fasse le feu descendre,
Tu n'as besoin pour le défendre
Que de seul secours d'Apollon.

 Ses fleurs seront toujours nouvelles,
En dépit de tous les jaloux ;
Et ceux qui viendront après nous,
Les nommeront des immortelles.

 Quand ils seraient des inconstans,
Dégoûtés des plus belles choses,
S'ils se couchent dessus tes roses,
Ils se leveront mécontens.

 Si tu consens qu'on le transplante,
Et qu'il passe en la main des grands,
Je te vois, chargé de présens,
Accroître ta gloire et ta rente.

 Ici tu vois de quel salaire
L'on récompense tes travaux,
Et combien à ce que tu vaux
Ton pauvre pays est contraire.

 Mais si l'avis que je te donne
Peut sur toi faire quelque effet,
Je t'assure que ton bouquet
Te vaudra mieux qu'une couronne.

FALGUIERE.

BOUTADO BURLESCO.

Aprép las jautios cansounetos,
Que nou poden éstre que netos,
Quand un quad'un per se rabi,
Las a labados an de bi,
Yeu qu'aymy despéy bélo païso,
L'amic coumu que fa la raüso,
Baü mescla dins la gayetat
Un cartipél que m'an pourtat,

E se n'es del burèu d'adresso,
Es d'un estofo d'alegresso.
 A ça, bejan quin tambouri
Roundino per nous espaüri :
Aco n'és res que la menasso
D'un regimen noubél que passo :
Passé, que per oun a passat,
Diable la poulo n'a layssat.
 Autre brut ben de Braquebilo,
Qu'un pifré n'és pas un'anguilo,
Obé que la Garonno sort,
Per nega Tounis é lo Port.
Se passo per nostro carriéro,
Ly metré le cap à l'ayéro,
O me jurara que jamay
Nou m'intrara dedins le chay.
 Parlen de caüsos relebados :
Un gat toumbéc de las teüladas,
E mouric dejà per l'estiu ;
Qui me sap s'és encaro biu ?
 Més ount és aro la Riqueto,
Que jamay nou brulléc souqueto ?
Ount és tirat moussen Tripet,
Que s'aginouillo sul coupet
De poou de s'enfanga la boto ?
 Prenéts-me bous uno raboto,
Dous gras de mil dins un crubél,
Tres plats de sou de quiscabél,
Dan de grays de ginoul d'agasso :
Dinnats d'aco, é boun prou fasso :
Yeu cresi que per fa mictum,
Caldra may d'un suppositum.
 Que diren-nous d'uno malaüto
Qu'en toumban se maquéc la gaüto,
E bitomen garic le blaü,
Dan la poumado d'un uchaü ?
D'espey que se trobo garido,
E se bol teni rejouïdo,

Se fa souna quado mayti
Las canarilhos en lati.
 Sa besino n'és pas embriaygo,
Tant que nou trobo re que d'aygo;
Més un jour soun marit renous,
Abio le pung ta berenous,
Que l'y féc ufla le bisatge.
 Les escuts soun païc en usatge
A la bourço de Tocoson,
Que quand és sadoul n'a que son;
L'embejo jamay nou le pico
Que l'on le bejo dan la pico,
Sounque calgo douna l'assaüt
Dessus un rable de lebraüt.
 Se soun chibal nou se desférro,
El s'en ba tourneja la térro;
Més qu'és en peno de croumpa
Dos ô tres fournados de pa,
Per beure la mar en chaucholos.
 Atal mandéc sas faribolos,
Aprép sous atlas impourtans,
Un jouen home de soixant'ans,
Que l'abariço nou rebeillo;
Més que dans la licou merbeillo,
En taülo cérco doussomen
Le repaüs de l'entendomen.

DE SERTO TOLOSANO.

Quam *doctâ scitáque manu tibi serta leguntur!*
 Quantaque in arguto carmine flora nitet!
Miscenturque rosœ palmis, et laurea myrto;
 Rident festivis seria sparsa jocis.
Urbana tamen arte sales, qualesque pudica
 Calliope et casto condiat ore Venus:
Quos Capitolini, quos lætâ fronte Senatus,
 Atque manu largâ, muneribusque probant.

Gaude vate tuo, gratisque, Tolosa, ministris!
Non tibi, certa fides, irrita dono cadent.
Perfusi flores aurato flumine crescent,
Unde tuis veniet digna corona comis.

JOANNES SAMBLANCATUS, Tolosas.

Pour ce Poëme la fleur du Souci fut adjugée
à P. G.

CHANT ROYAL.

Petits chantres aîlés, que le printemps ramène,
Quand Flore étend les plis de son manteau de
  fleurs,
Qui de mille fredons, tirés à longue haleine,
De la mignarde Nimphe évantez les honneurs;
Oiseau, qui sous l'effort d'une âme trop parjure,
Perdis avec l'honneur la première figure,
Toi, qui vois par le feu tes ans renouvelés,
Et vous, voisins de l'onde, merveilleux oiselets,
Dont le grand roi des vents les gesines honore,
Allez voir sous le ciel des Indiens hâlés,
    L'infatigable vol des oiseaux de Tidore.

  Ils volent sans voler, et leur aîle soudaine
Semble ne mouvoir pas à l'œil des spectateurs,
Comme lorsqu'un doux vent frise l'ondeuse plaine,
La nef semble immobile à ses soupirs flatteurs;
Mais voici leur bonheur: sans chercher leur
  pâture,
Ils reçoivent du ciel leur douce nourriture,
Ils hument, quand l'Aurore, à ses yeux désillés,
La rosée qui cheoit à petits brins perlés;
Puis d'un second repas tu soutiens, belle Flore,
Avec les doux parfums de ton sein exhalés,
    L'infatigable vol des oiseaux de Tidore.

Leur plumage divers, où Iris prit la peine
D'employer de son arc les plus vives couleurs,
Semble allumer les airs sous la clarté qu'il mène,
Quand Phébus y répand ses aimables lueurs :
Sur leurs ailes on voit un chef-d'œuvre en peinture,
Où de pourpre et d'azur éclate la teinture :
O que nos yeux seraient, par le regard collés,
Dessus les beaux crayons si proprement mêlés !
Du moins, dès que Phébus la campagne redore,
Les miens jusques au soir suivront, émerveillés,
   L'infatigable vol des oiseaux de Tidore.

Des citoyens de l'air l'un cherche une fontaine,
L'autre les lieux où Flore embeaume l'air d'odeurs,
L'un s'aime où d'un ruisseau l'argent vif se promène,
L'autre fuit dans les bois les célestes ardeurs :
Mais le Mamuque seul, tant de l'air il s'assure,
Que voletant toujours, en paix il y demeure.
Lors donc que tu t'en vas revoir les flots salés,
Raconte, ô clair Phébus ! aux peuples écaillés,
Comme tu vois toujours, dès que la belle aurore
Parsème de bouquets les planchers étoilés,
   L'infatigable vol des oiseaux de Tidore.

Vous, qui volez armés d'une griffe inhumaine,
Sanguinaires faucons, affamés picoureurs,
Quand vous irez quêtant quelque proie incertaine,
Que le Mamuque soit exempt de vos fureurs :
Si vous fondez sur eux, la céleste voulture
D'un foudre punisseur vengera cette injure ;
Et vous, fiers Aquilons, qui l'orage soufflez,
Qui de la terre au ciel les flots pêle-mêlez,
Parcourant l'orient et le rivage more,
Enfin arrêtez-vous, et jamais ne troublez
   L'infatigable vol des oiseaux de Tidore.

ALLEGORIE.

Tidore dans mes vers l'église nous figure,
Et les mortels dévots, lorsque d'une âme pure
Ils s'élèvent à Dieu, de son amour zélés,
Y sont mystiquement Mamuques appelés :
Cet amour qu'en nos cœurs l'Esprit-Saint fait éclore,
Sera, lorsqu'ils n'en sont nullement ébranlés,
L'infatigable vol des oiseaux dr Tidore.
Un cant rouyal en perfecciü
Es un'obro d'admiraciü.

A MOUSSUR BACH, AMIC É BEZI, DE SOUN EFAN, *que dictéc parfétomen à l'Eglantino.*

Yeu dizi de boun cor d'amb' aqueste sounet,
Boun jour à moussur Bach, le pèro de Janet,
De qui le bél esprit é la muso gentilo
Rabiguén les plus grands à la maysou-de-bilo.

SOUNET.

Bela que le printems és ritche de merbeillos :
Zephir le bél prumié mor en rabissomen,
Quand Floro dins un prat s'ajay jouyousomen
De musc per nostre nas, de chuc per las abeillos.

Alabets le pastou, capitayne d'aoueillos
'Al cantou d'un bousquet repaüs doussomen,
E bey coussi l'Amour, béuze de péssomen,
Dan le cant des auzéls marido sas aureillos.

Més le trimèstre Diü d'audous é de coulous
Nou se chaüte pas tant de la damo de flous,
Ni de soun escudié, ni del rey d'amouretos,

Coumo ten à bonheur, coumo se rejoüis
Que Bach un jour sera l'Homéro de *Louis,*
Pouéto courounat de las quatre flouretos.

A PARIS.

M.

Les courriés nou courren jamay de Paris à Toulouso que bostres serbitous, per aci toutis toucans, nou les arrésten à las portos de la bilo per s'infourma de bostre salut, gauch é retour. Toutis benén d'aprene, per uno de las bostros, que bous nou debrembats pas les que bous an aymat é aymon, hounourat é hounorou. Yeu soun de la partido, en tout que n'aü merito pas, à qui per fabou particuliéro vous play de manda é coummanda de bous fa sabe yeu mémo se soun mort yeu mémo. Per aquest'armo, encaros é la lengo dan que poupabi, é dan que disi qu'uno malaütio d'an é miéy m'a be tengut arrucat al liéyt sur dos coussenos, més noun pas alloungat dins un linsol jouts un tahut. D'aqui ben que serbicials, poutatges, poutingos é bint étcétéras de despenço m'an fayt un joc de palmo del chay é del granié, oun nou trobi proubisiu que d'ayre. Podi be dire que les coummédiens, encaro que rares, se trobon plus souben à l'escut, que l'escut à ma pocho. Percanto de l'image descarat de la son, que ne fa la mort tant arrouganto, que nou respétto pas les plus graus. Elo fario tort à sa fiertat de s'en abe à l'encountro d'un coumpagno de mijaucièro coumdiciu, que n'a degun afa d'elo ni nou s'en chaüto. L'aüribo, que, coumo la mirgueto, demoro toutjour peis oustals, é jamay nou s'apribaso, nou me pecara pas de sa faüx quand moun darrié jour sera segadou. Eu boun houro bengo ; més noun pas de boun'houro, afi qu'yeu ajo le mouyen de bous serbi may de cinquante ans. Me disen qu'yeu nou podi pas éstre dous cops, é be sio longomen un. Per le meus, mentre que bibi, me counsoli de ço que mas feblessos m'an quistat une caloto per crubi ma néü, un bastou per me bira le jauparel des debasses, é las lunetos per imagina le beyre plus gran quand le budi doussomen à bostro santat. Yeu me faüc be gratilhous d'amb'aquesto joubialitat; més le rire nou me passo pas la gaiito, per que

  Bastou, caloto dan lunetos,
  Prenen coungét de la filhetos.

Passe, tapaüc yeu n'é pas prou boun joc per me dire l'home qu'éri. La jouenesso, quin joc ô mino que tengo, perd quado jour sas forços couutro la bieillesso, sense rebenjo; aidos prou, à venidos nou : legueno per escapa, cour per nou tourna. Aquelis dous berses prou coüitats sorten d'uno beno miéy estourrido, que se desfiso de recrouba soun humou prumiéro, sense la fabou de sous Apollouns, que nou serion pas toutis à Paris, se bous érots à Toulouso.

Quin ben que tire, couratge, M. per biüre loungos annados en répaüs, é demoura le tens que d'amb'un sirop de patienço garis ô adoucis tristessos ô languisous. Un cop plaguéc que s'espasséc : la perdo qualque cop és prouiiét. Se bous érots al froun de l'armado rouyalo per besé le coupet à l'enemic, le coré la balou bous farion le bouguou de milo mousquetados, oun les hazars pouïrion malomen interessa bostro santat. Le sabe, le jutjomen la bous desiron en perfecciü, que prendrion la posto debés l'autre mounde, se bostros qualitats nou le retenion en aqueste. Yeu metis gaignario léu un triste recailhiü, se perdio l'aunou de bostres coumandomens. En les attenden é bostro bengudo, aloungui les pots de moun debé, per bous baysa las mas de cent légos, que soun ço qu'éri e que toutjoun seré,

  M. de bostro grandou,
 Tres-oubéissent é tres-humble serbitou, G.

L'OUMBRO
DEL GRAN GOUDOULI.

Les mandayréls del four éron per la carriéro;
E l'on augio per tout souna la courdeliéro;
Toutis les rebeillés, de courre tracassats,
Abion fayt prega Diü pes paüres trespassats;
Les pouls del besinat, dan la cresto lebado,
Al gran payre del jour abion sounat l'albado;
Morphéo, meno-sons, dan sous tristes pabots,
M'abio fretat les els, le nas amay les pots:
Un puignat de retals d'uno flessado tristo
Me courrio per l'entour per me troubla la bisto;
E per dire en un mout, éro'nta miéjo néyt,
Que jou m'éri tout siaü fourrat dedins moun liéyt.
Quan besi tout d'un cop qu'yeu baü beyre uno flambo,
Uno grando clartat que m'alüco la crambo:
Un'Oumbro me parés dedins un gran linçol,
Que prép de moun cabés se tourment'et se dol,
E semblo demanda per soun mal qualqu'ajudo;
Tantos me bol parla, péy tantos fa la mudo.
En countemplan soun mal me lébi d'assiétous,
Me seigni incountinen, é d'un toun despitous
Ly disi à mémo tens: parlo s'és bouno caüso,
Se nou sort-me d'ayssi, fuch leü ou trobo paüso.
Labets l'Oumbro s'abanço oun jou prenio repaüs,
E d'un ayre mourent me tenguéc tal prepaüs:
 Tircis, qu'és tout aço? Las! quino son t'emporto,
De nou drubi les els quand on tusto à ta porto?
Tu nou couneisses pas toun gaüch é toun amic,
Que le tens malfasié, de toutis ennemic,
A mes entre las mas d'aquelo descarnado,
Que n'espargno degus, ni le jour, ni l'annado,

E que nou trobo res à probo de soun bras,
Tálpun qu'ell'a païsal à soun arc le matras.
 Jou soun, *Tircis*, jou soun l'home que tant aymabos,
Toun amic *Goudouli*, que tant tu estimabos,
E que petits é grans pourtabon dins le cor,
E le presabon may que cent couronnos d'or ;.
Aro jou nou soun res qu'uno Oumbro passalgéro,
Uno fumado, un bent, uno bapou laügéro,
Que paüc é paüc de tu s'és bengudo approucha,
Anéyt espréssomen, per t'ana reproucha
Le tort que tu t'as fayt dins un'amour la forto,
Que tu disios abe per ma persouno morto.
Bay, tu nou saurios plus que passa per ingrat,
Per que despéy le tens que d'un cop descarat,
L'aüribo me gitéc tout del long sur la terro,
Tu n'as jamay sounjat à declara la guérro
A d'esprits cabifols, doun jou sabi le noum,
Qu'an bon'gut escanti le flam de moun renoum :
As souffert, malhurous, s'enten d'un esprit libre,
Qu'aquelis galluréus glousésson sur moun libre :
Al loc que tu dibios, coum'un desesperat,
Sustení moun partit, s'enten à bras birat.
Tu dibios, tu dibios garni ma sépulturo
De milo cants rouyals de dibérso escrituro,
Prega les estatjans é les fils d'Apoulloun
De dessus moun toumbél d'accourda lour biuloun,
Per aqui fa tinda de sounests, d'epitaphos,
E maleba las mas de cent historiographos,
Per clabela moun noum dedins l'eternitat,
E layssa moun renoum à la posteritat,
Afi que moun esprit, ennayrat sur la glorio,
Fourresso le trésor de l'aujolo memorio.
 Jou bezi be, *Tircis*, que le cor te fa mal,
E que de regret qu'as, toun armo te defal.
A tabé l'affecciú qu'yeu é per ta persouno,
Qu'yeu gardi ta loung-tems, libromen te perdouno,

E te prego, l'amic, ouéy, puléu que douma,
De laba toun pecat d'au la plumo à la ma;
De coumpousa quicom per me fa toutjoun bibre,
E non sios jamay las de trabailla, d'escriure
Mas bertus, que m'an fayt home lettroferit,
E passa'n toutis locs per un home d'esprit.
Cour, bolo, se te play; bay per montes é colles,
Per trouba bitomen la coumpagno des drolles,
Qu'entenden le meslié que per le més de may,
Clamenço a countroubat per nou mouri jamay.
Tu m'entendes pla prou; bay trabailla ma bido,
E que ta peno sió d'un'autro ma seguido,
E jou seré countent, é dourmiré'n repaüs,
E m'imaginaré que bibi dan bous-aüs.
Adiü, soumjo qu'é dit; lebo-te, sort deforo,
E jou m'en baüc tourna dins ma tristo demoro.
  Rabit, triste, esfrayat d'uno talo bisiü,
Me lebi bitomen, redde, may mort que biü.
Me rounci d'affecciü de dessus l'escritori,
Per pintr'aquel amic, que dins moun cor j'hou-
    nori :
Arrengui mous papiés, d'amb'un el tout goutent;
Dan la plumo à la ma, le baii rendre countent.
De sanglots, Diüs au sap, qu'abio moun armo
    morto.
Tant y a, coussi quicom, me plaigni de la sorto.

~~~~~~~~~~~~~~~~~~~~~~~~~~~~~~~~~~

REGRET DE TIRCIS SUR LA MORT DE SOUN
AMIC GOUDOULI.

A MORT, Musos, à mort! se cal muda do
    plaço;
Cal carga le gran dol, cal tapissa Parnasso :
Sounats des instrumens, tran, tran, toutos d'ac-
    cord ;
Bostre bel nouïrigat s'en és anat d'aügido :

L'OUMBRO

Fillos, plourats, rouflats é maudissets la mort,
Que ta pla ly a coupat l'escauto de la bido.
 Aco's fayt, aco's fayt! jou nou saurio plus rire;
L'esprit de pefouna cal qu'aro se retire :
Jou n'é plus coum'abio la cataratte ays éls ;
Aco n'es que l'abus, nou cal pas qu'on s'y founde;
E per men'à l'ascart la bido des angéls,
Bailli un gran cop de pé sul nas d'aqueste mounde.
 Le mounde es incoustent, tantos rits, tantos plouro ;
Impoussible jamay d'y trouba'no boun'houro,
E touljoun bous trahis d'ambe soun passotens ;
Que se cado cop rits, ati que soun gaüch bengo,
Aco's rire de gous, en bous moustran las dens,
E qu'an bous a flatat, bous tir'un pan de lenguo.
 Sous plases soun passats dins uno maytinado ;
Soun gaüch n'a jamay bist la fi de cap d'annado :
Las nibouls des affas entrumissen soun jour ;
Le malhur cado joun y fa fa caillibaris,
El metis se peris, el s'acasso, s'encour,
E per un jour hurous ne trobo cent d'amaris.
 Qui au pot milhou sabe qu'aquel que jou souspiri,
De qui jou porti dol, caüso de moun martyri,
Le paüre Goudouli, de Toulouso le gaüch ;
Tant que l'hur l'y rissec el fourec adourable ;
May le mounde maudit, trayte, piri que baüch,
Ly moustréc les talous le bezen miserable.
 Patiénço soulomen, ajan touljoun memorio,
Que'l mounde es charlatan, qu'atal passo sa glorio.
La mort nou trobo res à probo de soun bras :
Elo cour, elo bolo, en toutis locs se fourro ;
E per fa beyre à touts le poudé de sas mas,
Met le ritche é le gus dins le clot fourro bourro.
 Degus nou se gandis del rebés de sas armos,
Les jouenes é les biéls, les piétons, les gendarmos,

Relebon

Relebon de sas leys : elo n'a ré de car.
Hélas ! ount éts bous-aüs, brabes souldats de guérro,
A qui tout éro court ? Alexandro, César,
Justomen soun benguts en un pugnat de terro.
 Se les princes poudion mouri per percurayre,
Crezi que pel segur noun mouririon pas gayre;
May aco's un arrést que nou fa à degus tort,
E le que l'a dounat, de qui'l mounde relébo,
Que douno bido à tout, à calgut que sio mort,
Per laba le pecat del payre Adam é d'Ebo.
 Pâris, b'éros pla fat d'ana brulla uno bilo,
Per abe uno béutat que pareyssio jantilo,
Que te tegnio estacat al grad de sa passiü :
Digos, que t'en soubréc, aprep l'abé gaignado ?
Ha ! se le cél bouilho que tu tournéssos biü,
Beirios que n'as aymat qu'un tros de caraüguado.
 Hélas ! Pierre a cluquat, qu'encaro moun el plouro,
E que les béls esprits regréton à tout'liouro.
(Laüzat siô Diü) coussi benen del trot al pas,
El qu'éro ta gailhard, madur coum'uno péro,
L'aüribo dins un res l'a secoutut ta bas,
Que ço qu'aro es amb'el n'és que fum é poulbero.
 Dan sas drollos humous, dan sas raros boutados,
Dan sas puntos d'esprit, dan toutos sas cambados,
El s'és bist, malhuroux, cousut dins un linsol :
La trayto b'és estado un pauc trop rigourouso,
Borgno d'esprit é d'els, d'abé gitat pél sol
La glorio dés moundis é la flou de Toulouso.
 Ducs, contes é seignous, de soun sabé gilouses,
D'estre toutjoun d'amb'el s'estimabon barouses :
Encaro, haü jouga, de sous trets maint'un rits.
Nou cresi pas jamay que degu le segounde,
Sous bérses ta pla fayts pipabou les esprits,
E sous drolles reparts fasion bada le mounde.
 Enemic de chicano é de toutos sas rusos,

El quitéc le barréu per courtisa las Musos:
Atabes Apollon éro toutjour d'amb'él,
Que de l'aügi parla, tout rabit en estaso,
Countent, ly resignéc l'oufüci del soulél
E le goubernomen de la foun de Pegaso.

Quéque nou fousso ritche, él abio tal couratge,
Quel tratéc en tout tens Amour cóum'un maynatge,
Ni nou boulguéc jamay fenno dins sa maysou;
E per dire en un mout touto soun ourigino,
Soun payre éro barbié, él fourec un rasou
Que coupéc le filet de la lengo moundino.

Soun Ramelet Moundi, que tout le mounde estimo,
Tant per sas imbencius, que per sa noblo rimo,
A fayt graba soun noum dedins l'eternitat.
El n'a fayt de sa bido un bérs de medisenço,
Ni countro le respét de la Dibinitat,
Ni may countro l'aunou qu'on diü à l'inoucenço.

Tout le mounde sap prou que madamo Clamenço,
Ly douuéc uno flou de soun ort de plasenço,
Per dus béls cants royals que balen un trésor,
Que l'on beyra toutjour flouri per la campagno;
Car nou y a par degus que nou sapio per cor
Le broc que del traüquet tiro la tararagno.

Le noum del Grand Henric, le foulsé de la guérro,
En forços ses pariu, miracle de la térro,
El a descriut, qu'aqui n'y manquo pas un mout;
Péy de soun fil Louis las bertuts él esprimo
D'ambe tant de calou, que l'on canto per tout
La biületo de mars que nous meno la primo.

May que n'a pas el fayt d'epigrammos ó d'odos,
D'eligios, sounets de may de milo modos,
Sur de sutjets tirats de dibérsos amours:
Alabés pél trabal de sa muso jaulilo;

Coumo le mounde sap, sur la fi de sous jours
El tirabo cent francs de la maysou-de-bilo.
 Jou n'aurio jamay fayt se me caillo descriüre
Ço qu'eternélomen per tout le sara biüre.
May contenplen un paüc l'estrange cambiomen:
Sa glorio, l'on beyra d'éternelo durado,
Soun cos sera encloutat dinquios al jutjomen,
E sa belo armo al cél a fayt sa retirado.
 Tantya Goudouli es mort, home de bouno
  boyo,
Mort és le passotens, le délici, la joyo,
Nostre prince moundi, le payre des pesous,
L'aunou d'aquesto bilo, é soun plus ritche moble;
Mortos soun sas bertuts, mortos soun sas douçous,
Mort és soun bel esprit, le gaüch de tout le poble.
 Abé, ça, coumpagnous, qu'és-aco ? malo
  raquo,
As plases del pecat nous cal tourna casaquo,
Obe serion plus sots qu'un aze del mouli ;
E per qu'aro sabén que cal qu'un jour tout passe,
De cor é d'aflecciü al paüre Goudouli,
Canten debotomen un *Requiescat in pace*.

~~~~~~

COUNSOULACIU A TIRCIS SUR LA MORT DE GOUDOULI.

SOUNET.

Amic, que te serbis de plaign'un camarado,
Que dins un prigoun clot repaüso douçomen,
Le gaüch d'aqueste mounde, é d'aissi l'ornomen,
En qui le passotens fasio sa retirado ?
 Tu nou le beyras plus dedins uno assemblado
Dire calque boun mout per toun countentomen:
La mort, la trayto mort, betiso d'entendomen,
Clabat dins sa prisou, ly a la lengo coupado.

Patienço : quin mouyen ? Tout danço à soun
  coumpas ;
Hé ! qui se pot gandi del rebés de sas mas.
Nou cal pas plaigne aquel de qui l'armo és
  hurouso :
  Elo met ta pla bas l'ego coumo l'pouli ;
May plaign tant soulomen le malheur de Toulouso
Quand n'aura jamay plus un autre Goudoli.
P. D. T.

Ex utero matris venisti nudus in orbem,
  In terram tectus sindone, Petre redis :
Plus aufers igitur tecum quàm, Petre, tulisti ;
  Plus reddis matri, quàm dedit illa tibi.
I. B. P.

AD TUMULUM CLARISSIMI VIRI DOMINI PETRI
GODELINI.

Fasciculos sertaque dedit Godelinus amoris ;
  Dum vixit patriæ versibus, arte prosa ;
Non petit aspergi violas, ramosque cupressi
  Consterni tumulo, sed pia serta precum.
M. R. D. L.

Pefous, dins la sasou primaygo
Began tant que pouïren de bi ;
Aco nous pot milhou serbi
Que noun pas aquel bourdél d'aygo.
Disen qu'éro fol Goudouli.
Quan besio l'aygo del mouli :
J'aü cresi, per qu'aro uno goulo
A metut soun cos en deroulo.
B. G. T.

A TIRCIS, SUR LA MORT DE GOUDELIN.

Ami, depuis long-temps merveille de notre âge,
Tircis, de qui l'esprit fait bruit dans l'univers,
Chacun admire en toi l'art de faire des vers,
Et ton discours mondin passe pour beau langage.
　Les poètes de la cour n'ont pas cet avantage,
Comme toi, d'élever par d'ouvrages divers
Un illustre : aussi-bien je tiens les yeux ouverts
Pour lire, pour louer aujourd'hui ton ouvrage.
　Tu sais que Goudelin, ce grand homme du temps,
Qui tenait nos esprits, et joyeux, et contens,
Par ses vers, qui n'ont rien de ténébreux ni sombre,
　En dépit du destin, n'a plus rang chez les morts,
Puisque tu fais parler par tes divins accords,
A la vue de tous, son esprit et son ombre.

D. H. A.

AL MÉMOS.

Goudouli drom dins le toumbél ;
　Soun cos és capelat de térro,
　Les bérs dejà ly fan la guérro ;
　May soun armo és boulado al cél.
Counsolo-te, Tircis, torquo toun el que plouro,
Perque t'en penjo aütant, é nou sabés pas couro.

I. C. V.

DESPIÉYT DE DAMO CLAMENÇO SUR LA MORT DE GOUDOULI.

DIZÉN.

N'esperets pas de jou qu'uno mayssanto mino;
Le gaüch dedins le riü de doulou s'és negat :
Perque le cél m'a prés moun païre nouyrigat,
Qu'a poupat las douçous de la lengo moundino.
Fourrous, qu'en fourrounan bous fourrats dins le chay,
Habillats-me de negre al jour del més de may,
E nou me carguets plus, ni cinto, ni courouno ;
Tout aco nou fario que creisse mas doulous,
Per que l'esprit moundi me quito é m'abandouno,
Nou boli jamay plus triufla dessus las flous.

AU MÊME.

DIZAIN.

Au deuil, Muses, au deuil, couvrez de noir Parnasse,
Quittez le clinclan d'or et vos beaux ornemens :
La joie et les plaisirs ont tous changé de place ;
L'air est rempli de cris et de gémissemens.
Oui, Goudelin est mort, Tircis a vu son ombre,
Qui parut à ses yeux pendant cette nuit sombre
Qu'il dépeint doctement aux traits de son écrit ;
C'est l'éco de sa voix, le portrait de sa vie,
Malgré les vains efforts du temps et de l'envie ;
Aussi possède-t-il le génie et l'esprit.

R. D. T.

EPITAPHO SUR LA MORT DE GOUDOULI.

Amics, per que la mort terrasso
Goudouli per tout ta bantat,
De qui le noum serbis l'eternitat
Que proumet le mount de Parnasso,
Las Musos n'an plus que teni;
Tout le mounde las bol bani,
Tant la mort las ran criminélos,
E disi, plasio lour ô nou,
Qu'encaro be que sion piücélos,
Elos au perdut lour aimou.

P. S. G.

SOUNET ACROSTICHO.

Dipa les els, l'esprit, é charma le couratge,
Intra dins un oustal d'amb'un ayre noubél,
Estre de bel'humou, é dedins un castél,
Rire, passa le tens, jouga soun persounatge:
Refusa de moulhés à la flou de soun atge,
Estima le prumié que siô dejouts le cél,
Gouberna soun pays al grat de soun cerbél,
O se fa regarda pes tréts de soun bisatge;
Un per un carreja les amics à l'oustal,
Douna d'ambe grand cor de pa, de bi, de sal;
Oper les gaüdina n'espargna rés, sa festo:
Et re mi fa canta sul'pradet del mouli,
Las gens qu'auran de sen é que beyran le résto,
Huljaran de l'esprit de Pierre Goudouli.

AD TUMULUM GODELINI EPITAPHIUM MACARONICUM.

Hic est couchatus noster Godelinus amicus,
 A la morte fola dicite mala precor ;
Tam drollantem hominem cur, quare bilena tuasti
 Quique Tolosanis gloria totus erat.

LE TRINFLE DEL MOUNDI.

ODO.

Noble lengatge de Toulouso,
Plus biél que la tour de Nembrot;
Diū fasso la capo terrouso
A qui te bol secontre al clot.
Jou soun rabit de tous ouracles;
Tu fas à moūn grat de miracles;
Per tu jou soun d'amour surprés,
E trobi que l'chebal Pegazo
Nou me douno gayre d'extazo,
Se tu nou ly prestos l'harnés.
　　Idiome prens de merbeillos,
Que sabes ta subtilomen
Poupa l'armo per las aureillos;
Fay tu metis toun ornomen,
Banto te d'estre le lengatge
Le plus delicat de nostre atge,
Fay parado de tas douçous;
E pey que nou y a lengo al mounde
Que te prime ni te segounde,
Fay t'apela Moundi tout blous.
　　Qualques garrels de la cerbelo
Cresen que la latinitat
Es plus rabissento é plus belo
Que tu n'es pas de la mitat:
Jou juri de fals la crésenço
Des que te fau aquelo ouffenço,
E sousteni, sense passiū;
Qu'al partage de Babylono
Le Tibre cedéc à Garono
La milhouno part é pourciū.

Tabés aquel foulse de guerro,
Qu'a dounat le noum as Cesars,
E que s'és fayt creigne sur térro
Millo cops may que le Diu Mars,
Troubéc la lengo de Toulouso
Ta douceto é ta merbeillouso,
Que daban que de ne parti
El féc bot de trata d'esclabes
Aquelis redoutables brabes
Q'estimaon may le Lati.

Jou sabibe que le lengatge
Qu'és en bogo dedins Paris,
S'a fayt tout siauet un passatge
A l'aproubaciu des Moundis;
Jou sabi quel a de flouretos,
Toutos claiifidos d'amouretos ;
Més le cél nou ly a pas dounat
De paraületos ta mirgaudos,
N'y d'espressiiis ta 'coutinaudos,
Coumo al nostre, qu'és soun aynat.

Cal bé que sas douçous sion grandos ;
Péy qu'el petit Diu balestié
Cerco per coutli sas demandos,
Las phrasos d'aqueste cartié,
E que las Charitos dibinos
Que l'accoumpagnon, soun Moundinos ;
Cal bé qu'él sio fort amistous,
Péy que quand Jupiter en joyo
Carresso le toustou de Troyo,
Soun coumplimen sent à sas flous.

Aco nou soun que de rebayres,
Les que bolen forobandi
Del nombre de las lengos mayres
L'illustre lengatge moundi,
E que se farion puléu batre,
Que de n'admettre may de quatre :
Quatre sion, coumo aquelos gens
Asseguron dins lour escolo ;

Mes la nostro és lour reir'aiijolo,
O lour aiijolo per le mens.
   Quand l'enemigo de la bido,
Que n'a coumpassiü de degus,
S'en crouquéc Goudouli d'aügido,
Elo le trametéc lassus :
Homéro d'abord é Birgilo,
E Rounsard, que soul ne bal milo ;
Ly boulgueguen prene le pas,
Més él dissec en nostro lengo :
Aco's jou que cal que le prengo ;
Bous-aüs nou le meritats pas.
   Al cél, permo de toutis quatre,
Se fourmaon quatre partits :
Jutgeats s'éron len de se batre,
Qu'éron benguts as dementits :
Quand Jupiter d'uno guiguado
Lour apasiméc la courado,
Et les fazec cala d'abord ;
E péy, coumo fan dins las classos,
Les féc coumpousa per las plaços,
Afi de les bouta d'acord.
   Elis fazeguen toutis quatre
D'oubratges ta pla councertats,
Que Jupiter éro idoulatre
De lours excellentos béutats.
Toutis les Diüs, en grando poumpo,
S'assembléguen à soun de troumpo
Din soun augusté cabinét :
Aqui la pésso Goudoulino,
Endimenjado à la Moundino,
Gaignéc soun affa del bounét.
   Arrést ; qu'aquel grand persounatge,
Qu'a ta pla muscat soun ramél,
Que pot prétendre à l'abantage
D'enbelina les Diüs del cél,
Aurio la plus superbo placo
Demest les princes del Parnasso,

E que quand el bouldrio parla
En lengatge d'aquesto bilo,
Homéro, Rounsard é Birgilo
Serion tenguts de se cala.
 Despéy las Musos, toutjoun fillos,
L'an cauisit per lour Apollon,
E nou soun plus coumo nau quillos
Enjucados sur Helicon.
Elos an cambiat de demoro :
Nostre Pétdabit las adoro ;
Aqui Goudouli courounat
De las flous de damo Clamenço,
Las enritchis de l'elouquenço
Que nostro lengo ly a dounat.
BOUDET.

EPITAPHO

D'UN BOUSSUT, MÉSTRE D'INSTRUMENS.

Ayssi jay d'un boun son un méstre d'instru-
 mens,
Que dounéc à cad'un milo countomens,
E qu'as pus arraülits féc allounga la garro :
Ayssi la traito mort, ayssi l'a secoutut ;
Aprép ly abe doustat é Mandorro é Guittarro,
Nou ly a res pus layssat qu'un'esquino de Lut.
 Passan, regard'un paüc coussi la mort nous
  trosso :
Le paüret nou boulguec jamay quitta sa bósso,
Noun pas mémo sul punque calguec sa l'cluquet,
Per ana dins le cél prene tres pelets d'ayre ;
Perço qu'él augic dire à qualque predicayre,
Que cad'un daban Diü pourtario soun paquet.
GOUDOULI.

MANADET

MANADET DE BÉRSES

Triats demest las Obros de GAUTIÉ
é d'autres Pouétos de Toulouso.

STANSOS COUNTRO L'AYGO.

Escoutats-me, noblo assistenço :
Se re qu'yeu digo bous offenço,
Le bi nou me fa pas parla,
Aco's de matiéro plus fado :
E se moun discours nou ba pla,
Tapaüc le subjét nou m'agrado.

Perdou, s'en bous parlan de l'aygo,
Semblo que ma Muso sio embriaygo ;
May quand n'es bouno qu'à fa mal,
Quand nou serbis en re que calgo,
Per ne parla ouéy coumo cal,
Nou ne cal dire res que balgo.

Ça, mousseignous, qu'yeu me descorde,
Que coum'élo jou me deborde,
Cal qu'yeu ne digo millo mals,
Quand la besi ta coulerico,
Que me ben darriga les als,
E fa la guerro à la barrico.

Regardats-me sa mino fiéro
Quand tusto countr'uno payssiéro
Que la bol garda de passa ;
Bous diriots que toutis les Diables
Se soun bengudis ramassa
Per remuda péyros é sables.

Elo fumo, tempesto, tusto,
Brumo, trouno countro uno fusto,

Remberço molos é moulis ;
Bat tout ço que ly fa barriéro,
Abat le poun, roump la payssiéro,
E fa saüta le passolis.

 Péysses quand és apasimado,
E qu'és dins soun liéyt aloungado,
Elo fa semblan de dourmi ;
May b'es de ta malo jacilho,
Que quand s'appropio d'un cami,
Touto la flessado ly pilho.

 May qui pot estima le mal
Qu'élo fa quand sort del canal ;
Les albres passoun per sa coupo,
Toutis nostres prats soun saülats ;
E jamay n'é bist talo soupo,
Que quand se barrejo pés blats.

 Al mitan de milo doumatges
Qu'élo fa per camps é bilatges,
Pla souben le cor me fremis
De beze nada las laüquetos
Al bel miéy des plus grands camis,
Oun passabon nostros carretos.

 Jou la bezi qu'en dreto ligno,
Countro la meso d'uno biguo
Ba pourta soun effort mutin,
Plus cruélo que la piqueto,
Que coupo le col del rasin
Sur la poupo de la souqueto.

 Pouyris un albre, cabo un roc,
E nou passo per cap de loc
Que nou fasso millo rabatges :
Le cousinié n'és qu'un talos,
De noun bouta dins les poutatges ;
D'amb'aco nous pouyris le cos.

 Ran flac le bi, morfoun le pa :
Nous aütres nous layssan dupa ;
Car quan bézen que tout au gasto,
Qu'aben afa de noun serbi,

Qu'ambe de layt pouden sa pasto ;
E de soupos d'ambe de bi.
   De toutis nostres elemens
Aco's le que serbis le mens :
Encaro, per may nous desplayre,
Met toutis les albres à bas,
Tuo l'foc, refredis l'esclayre,
E de la térro sa sangas.
   Que l'aygo de la soun sio sado,
Que la de la mar sio salado,
Que la del pouts nou balgo res,
Naii sabi que per aügi dire :
May qui ne béugo que s'aii bire,
Que per mi jamay nouu é pros.
   Quand yeu la besi dins moun beyre,
Jamay degu nou saurio creyre
La gran fasti qu'élo m'y fa ;
E cresi per paüc que ne pouse,
Qu'és capablo de m'estoufa,
Quan noun beürio qu'un clesc de nouse.
   Que degus nou me parle poun,
Ny d'aygo de pouts, ni de soun :
Per ta gran set que me sasisquo,
M'en sa próne, ac'os me geyna,
Sounquo que Diü la benasisquo
Coum'à las noços de Cana.
   Car qui pren d'aquel sat béuratge,
Que le malaüt ou le maynatge ?
E yeu nou sabi pas coussi
N'y a que ne bouton dins las tinos,
Que yeu n'abéuri le roussi,
E bagni bren à las galinos.
   N'ajats pas poou que re me tente
Ni que la foulio me turmente
De basti jamay cap de poun ;
Ny cap de mouli ni payssiéro ;
Car per my jou nou giti poun
Moun argen dedins la ribiéro,

23.

Jou paüsi be le foundomen
D'un plus superbe bastimen :
Jou bastissi moun nas de coujo,
Dan le simen des bounis bis,
E las péyros soun de rubis,
Qu'éy pescadis dins la mar roujo.
 Bay, bagaboundo, debourdado,
Qu'es à toutis abandounado,
Bay, bilén fléu de nostre chay,
Sense qu'el parlomen s'en mayle.
Sense graffié, recors ni bayle,
Jou te banissi per jamay.

ODO EN FABOU DEL BI COSTO L'AYGO.

Men baïi parla de nostre chay.
Adiü, Parnasso, per jamay.
Hypoucréno, n'és qu'un'ayéro,
Pegaso nou te serqui pas ;
Aysso n'és pas uno matiéro
Oun toun roussi boute le nas.
 Yeu parli de quicon de blous,
D'un beuratge miraculous,
Da la licou que nous embriaygo ;
Bréf, d'ambe touto libertat,
Susteni le bi countro l'aygo :
Qui de bous-aüs n'y és de mitat ?
 Me semblo que jou n'éy pas tort
D'éstre del partit del plus fort :
Teni dounc per nostro barriquo,
Perço que sabi ço que ten ;
Me piqui per le que me piquo,
E sousteni qui me sousten.
 Ça, coumencen per sa coulou,
Rare simbél de mouscailhou,
Gay bermilhou dount jou me fardi ;

Bel ornomen de nostre cart,
Franc miral, ount quand me regardi,
Pla souben besi le mounart.

O belo coulou de rubis,
Que toun bel lustre me rabis,
E que ta béutat me couutento,
Quand sur la caro del besi,
Besi la broudario lusento
D'un nas tintat en cramoisi!

Per tout tu rabisses moun el,
En l'ayre, dins l'arquet del cel,
Sur le coural dins l'oceano,
Al foc dessus les biüs carbous,
En térro dessus la milgrano,
Guindoulos, majoſſos é flous.

May, Philis, n'és pas aco bel,
De la bese sus toun poupel,
Sus tas gaütos, sur ta bouqueto :
Chut, nou digan pas en loc may,
Sounquo sul traüc de la cougeto,
Qu'yeu rebisiti quan me play.

Parlen aro de ço de bou,
De ço que me met en fabou,
Parlen de sa dousso substenço ;
E sense crento de degus,
Apelen-lo la subsistenço
De las gendarmos de Bachus.

N'y a que l'appélon moun tresor,
D'autres la joyo de moun cor,
Moun recours é moun esperanço ;
E yeu, quand n'éy jusquos al col,
En hybér moun bel calfo-panço,
En estiü moun gran paro-sol.

E per ço que le mounde ten
Qu'uno persouno que ne pren,
May ne beü, may se fa robusto ;
Yeu, de poou qu'é de beni flac,
N'embarry toutjoun qualque justo

23..

Dins l'armari de l'estoumac.
Tapaiic nou soun melancoulic,
Ni grabelous, ni fléumatic,
Coumo souben és un beü-l'aygo:
D'éstre estroupic noun cresi res,
Car coussi serio jou ple d'aygo,
Que de ma bido noun é pres?
Se nou foûres estat le bi,
Aqueste mounde aurio pres fi;
Car aprép aquel gran deluige
Que fec aquel fol elemen,
Noué n'aüguec d'autre refuige,
Qu'à la licou de l'eyssirmen.
Tant qu'él besio l'aygo per tout,
Le houn home nou desio mout;
Més taléu qu'auguec mes pé à térro,
Al bel prumié loc que se bic,
El s'en empleneé la pichérro,
Per countrocarra l'enemic.
Les Diüs que troboun bous les bis;
Quan Ganimédo les serbis,
Giton del beyre touto l'aygo;
E d'aqui cal creyre que ben
Que touto la térro s'afaygo,
E qu'on bey plaüre ta souben.
Quand an chucat un paiic del blous,
Diable'l cap que nou sio jouyous,
E tout aquel brut de trouneyre,
Que fa per tout tant d'espaben,
N'és que le cliquetis del beyre
Quand se saludon en bében.
May layssen-les esta lassus,
An aquelis grosses moussus:
Que begon, non m'en douni brico,
E me pouyrion pissa sur nas,
Que se soun prép de la barriquo,
Diable sio, nou m'en souci pas.
Jou meni brut, jou parli gros,

Quan n'éy secourut dins le cos
Miéjo doutzeno de fietados ;
E plus fort que trento Cesars,
Me semblo que bint mousquetados
Me piquon mens que dous bigars.

 Tabe quand jou n'éy pas begut,
Jou nou scaurio fa moun degut,
Tant mas forços soun demingados ;
Jou trambli de poou des bouyssous,
Las bignos me semblon d'armados,
E les bosques de batailhous.

 O la joyo del malhurous,
Le countentomen de l'hurous !
O le delissi de la bido !
Binet, dins ta douço licou,
La fenno biéillo pert la rido,
La joueno la pallo coulou.

 Quand jou te besi dins le gru,
Néyt é joun pregui Diü per tu,
Perço que sabi que nou creisses
Que per l'home ô le mouscailhou ;
Car on noun douno pas as peysses,
Sounque dedins le corbouilhou.

 O bi, que tu me fas besoun,
E que jou bouldrio cado joun
Poude fa de tu la ruscado ;
Per laba las tristos humous,
Fetge, rouignous, panja, courado,
Tripos, andouilhos é palmous !

~~~~~~~~~~~~~~~~~~~~~~~~~~~~~~~~

LE RELOTGE.

TU, qu'as troubat per artifici
Le moubemen perpétuél,
E que fas autant d'exercici,
Coumo fa le soulel al cél,

Bel relogie, que toutjoun beilhos,
Gardo ma bélo de dournii,
Fay tant de brut à sas aüreilhos,
Que beilhe qualque cop per my.

Jou te pregui, digos me couro
Touto ta soumario pouyra
Ly fa presen d'uno bouno houro,
Que beléu la me dounara ?

Sa bertut, sa fayssou moudésto,
Soun esprit é tout ço de siü,
M'an boutat un martél en tésto,
Que trabailho may que le tiü.

Digos à bélo Mario
Que nou dormi ni néyt ni jour,
E que tu fas per industrio,
Ço qu'yeu pratiqui per amour.

May se jou n'éy ni fi ni païso
Boli que sapio, per le mens,
Qu'aco's élo soulo que caüso
Mous amourouses moubemens.

Toutis les cops que te regarde,
Mostro ly coussi cal ayma,
E sense que res te retarde,
Bayso sa delicado ma.

Se ly beses prene la plumo
Per me douna d'assignaciüs,
Couyto-te may que de coustumo,
En fabou de mas affecciüs.

May élo n'és jamay de leze,
Ou n'aü bol poun, ou n'aü pot pas;
Me cal fa jouga per la beze,
May de ressors que tu n'as pas.

Per tu, qu'à tout houro la bezes,
Quand drom é quan se bol leba,
B'és plus huroux que tu nou crezes,
D'ana per tout ount élo ba !

Tu danços tout cop qu'élo danço,
O quan fadejo dan calqu,

E dins sous affas d'impourtanço
Elo se gouberno per tu.

Soullicito dounc ma dounzelo,
Fay qu'en despiéyt de sous affas,
Jou pésquo demoura d'amb'élo
A tout houro, coumo tu fas.

Bey coussi sous trets, que me blassoun;
Fau nostres moumens discourdans,
Car les tiüs dins un re se passoun,
E les miüs me duron cent ans.

Més quan soun el m'és fabourable,
Les ans nou me duron qu'un jour,
Nou sabi pas quin és coupable,
Ou ta bitesso, ou moun amour.

Que se moun amour me mescounto,
O se tu fas trop de cami,
Hélas ! aquelo que te mounto,
Es la que me demounto à mi.

REQUÉSTO DE QUATRE PLAYDEJANS;
L'ORB, LE TORT, LE BOUSSUT É LE CRESTAT.

L'ORB.

Un paur'orb randut playdejayre,
Cridabo sense se trufa ;
Aüjets, moussur le percurayre,
Faséts me beze moun affa.

LE TORT.

Un tort del loc de Sant-Nauffary,
Disséc, en tiran le berret,
Un mot, moussur le coumissari :
Pr'amor de Diü, fazets me dret.

LE BOUSSUT.

Un boussut n'abio jamay paüso,
E disio d'un trét de fin gat :
Perque jou é remetut ma caüso,
Aumens que jou sio descargat.

LE CRESTAT

Un crestat d'uno naturo aülo
Disio à la court tout courroussat ;
Messius, messius, uno paraülo :
Faséts que jou siô rembourçat.

LE JUTGE.

Le jutge bezen lour requésto,
En augin talis playdejans,
Les rambouyéc, sense contésto,
Touts hors de cour é sans dépans.

~~~~~~~~~~~~~~~~~~~~~~~~~~~~~~~~~~

SUR UN PÉ DE MOUSCO.

Voulatum, é noun pas auzél,
Mousco, que mountos ent'al cél,
Le méstre tiro-lignol reno,
Quand toun pé, sans éstre goutous,
Bouto sous coumpagnous en peno
De ly caussa de sabatous.
A faüto de le pla crubi,
Yeu besi que dessus le bi,
Ou demest la soupo, que fumo
Sur la taülo d'un cabaret,
L'hibér, d'an le tor é la brumo,
Te fan cad'an mouri de fret.
L'un te casso, l'autre te bat,
E se te paüsos sur un plat,
Le mendre marmitou t'oullenco :
Paüro mousco, be me sap mal,

Que tu n'ajos per ta deffenço
Le pé ferrat coumo un chebal.
 Més se nou reguinnos jamay,
Be fas réguinna quan te play
Un ours, un tigre, uno panthéro,
E le cristéri de toun pé,
D'ambé le caüt, les desespéro,
Quand lour fouysso trop le darré.
 Aquel pé fa caga de poou
L'aze, le mulet é le bioou,
Aquel pé per tout se passejo,
Sense counsidera degus ;
E quan bol, aüta pla fadejo
Sul nas d'un rey coumo d'un gus.
 Més ço qu'yeu trobi de milhou
Es ço que le mounde sap prou
Qu'aquel pé ta petit é mince,
Pot ana dourmi cado néyt,
Mêmo dan la mouilhé d'un prince,
E ly fa gratilhous al liéyt.
 Quand de brabes hommes an brut,
Sur qualque mot qu'aüra courrut,
Sur de fiél, sur de bagatélos
Que nou balen pas un dinié,
Jou disi qu'aquelos querélos
Soun foundados dessus ton pé.
 Ambe tas alos de papié,
Toun cos soustengut sur toun pé,
Fa souben qu'yeu me dibertici
A sounja coussi s'es bastit
Un ta continuaut édifici,
Dessus un pilhé ta petit.
 Janti pilhé, negre penét,
Jamay garrél é toutjoun nét,
Encaro be que la naturo
T'ajo fayt ta petit é prim,
Tu n'as pas poou de pouyrituro,
Ni de galo ni de farsim.

Que l'hiber le plus dangerous,
Nou te siô jamay rigourous :
Que quand bolos per la campagno,
Tu nou crengos de jouts le cél,
Ni l'arpo de la tararagno,
Ni le béc d'un petit aüsél.

RESPONÇO INTERCALERO DE COURISQUET É FARINÉL.

Uno fenno despouderado
Biéilho, serouso, descarnado,
Armado de quatre cayssals
Lounguis coumo de pilosals ;
E bastido de trés barbolos,
Qu'aüguesso dous sacs de pistolos,
Nou serio pas aco toun cas ?
  Obe, noun pas.
S'aco d'aquiii se poudio'scase
Que tu foureços d'amb'un ase,
Que troubéssos un maiibés pas,
E que s'en fugis al gran pas,
Nou baldrio pas may qu'arrestesso,
E qu'aquel ase te passésso
Que se passabos pel fanguas ?
  Obe, noun pas.
Nou te trobi pas rasounable,
Quan per te bese misérable,
Nou te bos rejoui jamay :
Courisquet, respoun, se te play :
En tout que pudos de paüriéro,
Quand es dessus la belinguiéro,
Nou fas pas-tu pla tous afas ?
  Obe, noun pas.
S'yeu éry coumo la cibeto,
Dount l'estroun fa bon'aüdoureto,
Tu qu'es bouco puden, camar!

Per senti bou de cado part,
E per fi que tout te flayrésso,
Tu bouldrios bé qu'yeu te caguésso
Dedins ta bouco on sur toun nas?
Obe, nouu pas.
Se te tenion la causalado
Dins uno prisou pla tancado,
Al despens de nou sourti pouu,
E d'estre prisounié toutjoun,
N'aymarios-tu pas ta miséro,
May que te fésson bouno chéro,
Tant as dinas coum'as soupas?
Obe, nouu pas.

GAUTIER.

A MADAMO CLAMENÇO.

STANSOS IRREGULIÈROS.

Aprép abé ferrat ma bourço,
Clamenço, jou é pres la courço
Per beni dins toun joc attrapa quicoumet:
Nou y a pas res que m'en destrague,
Ni may n'é pas poou que nou gague,
Se le que donno m'aü proumet.
Toutjoun l'ensacanet m'a troublat la cerbélo
Per poude gagna calque *Bélo*,
Moun malhur es trop gran, moun sabe trop petit;
Més almenços, damo Clamenço,
Fay me gagna qualque *Partit*,
Se nou, n'auré jamay cap de *Rejouissenço*.
Boun! Clamenço se tayso, é semblo y counsenti;
Més moun cor semblo pressenti
Que qualque countro-cop se forjo.
Coumpagnous, la rasou me ben fort à perpaüs :

Sabi qu'aco sera bous-aüs
    Que me farets le coupo-gorjo.
Le barlan semblo fort moun cas ;
    Més b'auras un bilén tracas,
Disi-jou dins jou-mémo : ha ! ta mal aü escases?
    Gagnaras as Fourrous, se bolen t'espargua,
    Autromen qui pouyrio gagna,
Se cado tres touljoun te fau un barlan d'azes?
        Un d'élis de couléro mor,
        E cressi que deja soun cor
        N'és ufllat coumo uno boudouftlo ;
        Mes l'imperialo és moun malhur :
        Jogo, Fourrou, car pel segur
        Sabi que gagnaras ma rouftlo.
Nou soun pas prou boun ecounome
Per gouberna le joc de l'home :
Aquel joc m'és incounescut.
Per tu, Fourrou, pouyrios t'y'scase,
Outro que sabi qu'al coucut
Gagnaras touljoun s'as cap d'aze.
Al truc qui jougario costo tant de Fourrous?
Que s'on gaüso truca d'abord bous fan de dous ;
        Per jou dors é deja m'arruqui,
        E me senti trop mal estruc ;
        Car qui gaüso dire truqui,
Countro de gens que n'an que de cartos de truc?
    La sizeto é le trinflé és ço que may m'agrado;
Més b'é poou que pouyré tourna manja sibado,
S'es d'epasos que bir'ò bastous.
S'en biro : coumpagnous, tournen à nostros cazos;
Car coussi pouyrion fa per gagna les Fourrous,
    Qu'an touts de bastous é d'espasos ?
D'espasos? Al piquet jou pendre be de cartos.
Jogos pla, me direts : cap de coussi t'escartos !
Oyda ; may bous beyrets bitomen espoutits.
        Dan jou les pus sabens apprenen,
        E n'an jamay bist may de pics
        Que quand qualquos quintos me benen.

Talos cartos nou soun que de bieilhos rubricos;
  Nou n'an jamay bist dedins toun joc.
Ambé tas soulos flous on y pot fa soun floc.
Douno, coumpagnous, les Diüs nous gardén
    d'abé piços.
Se se biro de cœur, n'é, may me beyrion léu
  Ne metre qualqu'un sul carréu.
    Més per tas flous, *damo Clamenço*,
      Jou nou besi cap d'apparenço,
    Qu'yeu n'ajo de cap de coulou;
    Se per malhur ben à s'escase,
Jou diré : qu'arios fayt de flou ?
    A tapaüc n'abios cap de baze.
    Pourtant be cal que me baillets,
    Messius, un de bostres œuilhets,
Se nou me caldra raudre un bél courdou que
    croumpi :
    Be bous en demandi perdou;
    Car és segur, se nou me troumpi,
Qu'al cos qu'és sense œuilhets nou cal pas de
    courdou.

~~~~~~~~~~~~~~~~~~~~~~~~~~~~~~~~

TRADUCTIU DE LA 20º EPIGRAMMO DEL PRUMIÉ LIBRE DE MARTIAL, QUE DITS :

Si memini, fuerant tibi quatuor, Ælia, dentes;
  Expuit una duos tussis, et una duos.
Nunc secura potes totis tussire diebus;
  Nil istic, quod agat, tertia tussis habet.

Uno biéilho del nostre loc,
  Humido é grasso coumo un broc,
  Que nou fa jamay cap de fléumo,
  Juro, tempésto may que may,
  E dits que n'a sei til jamay
  Un mal pus maudit que le réumo.

B'aü cresi : le malhur n'és que per les perdens ;
Elo n'abio que quatre dens,
Que costo le papet à peno fasio battre :
Al milhou cresio pla chapa ;
Tal ratimas ben à l'atrapa,
Qu'en toussin dins dus cops l'as crachéc toutos quatre.
Més, biéilho, tout le mounde sap
Que nou pos biüre que countento,
Per qu'aro nèyt é jour pos toussi sense crento
De jamay pus n'escupi cap.

AUTRO TRADUCTIU DE LA 28° EPIGRAMMO DEL PRUMIÉ LIBRE DE MARTIAL, QUE DITS :

Nuper erat medicus, nunc est vespillo Diaulus ;
Quod vespillo facit, fecerat et medicus.

Tout le mounde murmuro, é nou sap pas coussi,
Diaule, saben medeci,
Abec le cor ta bas é ta paüc de couratge,
De se fa campagnié de soun mémo bilatge ;
Més que degu pourtant noun sio pas offençat.
Pageses, él finis ço qu'abio commençat.
Quand éro medeci finissio bostro bido ;
Aro qu'és campagnié bous souno la finido.
Jou trobi que n'a pas fayt mal.
Medeci, campagnié se siéguen coumo cal.
Le darnié semblo fort al prumié courrespoundre.
En estan medeci bous fasio touts creba :
Aros a bist, per acaba,
Qu'éro juste de bous reboundre.

AUTRO TRADUCTIU DE LA 27° EPIGRAMMO DEL 3° LIBRE DE MARTIAL, QUE DITS :

Mentiris juvenem tinctis, Lentine, capillis;
Tam subito corvus, qui modo cignus eras :
Non omnes falles, scit ac Proserpina canum :
Personam capiti detrahent illa tuo.

Biéil rance, tu que bos passa per joubencel,
   Que bos dupa'no filho, en ly san le dous el,
   E creses troumpa tout le mounde,
   Despéy qu'as cargat un pél blounde,
   E t'as fayt raza les pels blancs :
   N'aurios pas trop maubéso mino,
   S'un fagot de quatre-bingts ans,
   Nou te fasi'aquata l'esquino.
Anfin tu troumparas estrangés é besis,
E la belo que ten toun armo ta rabido ;
   Més nou faras pas *Lachesis*,
Qu'escamusso douma l'embulhou de ta bido.

AUTRO TRADUCTIU DE LA 48° EPIGRAMMO DEL 5° LIBRE DE MARTIAL, QUE DITS :

Numquàm se cœnasse domi Philo jurat, et hoc est;
Non cœnat quoties nemo vocabit eum.

Golias, en juran, proutésto
Pel cap, per la mort, per la pésto,
Per la terro, per le soulel,
Que n'a jamay soupat chés él.
B'aü cresi : Coussi m'en deffendre ?
El m'aü donno trop per entendre,
E chés él, ça dits sa monilhé,
Nou y a ni chay ni rasteilhé,

Jou bous layssi pensa se se sa bouno bido,
Oun nou se trobo bi ni pa ?
Dits pourtant la bertat ; car s'on nou le coubido,
Se met al liéyt sense soupa.

SUR UN FOURROU QU'A TOUMBAT DEMAYTI DINS LE CONSISTORI UN GOT DE CORNO.

EPIGRAMMO.

D'oun ben le brut é le courrous
Qu'abion tantos qualques Fourrous,
Per sabe qui abio may de cornos ?
Ah ! dits un que sabio las bornos :
(Cal dire qu'és un drolle cos)
Tout Fourrou cal que n'ajo dos ;
Més, mal de la termet me bire,
Jou sabi ço que bouilhon dire.
Es bertat qu'on ne diü abe
Toutjoun dos ; més per aii sabe,
La rasou semblo prou coumuno.
Sabéts qui n'a mens ? Petit-Jan,
Que de maytis, en fadejan,
Ayci dedins n'a toumbat uno.

AUTRO SUR LA DISPUTO DE JAN-PETIT É DE JAN-GRAN.

Jamay ta plasento debuto :
Jan-Gran à Jan-Petit, dins certéno ditputo
Bailhéc un truc sul quioul que le gitéc pel sol.
Ah ! ly dits Jan-Petit, cresi qu'es bengut fol ;
Bos fa tout siaü, Jan-Gran : s'as roumpudo la tasso.
E, l'y respoñ Jan-Gran, qui la roump la petaço;

Calo-te, te boli prega :
A la rigou te cal paga,
Se per malhur la t'é roumpudo ;
Més dedins talo extremitat,
Noun pagaré que la mitat,
Perço qu'éro dejà fendudo.

AUTRO EPIGRAMMO.

Estre, disen que t'és bantat
  Qu'es bou s'on ne pot gayre beso ;
Que toun cos és senser, é qu'as bouno santat,
Jou, te besen ta fresc, s'oun oublijat d'aii crese;
Més distre, que la son fasio pla soun deber,
Jou sounjabi, aloungat dessus uno coucheto,
Qu'éros bengut rasin, é que sur la souqueto
Te besio tout quilhat, bel, fresc, é pla senser.
  Moun armo pourtant es rabido,
  Que nou sios pas ço qu'é sounjat ;
  Car, per la bertut de ma bido,
  Loung-tens a que t'aurion penjat.

AUTRO SUR UN SUJÉT DIFFERENT.

Anen, jaulis efans, beze toutis en pilo
L'aüjol que me disio que la maysou-de-bilo
  Benguee un jour à s'accoucha :
Quand, en brandin le cap, boulgueri l'agacha,
Me dits que s'acouchec d'uno belo doumselo,
E que d'espey long-tens à soun bel-fil chés elo,
  Jou penseri enratja tout biü ;
  Més per m'en fa la descripciü,
Quan bey que d'aii sabe ta fortomen m'affani,
  Me dits : aco's un capitani
Qu'aymo fort sous souldats, que lour fa fa boun
  guéyt,

Qu'és patient, que nou fa jamay re per despiéyt;
Qu'a de sens, qu'a d'esprit, qu'a de cor, qu'a d'adresso,
E qu'a per soun prouchén la darniéro tendresso;
Que serbis sous amics ambé grand'affectiû,
Qu'es d'uno humou gaillardo, é tout-à-fet gentilo,
Qu'és enfin, ça me dits, per touto counclusiû,
Gendré de la maysou-de-bilo.

A L'AUJOL.

RESPOUNSO.

MAL de térro l'aujol, que ta pla la troubéc!
 B'abio l'entendomen bufféc,
De nou se sabe pas entendre:
Foro soun rebayre babil:
Toutis saben quél éro *Gendre*
Daban nou fouresso bel-fil.
La siû fenno fouréc per soun payre é sa mayre;
 Engendrado coumo sabéts;
Més él, en l'espousan, au féc tout al rebéts,
Per ço qu'engendréc soun bél-payre.

GEMARENC.

A DONA CLAMENÇA. (*)

CANÇON DITTA LA BERTAT,

Fatta sur la guérra d'Espagnia, fatta pel generoso Guesclin, assistat des nobles moundis de Tholosa.

Dona Clamença, se bous plats,
Jou bous diré pla las bertats
De la guérra que s'es passada
Entre Pey lou rey de Leon,
Henric soun fray, rey d'Aragon,
E d'ab Guesclin soun camarada.

E lous moundis qu'éren anats,
E les que nou tournen jamas,
S'es qu'yeu demande recompença,
Perço que nou meriti pas
D'abe de flous de bostos mas ;
Suffis d'abe bost'amistauça.

L'an mil tres cens soixante-cinq,
Déu boule déu rey Charles-Quint,
Passéc en aquesta patria

(*) Ces vers font voir l'antiquité de la langue toulousaine, où se trouvent les noms de plusieurs personnes de condition qui accompagnèrent Guesclin en Espagne, et dont les familles existent encore.

Jean de Casaveteri en a écrit et fait mention de cette expédition dans son livre imprimé à Toulouse l'an 1544, par Colomiez.

Le manuscrit de ces vers, écrit en lettre fort ancienne, a été tiré du cabinet de monsieur de Jossé, conseiller du roi au parlement de Toulouse.

Noble seignou, Bertran Guesclin,
Baron de la Roquo-Clarin,
Menan amb'et gentdarmaria.
  L'honor, la fé, l'amor de Déus,
Eron touts lous soulis motéus
Qu'ets portavan d'ana fa guerra
Contra lous cruels Sarrazis.
Aquo féc que nostes moundis,
Se bouléguen jouts sa banéra.
  Déu, qu'ero aquo en aquet tems !
Las fennas qu'éron labets prens,
Bouleban estar ajagudas,
E que lours enfans fouron grans,
Per poude pourta lours carcans,
D'ambe bellas lanças agudas.
  Les fils ne quittéguen lous pays,
Força ne quittégon l'arays,
E d'aütres quitéroun las letras,
Belcop quitégon lous mouillés,
Qualqu'un n'escapéc lou couilhé,
Per prene l'arc é las pharetras.
  Le tout se fasio per la fe,
Nou cal donc s'estouna de que
Le mounde abio tant de couratge;
Pusqu'on a bist en aütre temps
Per ela peri tant de gens;
E mas encaro de maynatge.
  Tout le mounde partic countent;
Pensan prene lour passotens,
E gagna l'Espagna d'ausida,
Sense cop ni perta de gens;
May bé n'y aura de mal countens;
Aprés que bous m'aürets aüsida.
  Be partigoun de boun mayti
Touts lous moundis, de San Sarni,
Aprés ab'ausit messa grana ;
E toutis ples de dehoucéu,
Ramplits de la gracia de Déu,

S'en anéguen dret à l'Espagna,
  Entre touts éron qualé cens;
Entre lous quals les plus balens
E estimats dins las palestras,
Eron Pagan, Joan Sarabella,
Simon Lautréc, Pol d'Auziella,
Lou majour Suaü, Joan de Restra,
  Luc Castelnaü, Joan Moulaüdéri,
Carles Cenon, Marc Sabouneri,
Arnoul Trayet, et Huc Amati,
Amalric Vinnes, Guilhot Garrigues,
Joan Talayran, Gleon Pelehigues,
Bertran Mounluc, Pol Monpesati,
  Matéu Lalu, Joan Larroquo,
Guitard Colom, Claude Lapocque,
Matéu, Arnaud Josse-Loubreins,
Hugo Burgada, Joan Caraboudas,
Joan Martin, Bartoumeu Lourdas,
Pons Aurola, Jannot de Moulens,
  Gerard Berféil, Gaston de Lambes,
Richard Leon, dab Joan d'Ambres,
Paul de Buel, Robert Blaignaco,
Estebe Seiches, Antoni Porta,
Portal Delpont, Joan de Torta,
Bertrand Falgar, Péy de Preynaco,
  Miquél Monlaü, Joan de Morlanos,
Joan Ganelou é Paul Massanos,
Joan Goyrans, Hébért Abellana,
Huc Lespinassa, Joan Montelli,
Péy Montarsi, Joanot Morelli,
Joan de Grammont, Guilhot Dellana,
  Gaillard Toulousa, Arnaud Bernard,
Bernard Deubourg, Simon Termat,
Péy Mountardi, Gléon Roaxio,
Joan Brisson, Matéu Bousquétti,
Saus, Guilabert, Paü Nogaréti,
Joan Bascou, Joan Santibartio,
  Poton Pestél, Medard Lacosta,

Arman Monluc, Carles Delosta,
André Bonnet, é Joan Barrassi,
Jacques Soulés, Joan Monferran,
Gilles S. Loup, Joan Montaüdran,
Joan Estebé, Miquéu Galassi.

 Touts bo passegoun tras la bila,
S'en anéguen coucha à Aussebila,
D'aqui tout dreit à Castelnaü-
Darri, puch enta Carcassonna,
Ount lou Duc d'Anjou en personna
Lous recebouc anbe gran laü.

 Het era un poutent seignou,
Noble, balent, de grand renoum;
Péu rey de França het goubernaba
En Languedoc, é assistouc
D'argent, de blat, co que poudoc
L'armada que Guesclin menaba.

 Touts pla contens, dreyt Perpignan
S'en anéguen randre ent'al camp,
Oun se troubéguen may de milo,
Francez, Navarrez ou Bretous,
Haragous, Normans ou Gascous :
Henric d'Espagna éra à lour filo ;

 D'ambe sous brabes coumpaignous,
Que quadun ne bailho pla dous :
Het éro lou rey d'Arragon,
Fray de Péy lou rey de Castilha,
Qual per abe ausit Blanca, filha
Del boun seignou duc de Bourbon,

 E espouzat la Sarrazina,
Filha déu rey Bella-Marina,
E quittat la ley déu bon Déu,
Per abe boulgut obligear
Henric soun fray d'houmagéar
L'Aragon, dizen qu'éro siu.

 Be bous attiréc dins sa terra,
Ount féguen la grana guérra
Que res nou resistouc al bras,

A l'arbalesta é à la lança
D'aquella noblessa de França ;
Que passéc tout pel coutelas.
    Guesclin courounéc rey d'Espagna
Henric, noun pas ses gran magagna ;
Et casséc touts lous Sarrazis ;
Mas Pey s'escapéc, é auta-léu,
Be senfagic enta Bourdéux,
Demanda força à sous amycs.
    Le prince de Galles proumetec,
De sa mouus marabilhas per et,
Coumo féc, é pourtat d'ambia
Countro ets Francés sous enemics,
Ne passéc per tout lou pays,
Déu Navarrés dret Fontarbia.
    Prenouc Péy, lou rey de Nabarra,
E fasouc al nostres gran tara :
Contr'ets ne gaignéc tres batailhas.
A la darrera per malhur,
A Nadres aguec tal bonhur,
Que lous batouc d'estoc é tailha.
    Guesclin, Deuchan é Villanés,
Prenguec touts tres sous prisounés,
E moult d'altra bella noublessa,
Be lous menéc touts estacats,
Ambe fort granas cruautats,
Deguens Bourdéux sa fortalessa.
    Henric escapéc en dolença,
E s'en anéc enta Proubença
Trouba lou papo en Abignoun,
D'aqui s'en anéc per lou Rona
Trouba l'duc de Bourbon à Narbona,
Qu'el recebéc coumo mignoun.
    Péy s'en anéc en pelerin
Beze à Bourdéux Bertran Guesclin,
E ly parléc dins la prisou.
Disen que cailho à tort ou dret,
Qu'él, ambe touts sous argoulets,

Fousson mesis à la rançou.
 Qu'él sabio d'ount abe la pagua,
Que l'aurio al despens de sa bagua;
Guesclin lou remerciéc be fort,
E ne juréc que dins bréu tems,
El é dambe toutos sas gens,
Serion, ou escapats, ou morts.
 Et s'en anéc tout escalfat,
Trouba'l prince qu'éro lebat,
Le prega del'metre à rançou,
Que de boun cor la pagario,
Quand be el ly demandario
Cent milo francs ou un millou.
 Que per sourti d'ambe sa gracia,
Noun dibio pas teni fisancia,
Pusque l'abio tant maltratat,
De l'abe tengut tant capciü,
Per abe batut lou jousiü,
Aquel rey Péy tant mal carat.
 Le prince estounat del lengatge,
E mas encaro del couratge,
De Guesclin, gaignat de razou;
Be lou boutéc à soixanto mila
Doublons d'or, ambe sa quadrilla.
Guesclin labets de grand passiü,
 Juréc que per la mala gaigna,
Henric mourio réy d'Espagna,
E s'en anéc cerca la pagua;
Le rey ly dounéc cent flourins,
Le papo l'en déc quatre-bins,
E l'duc d'Anjou déc mila targuas.
 Dan tant grand somma de dinés
Et rescatéc sous presounés,
E san anéc dret en Espagna:
Henric y fouréc aula-léu.
Lours gens tabés, sur de mouréus,
Attaquen touts Péy la billania,
 Quéro ambe lous de soun pays,

E quate-bins mil Sarrazis :
Les attendouc d'un grand couratge;
Fisance al nombre de sa gens,
E crezen qu'éron mas balens,
Qu'à Nadres qu'en féc tal carnatge.
 May l'abugle nou bezio pas
Que les Anglés nou y éron pas,
Perço qu'él n'abio pas tengut
Sa paraülo aprés la bictoria,
Mas l'abio abandounat de gloria,
Sés ly paga lou proumetut.
 Les nostes n'éron estounats,
De quant que lour éro arribat :
Esperaboun de Déu la gracia
De surmounta lous enemics,
De counquista tout lou pays,
Pusqu'él pot tout, mas que ly placia.
 Coumo esperabon lour benguéc,
Car dins siés més Guesclin prenguéc
Burgos, Madrid, toda la Castilha,
Siéys batailhas countro els gagnéc :
Péy lou rey prisounié prenguéc,
Soun cap fouc coupat à Sabilha.
 D'aqui besen coumo les mechans
Finissen lours jours é lours ans,
E coumo Déu les recoumpensa.
A jamas élis soun maüdits,
Mas que mas del qu'abion amis;
E degus n'a d'éus soubenença.
 Au loc que les que preguen Déu,
E que biben en deboucen,
Le be lour ben le mens qu'y pensan :
Quand semblon este touts perduts,
Aquos labets que pel segu
Déu lour bailha sa recoumpença.
 Guesclin, qu'éro estat pres captiu,
Henric, lassat de ço de siü
Les bela d'uno fayçou estranja,

25.

Guesclin, delibrat é poutent
De biüres, d'argen é de gen,
Courounéc Henric soul rey d'Espagna.
 Enquéro lou rey Carloquint,
Aperéc debés et Guesclin,
E be lou fec soun conestable,
Coumo l'estiman lou prumé,
De touts sous brabes cabailhés,
E de las armas pus capable.
 Atal s'acabéc dins bréu tems
La guerra contro es mescresens ;
Mas non pas sense grana perta
De nostes brabes cabailhés,
Que s'en perdegoun à milhés,
En coumbats, ou en courren à l'érta.
 Entra lousquals lous pus balens
Eron Matheu Jossé-Lauvreins,
Louqual se perdouc enta Nadres :
Et éro un brabe arbalesté,
Que n'éro jamais lou darré ;
Tabes léu fouc embiat ad padres.
 Joan d'Ambres, lou milhou lancé,
Mouric à Burgos lou prumié.
Sélches, Monluc, Leon, Bréffeil,
A Madrid fégoun lours aunous,
Fort plourats de lours coumpagnous,
Sés causa, pusqu'an l'armo al cél.
 Bernat, Castelnau, Joan Marti,
Joan Carabodas, Moudousi,
Eron be lous pus renoummats,
Entre touts nostres cabailhés,
Per ana planta lous beillés ;
Mas certo y fougueroun matats.
 Dus cens aütes brabes Moundis,
Demouréguen per lous camis ;
Sés perla de tant de noublessa,
De Nourmans, Navarés, Gascous,
Francés, Aragous ou Bretous,

Qu'aquo fa beni grand tristessa.
Per aquo noun diré pas may;
Yeu besi qu'aquo bous desplay,
D'ausi dire, dama Clamença,
La mort de tant de brabos gens,
Que n'éron mas que suflisens,
De creysse él terradou de França.

M. CCC. LXVII. April.

CANSOUS A LA LOUANJO DEL BI.

Que per intra dins Barcelouno
Qualque fat s'ango fa traüca,
Qu'un autre s'ango fa pica
Per ana recoubra Soulsouno;
Efantets, jou me piqui may
De fa la guérro à nostré chay,
E d'estre en taülo boun ybrougno;
Que boun souldat en Catalougno.
  Aymi may biüre dabantatge,
E manja las perdix en pats,
Qu'ana dourmi dans les talpats,
E mouri per trop de couratge.
Efantets, jou me piqui may, etc.

AUTRO SUL SIETGE DE SALSOS.

Que nou me parlen plus de Salsos,
Sounquos de las del cabaret;
Aqui me faüc piqua l'berret,
Se las mostros nou soun pas falsos.
Ça, lardadouro, bengo l'ast;
Jou soun prést à fa le degast.

Jou me trufi des coutelasses ;
Ni n'é que fa de m'en serbi ;
Car quan jou soun armat de bi,
La térro tramblo jouts mouts passés ;
Me semblo mémo que le cel
N'és pas segur daban moun el.
    Cado cop l'embejo pico
D'ana fourça les bataillous
D'uno armado de mouscaillous
Qu'an assiegeat nostro barrico :
Aro be se serio pla fayt,
Quan touts poupan de mémo layt.

AUTRO.

Un fat de medeci m'enbriaygo,
Quan me dits que bendré malaüt,
Se le bi que me ran trop caüt,
N'es un païic courrigeat de la frescou de l'aygo.
Jou aymi le bi quand és tout cru,
E dins le beyré, é dins le gru :
Més l'aygo, l'aymi dedins l'oulo
Quand és coyto d'ambe uno poulo.
    Galien nou sap ço que se pesco,
E ne parlo sense rasou :
Le bi cambio dan la sasou ;
Car l'hybér me ten caüt, é l'estiü me refresco.
  Jou aymi le bi, etc.
    Un païre diable que t'asaygo,
N'és pas pla d'accord d'ambe mi :
Dan l'aygo él courijo le bi,
E jou dambe le bi boli courija l'aygo.
  Jou aymi le bi, etc.

AUTRO CANSOU PER PASCOS.

CAREME és mort dan sas biandos busécos,
Disen qu'a fayt heritié le calél.
Ça, coumpagnous, fascan-ly sas oubsécos,
En fan ploura la barrico per él,
Carmantran és ressuscitat:
Assi, assa, à sa santat,
Que tant nous a coustat.
   Jou soun rabit de bese sur ma siéto,
Tanto de car coumo me fa besoun.
Un més é miey que m'a calgut fa diéto,
Sens'a abe agut malandro ni flouron.
Sauten lebraüs, dansen capous,
E din, din, din, é dan, dan, dan, dan les lar-
     dous,
E salso de bi blous.
Almens, efans, nou me pourtets poun d'aygo;
Jou n'aymi poun aquel fat elemen,
Paure binet, un home que t'asaygo
Meritario de mouri paüromen.
Coumo un limaüc, biüre de ros,
Fi, fi, fi, fi, fa, fa, fa, mal al cos
E pouyris jusqu'à l'os.
   Jou boli be que le mal foc m'abrase,
S'you soun ta fat de bouta d'aygo al bi;
Car l'autre jour jou bigui le nostre aze
Qu'à soun repays s'en abio fayt serbi.
Bengo bi blous, é bitomen,
E bou, é bou, é boutomen
D'aquel rare pimen.

AUTRO.

D'uno fillo delicado
E d'uno béutat fardado
Non me coufaré jamay :
Uno justo pla lusento ,
Un boun bermillou de chay
Es le sutjet que me tento,
　Jou l'apéli ma mestresso ,
Moun cor é moun alegresso ,
Et tout moun countentomen :
Ly disi qu'élo me charmo ,
E dambe un dous coumplimen
Jou ly poupi touto l'armo.
　Quand la teni entre mous brasses ,
Mous pots nou soun jamay lasses
De ly fa milo poutous ;
E ma bouco sur la sibo ,
En prenen milo doussous ,
Jou ly chuqui la salibo.

AUTRO.

Miey é miey és un bilén mot ;
Tapailc n'és aros en usatge.
Un home passario per sot
De beüre coumo le maynatge ,
O per fol de se fa serbi
De ço que n'és aygo ni bi :
Jamay piancho soufisticado
Nou me labara la courado.
　Tout blous és le mot que me play ;
E le que m'empleno la bouco.
Nous l'aben blous dedins le chay :
El és tout blous dessus la souco.

Perque douncos del mémo tros
Nou l'boutan blous dedins le cos ?
Jamay piancho soufisticado
Nou me labara la courado.
   Se l'aygo soulo marfoundis,
E païc é païc sapo les cosses,
Que pot fa le barrejadis,
Que nous pouyri jusquos as osses :
Aygo é bi dins un estoumac
Soun gat é gous dedins un sac.
Douncos piancho soufisticado
Nou diii poun laba la courado.

AUTRO.

Be cal éstre descarat,
Per bouta d'aygo dins la tasso :
Per mi, quand besi aquelo glaço ;
Jou beni tout carobirat.
Al bourdél le miral, é may qui me le baillo,
Que le nostre porc s'y miraillo.

AUTRO.

Jou detesti l'aygo de pouts,
E pouyrio mouri de sequiéro,
Que n'abordi poun la ribiéro
Per la baysa de boucò en jouts ;
Car jou serio marrit que cap d'home me bisso
Sur le cos d'uno courredisso.
   Biléno, que nou t'aymi poun :
Qui nou bol mouri miserable,
Quand nou fas que peyros é sable
Dins le cos coumo dins la foun ?
Bous-aütris que l'aymats é que la troubats bélo,
Beülayguos, garo la grabélo.

O janti pouts de nostre chay,
Bélo ribiéro, ma barico,
Se de res plus moun cor se pico,
Que de t'ayma tout é jamay
La mar sio moun sepulcre, et qu'yeu morio per
   peno
Dins le bentre d'uno baleno.

AL REY.

SOUNET. (*)

GRAND LOUIS, que le cél posco en tout be-
   nazi,
Bélomen trinflarà le senat de Toulouso:
Soun prumié presiden, que benéts de cauzi,
Sap fa demoura couch la chicano raüjouso.
   B'es le sage Bertié, que fa tant reluzi
De sous nobles aujols la glorio touto blouso;
Quand jutjo tout l'y és ii, sio'strangé sio bezi,
E noun douno jamay d'arrést à la boubbouso.
   Semblo qu'ajats légit al founs de nostre cor,
Grand rey, quand nous tournats un ta brabe tresor.
Soun absenço nous éro un paüc trop escousento:
   Paü le nous abio pres, bous nous l'abéts randut.
A futo, péssomen ; nostro bilo és countento
De recoubra per ops le gaüch qu'abio perdut.

(*) Monsieur de Bertier, premier président du par-
lement de Pau, ayant été nommé premier président
du parlement de Toulouse en 1710, le sieur Seré,
pour donner des marques de son zèle à ce grand
magistrat, fit le Sonnet qui suit en langage toulousain,
avec l'envoi à monsieur de Bertier-Mailholas.

A MOUSSUR, M. DE BERTIÉ-MAILHOLAS,
SEIGNOU DEL BERNET.

Moun janti seignou del Bernet,
  Agradats qu'aqueste sounet
Passe per bostros mas en sourtin de ma closco,
  Atal un jour ma Muso posco
  Espely quicoumet per bous :
  A touts seignous toutos aunous.

A MONSEIGNOU, MONSEIGNOU DE BERTIÉ,
PRUMIÉ PRESIDEN. (*)

Mentre qu'es nobles an parlat,
Le poble moundi s'és calat.
Aro's temps d'estresa ma lengo,
Per endimenja moun arengo :
Monseignou, jou baïc humblomen
Bous desplega moun coumplimen,
E fa tinda bostros merbeillos,
Gaiich des els é de las aureillos.

(*) Après que monseigneur le premier président eut reçu toutes les harangues des députés des corps de la ville et du ressort sur sa réception au parlement de Toulouse, le sieur Seré inventa une mascarade pour avoir, à son tour, l'honneur de rendre ses respects à cet illustre magistrat au nom du peuple toulousain. Ce dessein fut exécuté la nuit du dimanche gras de l'année 1711. Le bal étant chez monseigneur le premier président, le sieur Seré s'y rendit avec quatre de ses amis, tous habillés dans le goût de nos anciens Tectosages ; il était précédé de quatre hautbois, qui jouaient la marche des Moundis, de la composition du célèbre

Taléu qu'on bous aüch, qu'on bous bey,
Cad'un dits : B'a pla fayt le rey,
Nostre grand mounarco de Franço,
De ly mettre en ma la balanço !
Aco's pla que s'y ba agalla,
Per derrambulha cado affa !
Tabés beyren que les arréstis
Seran seguris é léu préstis.
Le qu'aura dret n'a qu'a beni,
Ja le se beyra manteni :
De la fayssou qu'el s'aü arrengo,
Nou y'amic ni couzi que tengo.
Atal Thémis fa le mestié,
Atal le fa le grand *Bertié*.
Monseignou, bostre cor tout noble
Aymo de tribailha pel poble ;
E praco n'abéts pas boulgut
D'intrado quant bous éts bengut ;
Més noun balguec pas mens la fésto,
Foxo legno se troubéc présto,
E cad'un fazec à bél tal

M. Lanes, et suivi d'une troupe de musiciens masqués. Il se plaça d'abord au milieu du cercle qui était des plus distingués et des mieux choisis ; et adressant la parole au digne chef de notre auguste sénat, il prononça gracieusement son discours en vers toulousains ; lequel étant fini, les musiciens chantèrent les huit derniers vers de cette pièce, qui avaient été mis en air par le même M. Lanes.

On avoua que cette nouvelle mascarade retraçait une vive peinture des doux plaisirs qu'on goûtait en carnaval à Toulouse dans l'ancien temps. Après cette action, qui répandit la joie dans cette noble assemblée, on y distribua plus de trois cens exemplaires de ces vers, où les véritables sentimens des Toulousains sont naturellement exprimés.

Fougayrou

Fougayrou daban soun oustal.
Labets se bezec dins la bilo,
De focs de joyo qualques milo,
Sense counta l'artificiél
Que féc tant d'estélos al cél.
Aquelo néyt per las carriéros
Nous trufaon de las ayéros :
Nou poudio pas fa brico trum ;
Cado finéstro abio soun lum,
E nostres cors per bous flambaon,
Rouzentis d'amour, se brenbaon
Des grans homes dount bous sourtéts ;
Que soun estats ço que bous éts.
Per siégué uno seguro pisto,
Mounseignou, bous tenéts la bisto
Dins les plus nobles carrayrols
De bostres saberuts aujols.
Tabés bous abéts en partatge,
Bertut, grandou, sabé, lengatge.
Aco's pla que dins le parquet
Trinfléc bostre janti caquet.
Quin bel parla ! quino memorio !
Tout aco bicra dins l'historio,
Tout aco bal soun pesan d'or
En fet de gazauga le cor.
Aco fa que cad'un bol éstre
Goubernat per un ta boun méstre.
Paü, que couneys bostro equitat,
L'y fa dol que l'ajats quittat ;
E quant boun angueguets l'alloro,
Nous autres cridaon bialloro :
Toutis, aü podi proutesta,
Eron plés de laysso-m'esta.
Ni l'oupera, dan sas mandorros,
Ni les coumediens, dan lours gorros,
Ni les ourbiétans del Saly,
Ni las obros de Goudouly,
Ni nostros ta jantios Moundinos,

Re nou nous poudio sa jouynos !
Nostre cor triste, ambe passiü,
Bous desiraro per assiti.
Més taléu que la Renouminado
La noubélo aüguéc semenado
Que les bots qu'abion fayts per bous
Eron estadis toutis bous,
Que le rey, coumoul de justiço,
Bouilho que Toulouso bous bisso
A la testo de soun palays,
Labets tournéguen toutis gays.
Aro qu'ets sictat dins la plaço
Ount qualqu'autre de bostro raço
A ta pla fayt balé las leys,
Pel serbissi de nostres reys,
Qu'en santat Diü bous y mentengo,
E per pla finí moun arengo,
Que le cél claüfisco de bés
Madamo, é la filho tabés.

ATAL SIO.

ODE
AU POÉTE GODOLIN (1).

*Candidus insuetum miratur limen Olympi,
Sub pedibusque videt nubes et sidera Daphnis.*
(VIRG.)

O vous, qu'une sublime audace
A conduits au sacré vallon ;
Qui marchez sur les pas d'Horace,
De Pindare et d'Anacréon ;
Des bords rians de l'Hippocrène,
Vers la cité Palladienne,
Accourez, joyeux Troubadours ;
Et que vos chants aimés de Flore,
Ramènent au temple d'Isaure
Les jeux, la gloire et les amours.

Venez ; un aimable délire
Égare et transporte mes sens.
GODOLIN, prête-moi ta lyre :
C'est toi que célèbrent mes chants.
Agrandis, embrâse mon âme ;
Donne-moi cette heureuse flamme
Qui fit le charme de tes vers.
Fidèle aux lois de l'harmonie,
Je saurai plaire à ta patrie,
En lui rappelant tes concerts.

26.

La tête de fleurs couronnée,
Tu chantes, ami des neuf sœurs,
L'aimable fils de Dionée ;
Tu peins Bacchus et ses fureurs ;
Ta muse légère et badine
Du folâtre amant de Corinne
Imite la touchante voix ;
Bientôt, prenant un vol superbe,
Tu vas, émule de Malherbe,
Célébrer le meilleur des rois.

Tel, quittant ses grottes humides,
Palais vaste et voisin des cieux,
Le Nil, auprès des pyramides
Roule ses flots mystérieux ;
Tantôt sur la brillante arène,
Tranquille et pur il se promène ;
Tantôt furieux, indompté,
Il s'élance ; et loin du rivage,
Sous l'apparence du ravage,
Il porte la fécondité.

GODOLIN, un métal frivole
N'est point l'objet de tes travaux :
Tu sais que l'orgueilleux Pactole
Du Permesse souille les eaux.
Je te vois, nouvel Aristide,
Dédaigner la faveur perfide
Et les chaînes d'or de Plutus.
Pourrais-tu craindre l'indigence ?
Toulouse honore et récompense
Et le génie et les vertus.

Mais les vertus et le génie
Pleurent déjà sur ton cercueil,
Déjà la triste Occitanie
A pris ses longs habits de deuil.
Apollon fuit de nos campagnes ;
L'écho fidèle des montagnes
Redit les plaintes des pasteurs ;
La cour de Flore est moins brillante ;
De Céphale la jeune amante
A nos regrets mêle ses pleurs.

Dieux ! quel spectacle magnifique (2)
Tout à coup frappe mes regards ?
Des Grecs est-ce une fête antique ?
Est-ce le triomphe des arts ?
Un cortège pompeux s'avance,
Et conduit auprès de Clémence
Le Pindare de la cité.
Chantre digne de notre hommage ;
Avec toi Clémence partage
Sa tombe et l'immortalité.

Sur les pas brillans d'Uranie,
Tu franchis le parvis des cieux.
Le héros, l'homme de génie
Sont admis au palais des Dieux.
Le fier enfant de la victoire,
Parcourt le temple de la gloire
Avec son poète chéri.
Saisissant la harpe sonore,
GODOLIN fait ouïr encore
Les louanges du grand Henri.

Des Béarnais le prince aimable
Sourit au Chantre Toulousain;
Horace abandonne la table,
Ses amis et son luth divin.
Tibulle accourt avec Délie;
Catulle amène sa Lesbie :
Du troubadour ingénieux
L'humble idiôme a su leur plaire,
Une langue n'est plus vulgaire,
Dès qu'on la rend dignes des Dieux.

Aussi long-tems que sur nos têtes
Roulera le char d'Apollon;
Que le grand peuple dans ses fêtes
Célébrera NAPOLÉON;
Les Nymphes de ces belles rives,
GODOLIN, seront attentives
A tes accords doux et flatteurs;
Ta gloire et celle de Clémence,
De l'envie et de l'ignorance
Braveront les vaines clameurs.

NOTES.

(1) Cet ouvrage, par M. AUGUSTE RIGAUD, membre résident de la Société des Sciences et Belles-Lettres de Montpellier, a été couronné par l'Académie des Jeux Floraux, le 3 mai 1809.

(2) Sur la proposition de M. l'abbé JAMME, membre très-distingué de l'Académie des Jeux Floraux, les cendres du Poëte GODOLIN furent transportées le 14 juillet 1808, du cloître des Grands-Carmes, dans l'Église de la Daurade où repose CLÉMENCE ISAURE. La cérémonie fut pompeuse; le concours du peuple était immense.

LE DICTIOUNARI MOUNDI,

De la oun soun enginats principalomen les Mouts les plus escarriés, an l'esplicaciü francezo.

DICTIONNAIRE
DE LA LANGUE TOULOUSAINE,

Contenant principalement les Mots les plus éloignés du Français, avec leur explication.

AB

Abali, s'abali, disparaître, s'évanouir, d'où vient ce mot si vulgaire, *Abalisco*, qui est une exécration ou imprécation par laquelle on désire que quelque chose s'anéantisse, en telle façon qu'elle ne paraisse plus, répondant à peu près à ces termes français: fy, au diable.

Abasta, suffire.

Abarre, tenant. *Nouze abarre*, noix carneuse.

Abé, avoir, aveindre: se prend aussi pour bien donc, hé bien.

Abeüra, abreuver.

Abeüradou, abreuvoir.

Abeoüsa, rendre veuf, et par métaphore, priver.

S'abeoüsa, devenir veuf.

Aberit, un homme éveillé, gaillard.

Aberma, ou *amerma*, amoindrir, diminuer.

Amermomen, diminution.

Abet, sapin, arbre.

AB

Abets, les abets, la balo du grain.
Abiat, qui est en train d'aller. *Ount anats tant abiat ?* Où allez-vous si vite ?
Ablada, emblaver, engrainer, ou couvrir de blé, et par métaphore, charger ou accabler de coups.
Ablasigadetrucs, meurtrir de coups, assommer.
Abouca, verser, renverser : se dit ordinairement d'une charrette.
S'abourda, faire une fausse couche, se blesser, se gâter.
S'abourdi, abourdisse, s'abâtardir. *Abourdit*, abâtardi. *Abourdimen*, corruption de mœurs, abâtardissement.
Abranda, embraser.
Abriga, couvrir, abrier en vieux français.
Abrigat, couvert.

AC

Acampa, chasser, donner la chase, mettre en fuite.
S'acarnaci, s'acharner.
Acasi, placer, pourvoir, marier.

AC

S'acasi, se retirer, se loger.
Acasit, logé, pourvu.
Acata, abaisser, s'acata, acatasse, se baisser, et par métaphore, s'humilier.
Acatat, courbé, baissé, bas.
Acatsa, acaxa, ajuster, égaler, couper net, trancher, unir un livre ou chose semblable, afin d'en égaler les extrémités.
Acatsat, ajusté, égal.
Acaüma, échauffer avec excès, étouffer, accabler ; c'est proprement quand se soutenant sur quelqu'un, ou bien le couvrant ou chargeant de quelque chose pesante, on lui cause une chaleur excessive.
Aça, ça donc.
Aici, ayssi, ici. *D'aci'n daban*, d'orénavant, désormais.
Ach, atch, achetos, ah, af, c'est une exclamation dont on se sert lorsqu'on se mouille ou qu'on se brûle.
Aco, cela : *aco's*, pour *aco es*, c'est : cela est, *aco co*, diable, ce

AC

n'est pas peu de chose.
Aco's un cop èro un home, c'est un conte fait à plaisir, ou un conte de vieille.
Aço, aysso, ceci.
Aco's, c'est.
Acoucoula, accouveter, couver des yeux, choyer, doroloter : il se dit proprement des nourrices qui soignent leurs petits nourriçons avec trop d'empressement, les enveloppant chaudement, de peur qu'ils ne se morfondent.
Acousigna, acculer, recoigner, réduire quelqu'un en un coin.
S'acousigna, s'acouler, s'emparer d'un coin, se retirer en un recoin.
Acousignat, aculé, tapi, réduit en un recoin.
Accourrouca, se dit de la poule qui appelle ses petits poussins.
Acoutsa, acouxa, poursuivre, mettre en fuite.
Acoutsat, poursuivi, qui va vite.

AD

Adalit, sec, faible, exténué.

S'adali, se dessécher.
Adebou, c'est tout de bon à certes.
Adenoulhadou, accoudoir, agenouilloir.
Adesaro, tout à l'heure, tout à cette heure.
Adissiats, adieu, à Dieu soyez.
Adouzilha, mettre en perce, percer le vin.

AF

L'Afachomen, la tuerie, lieu où l'on égorge le bétail qui se débite après dans les boucheries.
Afa, affaire.
S'afana, s'empresser à faire quelque chose.
Afazendat, empressé, qui fait l'affaire.
Aferlecat, voyez *Afizoulat*.
Aferratja, affourager, souler de fourage, et par métaphore, de viande; *s'aferratja*, se gorger, se remplir, se charger de viande.
Afilata, c'est proprement mettre un oiseau sous le filet; mais on s'en sert pour déniaiser. *Afilatat*, déniaisé, leurré, dératé.
Afisca, attirer, animer, exciter, échauffer, pousser à quelque en-

treprise : s'afisca, s'affectionner, s'opiniâtrer à quelque chose ; afiscat, passionné, acharné.

Afisquur, celui qui anime et enflamme, ou qui allèche un autre à quelque chose, qui l'engage ou qui l'enfile.

Afisoulat, afusculat, un homme éveillé, émerillonné, qui a l'air madré.

Aflaqui, affaiblir.

S'aflaqui, s'avachir, se rendre lâche, se cochonner.

Aflourouncat, assis, ou couché de son long, flanqué. S'aflourunca, s'assoir, se loger, s'étendre, se parquer, se flanquer en quelque lieu avec l'incommodité d'autrui, s'appliquer.

S'afoula, empirer ; se gâter, s'abâtardir, se débaucher, s'amignardir.

Afouga, embraser, mettre en feu.

Afourti, assurer, soutenir opiniâtrement, opiniâtrer, ne vouloir pas démordre ; affirmer avec opiniâtreté.

Affrayra, associer; s'affrayra, s'associer, s'accompagner de quelqu'un, se fraterniser.

Afric, ardent, acharné: afriandé à quelque chose.

Afumat, afumé, enfumé.

AG

Agafa, prendre, accrocher : s'agafa, s'attacher, s'agrafer, se prendre à quoi que ce soit.

Aganit, exténué, maigre, sec, chétif, hâve, décharné, mal fait.

Agassit, agacic, cal, cor des pieds.

Agasso, pie, oiseau que les Picards nomment de même agace.

Agassat, un poussin de pie.

Agati, attirer, allécher, amadouer, amorcer ; charlater, leurrer.

Agourrudat, un homme qui s'est bloti et tout amoncelé en un coin: s'agouruda, se tapir, s'acroupir.

Agradélo, vinette, o-zeille.
Agrauliboul, agréable, qui a des agrémens.
Agras, verjus.
Agrassol, grosseille: *agrassoulie*, grose-lier.
Agralo, graülo, cor-neille: *agraülat*, cor-neillat, ou petite cor-neille.
Agreja, sentir l'aigre, puer.
Agrumela, mettre le fil en peloton, amonce-ler: *s'agrumela*, s'a-croupir, se mettre tout en un monceau.
Agrupit, accroupi.
Aguset, émouleur, ga-ne-petit.

AJ

Ajassat, couché à terre, couché de son long.
S'ajayre, accoucher, se délivrer d'un enfant, enfanter: *s'es ajagu-do*, elle s'est accou-chée.
Ajouata, atteler ou at-tacher au joug, met-tre sous le joug, as-sujettir, ranger à la raison: *s'ajouata*, su-bir le joug, se sou-mettre, se ranger, s'apprivoiser, à quel-que chose inaccou-tumée et fâcheuse.
Ajuda, aider, secourir, assister.
Ajudo, aide, secours.
Ajustié, pièce de drap.
Ajusta, ajouter, appié-cer; *s'ajusta*, se join-dre, s'unir.

AL

Alabets, alors.
Alanda, ouvrir tout-à-fait.
Alandat, ouvert.
Alanguit, alangouri.
Alarassat, voyez *ajas-sat*.
Alarga, ouvrir au bé-tail, et le mener aux champs pour le faire paître, le faire battre aux champs.
Alaro, alors.
Alaügeri, alléger, sou-lager.
S'alaügeri, se déchar-ger, se mettre à l'aise.
Alayat, harassé, abattu de lassitude, recru.
Alba, saule, arbre.
Al bas, bi al bas, vin bas, qui est près de la lie, des baissières.
Alengat, babillard, une langue affilée, qui cause comme une pie.
Aligo, alise.
Alisa, lisser, passer,

et par métaphore, adoucir : *alizat*, lissé.

Almensos, au moins.

Alo, aile : *l'alo*, la halle, la poissonnerie.

Fa l'aleto, courtiser : il se dit proprement des cocqs qui poursuivent les poules.

Alounza, étriller, bailler sur l'andosse : *be li n'an alounzado calqu'uno*, on lui a baillé de bons coups, il en a eu une bonne venue.

Aluca, allumer, enflammer : *alucat*, allumé, qui est tout en feu, et par métaphore, qui est en grande colère.

Aluda, voyez *alounza*.

Alupa, regarder fixément et avec convoitise, manger des yeux : *alupadis*, tel regard.

Alupayre, celui qui regarde avidemment.

AM

Amaga, cacher, couvrir : *s'amaga*, se musser ; *amagat*, caché, couvert ; *amagadou*, cachette ; *à l'amagat*, à cachettes, à la dérobée. *Pa de l'amagat*, pain mollet fait par un boulanger de ce nom.

Amanada, prendre à pleine main, empoigner, serrer ou embrasser de la main.

S'amantoula, s'emmenteler, s'envelopper dans son manteau.

Amantoulat, amantat, couvert de son manteau.

Amassa, ramasser, lever de terre ; *amasso*, ensemble.

Amay, et, et de plus, et encore, outre cela ; *Amay, que, etc.* au reste ; *amay may*, et bien davantage.

S'amaytina, se lever matin, être matineux.

Ambe, avec : *amb'aco*, avec, en, à cela.

Amb'aqueste mounde, en ce monde. *Amba'quel*, avec, ou à celui-là.

Amerbit, amarbit, un homme éveillé, gaillard, gai, émérillonné.

Amermomen, voyez *aberma*.

Amenanços, la fête d'une nôce, *be fas pla d'amenanços*, tu fais bien des façons, tu fais

AM

fais trop de cérémonies, tu es trop musard.

Amidou, amidon, empois. *Amidouna*, empeser. *Amidounayro*, empeseuse.

Amistanço, amitié, affection; *amistançasso*, amitié feinte, ou imparfaite: *amistous*, et par diminutif, *amistouset*, aimable, amiable, doux, enclin à aimer.

Amello, amande, fruit; *amellié*, amandier; *trinco'mellos*, un fendeur de naseaux, rompeur de portes ouvertes.

S'Amouda, se mettre en train, en disposition de faire quelque chose, s'apprivoiser à une besogne inaccoutumée, commencer un ouvrage difficile: *be s'y es amoudan*; enfin, il s'y est rangé, accommodé.

Amouro, mûre, fruit. *Amourié*, meurier.

Amounedat, pécunieux.

Amourra, atterrer, faire donner du nez à terre; *s'amourra*, donner du nez à terre, tomber sur la face; à boucons: *amourrat*, abattu, atterré.

AN

Ana, aller; *s'en ana*, ou *anassen*, s'en aller; *ane doune*, allons donc, courage, sus donc.

An, année; avec, à; *an de*, pour, afin de: *and'aço*, avec, pour, ou à cela: *an-d'aquel*, pour, avec, ou à celui-là.

Ananti, avancer une besogne.

Anantit, avancé.

Anauta, hausser.

Ancio, souci.

Anco de, chez.

Ancos, anquiè, les hanches.

Anelets d'un courset, boucles d'un corset.

S'Anisa, se nicher.

Ansalado, une salade d'herbes.

Anuja, ennuyer.

Anech, ennui.

AO

Aoüeilho, *agoüeillo*; ouaille, brebis.

Aoüeilhé, berger.

AP

Apechauna, patrouiller, manier salement; *mal apachaunat*, mal

27.

agencé, mal propre, sale.

Apapayssouna, appayssouna, bailler la paisson, appâter, fourrer dans la bouche, gorger de viande, abécher, bien nourrir et soigner quelqu'un : il se dit proprement des nourrices qui donnent de la bouillie à regorger à leurs petits enfans.

Aparia, accoupler, appeler les lettres pour apprendre à lire; aparier, accoupler.

Aparro, aparrat, moineau, passereau.

Apart, séparément; *apart capetos*, hors d'ici, place, retirez-vous, gare, gare le corps.

Apastissa, voyez *pastissé à*.

S'apatrassa, s'étendre de son long, se camper, se flanquer.

Apatrassat, étendu de son long.

S'apaüta, tomber sur ses mains.

Apazima, appaiser, ralentir, adoucir; *apazimat*, appaisé, ralenti.

Apéu, pied fond : se dit de l'eau d'une rivière, ou autre: *nou y a pas apéu*, on n'y peut prendre pied : *apéoua, apéba*, prendre pied, trouver le fond de l'eau, et par métaphore, chérir, venir à bout de quelque dessein.

Apperrouquia, achalander.

Apila, amonceler, assembler confusément: et encore, mettre en pièces, assommer; *apilat*, assommé, brisé de coups.

Apilouta, assembler, entasser; *apiloutat*, assemblé, ramassé.

Apitara, souler; *s'apitara*, se gorger de mangeaille.

Aploumba, enfoncer, assommer.

Aploumbat, enfoncé.

S'aploumba, s'enfoncer.

Aprima, aménuiser.

Apunta, apounchuga, faire pointu, aiguiser; *apounchuga los pots*, faire la petite bouche.

AQ

Aquel, celui-là, cet.

Aqueste, celui-ci, ce, cet.

Aqui, là, en ce lieu-là.

D'aqui'n là, de là avant.

Aquo, voyez *aco*.

AR

Aram, fil d'archal.

Arboout, voûte, *arboutat*, voûté.

Arbudel, entonnoir.

Arcol eyt, chalit, bois de lit.

Ardelecio, fougue, ardeur, empressement; *ardelous*, ardent, fougueux, bouillant.

Ardit, liard, hardi.

Ardos, se mettre en *ardos*, se mettre en pourpoint, se mettre sur ses argots, se mettre en colère.

Arengo, voyez *bladado*.

Argaüt, casaque de toile grossière dont usent les charretiers, blaude.

Argentié, orfèvre.

Ariscle, cercle ou rondeau à buée, caisse de tambour.

Arisclo, charde.

Armatoes, bandage d'arbaleste.

Armela d'esclops, brider des sabots.

Armo, arme, âme. *Per aquest'armo*, sur mon âme. *Las armos, las armetos*, les âmes des trépassés.

Aro, aros, maintenant, à cette heure: *arobas*, savoir mon.

Aro metis, tout maintenant, tout à cette heure; *d'aro ni d'aro*, de long-temps.

Aperto, croc de marinier.

Arpo, griffe : *arput*, armé de grifes : *arpateja* remuer les grifes.

Arquet, petit arc, archet de violon.

Arraca le bi, transvaser le vin, le changer de vaisseau.

S'Arraja al soulel, se chauffer au soleil.

Arrapa, accrocher, grifer, saisir ou prendre à belles grifes, dérober, haper : *arrapat*, empoigné, saisi, pris au collet : le vulgaire en France se sert d'attraper, en même sens.

Arraulit, engourdi, transi de froid, faible, sans vigueur, fluet, malingre.

Arreyre, derechef, encore.

AR

Arriba, arriver, lever de terre.

Arrigoula, gorger, souler, incommoder; *bous m'arrigoulats*, vous me fâchez, je je suis sou de vous, vous êtes soulant : rigoler, terme de goinfrerie, qui est faire bonne chère, semble être dérivé de ce mot.

Arriscat, joli, propre, avenant, bien troussé.

S'arruca, se rétrécir, se resserrer en soi-même de peur ou autrement, s'entasser, s'enfoncer : *arrucat*, amoncelé en soi, et par métaphore, cagnard, maigre, étonné.

AS

Asaga, *asega*, voyez *azaga*, *azega*.

Ascla, fendre du bois; *asclo*, éclat de bois; *asclayre*, fendeur de bois.

Assadoula, souler.

Assenciat, trop savant, qui fait l'entendu.

Assieta, asseoir; *assietat*, *assietadet*, *d'assietous*, assis.

Asso, *ayço*, ceci, *ayssi*, *aci*, ici, *asso's*, c'est, ceci est.

Assoula, mettre à bas, jeter à terre, étendre de son long sur la terre.

S'assouleilla, *assouleillasse*, se mettre au soleil, se chauffer au soleil.

Assouleilla, exposer au soleil.

Assuca, voyez *atuca*.

Ast, une broche. *Atena l'ast*, tourner la broche.

Asticot, une épée rouillée, une rapière.

Astou, autour, oiseau de proie.

Astrie, gauffre, sorte de gâteau.

Atabé, *atabenquos*, aussi.

Atal, ainsi.

Atapauc, non-plus.

Ataigne, *atainhe*, appartenir à quelqu'un.

Atoura, ranger quelqu'un à son devoir. *Be t'y faré atoura*, je te rangerai bien, je t'y ferai bien venir : il se dit proprement des chevaux.

Atrezena, ajuster, ajaucer, assortir, ranger, parer; *atrezenat*, bien agencé, orné, ajusté.

AT

Atuca, meurtrir, briser de coups; *atucat*, meurtri de coups, assommé, recru, harassé.

AU

Aü, se prend pour je. *J'aü cresi*, je le crois; *aü ero*, il l'etait.
Aubardo, bastiere.
Auc, *auquo*, *auqueto*, oie.
Aucat, oison, *auquiéro*, oisonnière. *Fa à las aüquetos*, jouer au Loup.
Audou, *audourous*, odoriférant, agréable, gracieux.
Augi, *ausi*, ouïr ; *d'augido*, d'abord, soudainement.
Aujam, volaille, troupe ou volée de poules et autres oiseaux.
Aujol, aïeul, et se dit généralement de tous les vieillards.
Aujoulet, un bon homme vieux.
Aule, mauvais, méchant, fin, rusé; *auleso*, malice, méchanceté, ruse.
Auliéro, *aulhéro*, huire, pot à l'huile.
Aupignastre, *oupiniastre*, opiniâtre.

Aureillat, oreille de porc, un coup sur l'oreille.
Auriéro, orée, bord de quoi que ce soit.
Aurill, *aurioü*, ombrageux, sauvage, peu acostable, hagard.
Aus, *auts*, toison. *Aus*, se prend aussi pour autres en ces deux mots, *nous-aus*, *bous-aus*.
Ausset, troussis de robe.
Auta, autant ou aussi ; le vent d'autan ; un autel. *Auta-pla*, aussi bien.
Autre cop, derechef, encore : *l'autre cop*, l'autre jour.
Auzel, oiseau. *Auzelet*, oisillon.
D'auzido, voyez *augi*.

AY

Ay, ah, hélas.
Ays, as, aux, comme *ays homes*.
Aygo, eau ; *aygueto*, eau claire ; *aygasso*, eau croupie ; *aygosegnado*, eau-bénite; *aygosegnadié*, bénitier. *Aygat*, débordement de rivière.
Aygasseja, tremper.
Aygassiéro, aiguière.

Ayéro, *aiguiéro*, le ruisseau d'une rue.
Ayssel, essieu de roue.
Ayci, ici, *ayço*, ceci.

AZ

Azaga, *azayga*, arroser les herbes d'un jardin, tremper le vin : *azagat*, mouillé, trempé.
S'azalbra, s'accrocher, s'attacher, s'attraper, se pendre à un arbre ou autre lieu haut et de difficile accès, pour y grimper.
Aze, âne, baudet. *Farci l'aze*, remplir la panse, enfler la bedaine.
Azega, ajuster, agencer, ranger. *Pla azegat*, bien agencé, ajusté.
Azempre, convoi, assemblée. *Azempra*, semondre, convier. *Azemprayre*, semonneur.
Azir, haine, rancune.
S'azoumbra, se mettre à l'ombre, chercher le frais, s'ombrager.
Azuilla, huiller, abreuver, remplacer le vin qui s'évapore dans le tonneau.

BA

BABAROTO, cloporte, petit insecte à plusieurs pieds, naissant aux lieux humides.
Babiéro, bavette.
Baboto, fantôme, marmot, ou masque à faire peur aux petits enfans.
Baboyo, sornettes, bourdes, menteries, bayes, baguenaudes.
Bada, ouvrir la bouche, s'amuser inutilement.
Badal, *badailhol*, bâillement, souffle, viande creuse. *Ple de badailhos*, sou de vent : *badailha*, bâiller.
Badesso, abbesse.
Badorco, cabane, taudis, cahute, buron.
Bagasso, garce.
Bajoulo, cassade.
Abalafi, *à boulofi*, à foison, abondamment.
Balat, un fossé.
Balesto, arbalète : *balestié*, arbalêtier.
Balet, petite galerie.
Balico-baloco, termes inconnus, inventés pour faire rire.
Balo, une bale : *aco's sa balo*; c'est ce qu'il

cherche, c'est-là son élément, c'est son cas.

Balouart, boulevart.

Bamborles, filamens, festus ou brins de quoi que ce soit qui pendillent de la barbe ou d'ailleurs.

Banastro, hotte, courbes, panier de diverses sortes servant à porter des verres, du pain et autres denrées.

Banayre, contrepointeur, tapissier.

Bandelo, *bandelou*, petite cruche de terre, buye.

Bando-me l'ast, comme qui dirait, bande-moi la broche : c'est une façon de parler dont on se sert pour se gausser d'un fanfaron.

Bandouls, *sonna à bandouls*, sonner à branle.

Bantat, vanterie, louange. *Podi fà aquel bantat*, je puis dire cela sans vanité, je puis me vanter de cela.

Barata, tromper, décevoir : *baratayre*, tromper : *baratario*: tromperie.

Barbeja, raire, dépêcher.

Barbolo, virole : *barbolos*, barbe ou fraise de coq.

Barboulat, barbue, marquotte, sarment barbelé.

Barboutina, marmoter, bredouiller, barboter, *barboutinayre*, qui parle entre ses dents sans se faire entendre, marmoteur : *barboutina*, bredouillement, marmotement.

Bard, fange, boue, limon, bauge ; *bardissa*, enduire de boue ou de terre, bauger, plâtrer ; *se bardissa*, se jeter dans un bourbier, s'embourber.

Bardoc, bondon, bouchon de muid. *Fà del mauhez bardoc*, faire le mauvais, l'entendu.

Barga, brayer du lin ou du chanvre : *bargos*, brayes à brayer du lin ; *bargailhos*, *l'inbargos*, les premières et plus grossières étoupes, chenevotes.

Barlambasti, le jeu de la mouche.

Barlingo - barlango, c'est la sonnerie des mulets et autres bêtes de voiture.

Barro, une barre : *de barros*, des plantars, des branches ou pieds des jeunes saules. *Fa à barros*, jouer aux barres.

Barra, fermer : *barrat*, clos, fermé : *barrailho*, clôture, haye, *barreilla*, environné de haie.

Barreja, mêler : *barrejat*, mêlé, brouillé : *à barrejo*, ensemble, pêle-mêle, parmi : *barrejadis*, mélange.

Barri, faubourg.

Bartabélo, loquet.

Bartas, buisson, brossaille.

Baruto, blutoire : c'est un grand coffre à bluter et garder la farine : et se prend aussi pour un grand mangeur, un baufreur : *baruta*, bluter.

Barutél, bluteau.

Bassino, cuvette.

Batan, cliquet de moulin, maillet, servant à fouler les draps : *batanayre*, foulon.

Batedis, panaris ou mal-avanture, meurtrissure de doigt autour de l'ongle.

Batedou, battoir à buée.

Baüch, niais, nigaud, étourdi.

Baüdano, tripaillo : *baüdanayre*, tripier.

Baüdomen, joyeusement, gaillardement.

Baüduffo, toupie.

Bayroula, varier, commencer de mûrir.

Bayroulat, à demi mûr.

Baysadou, *b'én pla baysadous*, nous pouvons bien nous baiser, il y a long-temps que nous ne nous sommes vus.

Baysaduro del pa, embouchure du pain.

Bayssa, tondre les draps.

Bayssayre, tondeur de draps.

Bazacle, c'est un moulin fort renommé dans Toulouse : *alezan del Bazacle*, un âne de moulin.

BE

Bebo, ver à soie.
Bebeyre, buveur.
Becut, becudo, chiche, pois chiche.
Bedel, veau ; bedelo, génisse.
Bedos, begue.
Begado, fois, une fois. D'avegados, par fois.
Bélèu, peut-être, par avanture, possible.
Belet, éclair ; beleja, éclairer, jeter des éclairs.
Beligan, voyez briban.
Bélomen, bellement, doucement : bélomen que, ô que, etc.
Bel, beau. En bel arpatéjan, tout en jouant des griffes ou des pieds : à belis els bezens : à vue d'œil, devant nos yeux : à belos houros, par fois, quelquefois, à certaines heures. Tu as de bel fa, tu as beau faire.
Bel, voile de religieuse ; bélo, voile de navire.
Belugo, bluette, étincelle : belugneja, blutter, étinceler, jeter des étincelles, bondir comme une bluette. Un beluguié, quantité de bluettes ou autres petites choses, une fourmillière.
Ben, le vent ; il vient ; il vend.
Bentorio, tourbillon, bouffée de vent impétueux. Bentado, un souffle de vent, un zéphir : bentejat, agité du vent, éventé, venté.
Benarric, ortolan, oiseau.
Bengudo, venue à bord.
Bentresco, panse, bedaine, poitrine.
Bentre-cousut, maigre, extenué, qui n'a que la peau et les os.
Beüre, boire. Le beüre, le déjeûner : beouet, ivre.
Beouze, beouzo, veuf, veuve.
Berdaülo, verdier, oiseau.
Berdufaillos, petites guenilles, bagatelles.
Bere, venin, poison.
Berenoux, vénimeux.
Bereigno, bendemio, vendange : beregnayre, vendangeur : beregnadou, de vendanges.
Bergougnous, honteux.

l'a bergougno, faire honte, faire venir la berlue, éblouir.

Bermenous, véreux.

Bern, aune, arbre.

Bernat-pescayre, héron, oiseau.

Béromen, vraiment.

Berret, toque, bonnet de paysan ou d'arlequin, chapeau de laine plat et à petit bord : *berreto*, bonnet de nuit : *es plus fiér que berreto*, il est plus content qu'un roy; il est résolu comme Bartole.

Bertadié, véritable, *bertadièromen*, véritablement.

Bertel, peson.

Bert-espéro, faux espoir; *auras uno raübo fourrado de bert espéro*, tu auras une robe à pâques, ou dimanche après la grand'messe.

Berturous, robuste, puissant.

Besc, de la glu.

Besiat, voyez, *beziat*.

Bésso, bête sauvage. *Paro la bésso*, au loup.

Bessos, des vesces, légumes.

Bessarolos, a b c, l'alphabet des petits enfans.

Be t'augi, je t'entends bien ; c'est-à-dire, ma foi ouï, vraiment ouï.

Beyre, verre.

Béyt, vuide.

Béze, voir : *bezedou*, visible. *N'ero pas bezedou*, il était si mal accommodé, qu'il faisait pitié à voir, ou qu'on ne pouvait regarder sans horreur, qu'à contre-cœur.

Beziat, douillet, délicat, mignon, trop mignard : *beziaduro*, délicatesse, mignardise : *besiadomen*, délicatement, mignardement : *beziadeja*, faire le mignard, se dorloter.

Besinat, voisinage : *bezi*, voisin.

Bezucario, bagatelle, niaiserie : *bezuqueja*, s'amuser après des niaiseries, badiner.

BI

Biaforo, crida à mort *biaforo*, crier aux alarmes, au meurtre.

Biando, viande, tripaille ; chose, quoique ce soit.

Biarda, se retirer, s'enfuir, sortir plus vite que le pas, gagner du pied.

Biassos, besace.

Biterno, un *Diables de biterno*; c'est comme qui dirait un grand Diable de Vauvert.

Bibotis, cherchez *mutus*.

Bibouteja, vivoter.

Bidat, rangée de seps de vigne, orné.

Bigar, taon, frelon, grosse mouche qui infecte les bœufs en été.

Bigatano, javelot, javeline.

Bigouta, se dépiter, enrager, crever de dépit.

Bilato, bicoque.

Bint, vingt, le jeu de gore, le trait.

Bioou, bœuf.

Bira, tourner, détourner un coup, esquiver, gauchir : *birouleja*, pirouetter, tournoyer : *biradis*, dispos, qu'on tourne souvent. *Dins un biran de ma*, dans un tour de main. *Se biro d'aco*, c'est dequoi est la triomphe, il est question de cela, il s'agit de cela. *Biro t'aquelo*, pare ce coup : *birats - bous d'aqui*, ôtez-vous de-là.

Biro lebraüs, *biro callos*, etc. boutelevrants, boute cailles. Voilà soudain levrauts en campagne : d'un côté ceci, d'un côté cela.

Biro-boouto, détour, vire volte.

Bistourna, tordre les génitoires.

Bitsega, ou *bixega*, rayer, biser, grifoner,

BL

Bladado, rente de blé qu'on retire d'un laboureur annuellement pour l'usage d'une ou de plusieurs bêtes de labourage que quelques-uns appellent moisson : en France on l'appellerait chastel.

Blanquo, blanque, pie, oiseau.

Blanqueja, blanchir ou paraître blanc : *blanquignous*, blanchâtre.

Blat, blé, *bailla blat baignal*, en donner à garder, donner des bourdes ou billevesées : *blat d'aze*, des coups de bâton.

Bouta tout à très blats, renverser, bouleverser, mettre c'en dessus dessous.

Blau, meurtrissure, tache bleuâtre : *blauat*, plombé, qui a quelques taches bleuâtres.

Blazi, flétrir ; *blazit*, flétri, fané.

Blous, pur, sans mélange ; il se dit proprement du vin.

BO

Boouto, façon qu'on donne à la terre. *Nou y sap douna ni tour ni boouto*, il ne sait par quel bout s'y prendre.

Bordo, métairie, ferme.

Borm, morve : *bourmous*, morveux. *Uno bourmelado*, un petit morveux, un enfant.

A bosouls, loin, au Diable, je ne sai où.

Bôto, une bote. *La bôto*, la fête d'un lieu.

Bouailho, troupe de bœufs, aumaille.

Boulugo, voyez *belugo*.

Boubbouso, à la boubbouso, à la volée, à l'étourdie.

Bouca, fa le bouquela, faire le chien couchant ; c'est proprement quand un singe vient baiser le poing à son maître.

Boucholo, bouchorlo, ampoule, vessie aux mains et aux pieds.

Bouci, voyez *boussi*.

Bouco, bouche. *De boucos en jouts*, à bouchons. *De boucos en sus*, sur le dos, à l'envers ; à la renverse.

Boudos, paquet de quoi que ce soit qui fait bosse. *Fa boudos*, faire panse, faire une grande bosse.

Bouboul, ventru, un bout d'homme.

Boudouflo, vessie de pourceau ou autre animal, une bouteille qui se fait sur l'eau : *boudoufleto*, diminutif signifiant le même.

Bouemis, Bohémiens, Egyptiens.

Boué, bouvier. *Le boué del cel*, la bouvière, constellation.

Bouloutsou, un bouchon d'écritoire ou de bouteille, un bout d'homme ; *boudouxouna*, boucher, étouper.

Bouigneta

Bouigneto, bignet.
Bouigno, beugne, bosse, enflure sur la tête, tumeur procédant de quelque coup.
Bouignou, boignou, le but du jeu du palet ou autre.
Bouleteja, voler au tour, voleter souvent et à reprise : *boulatum*, volée d'oiseau.
Boulega, bouger, remuer.
Boulofos, la bale du blé : d'ou vient *bento boulofos*, bavard, qui fait beaucoup de bruit de peu de chose.
Boulum, tas, monceau, paquet de quoi que ce soit. *En boulum*, en foule, en troupe, ensemble.
Boumbasino, des coups.
Bounifaci, un bon enfant, un benêt.
Bourdesc, brusque, fantasque.
Bourdescado, caprice, boutade.
Bourdo, crosse, bâton gros et courbé par le bout, dont s'arment les laquais.
Bourdoulaygos, du pourpier.
Bourdufaillos, brins de quoi que ce soit, bagatelles, petites guenilles.
Bourdou, bourdon de pélerin. *Les très bourdous*, les trois rois, constellation.
Bourgal, homme franc, libre, ouvert.
Bourguignou, se prend pour un pourceau.
Bourlos, mocquerie, railleries. *Se bourla*, se gausser, se rire de quelqu'un.
Bourmoulado, voyez *borm*.
Bourra, bourrer, étriller, dauber, *d'yoous bourrats*, des œufs au verjus, des œufs brouillés.
Bourrassos, les draps dont on enveloppe les petits enfans.
Bourrassado, ondée, gelée, ravine, pluie, une grêle de coups.
Bourréc, bourrego, primaut, prime, agneaux d'un an.
Bourrils, bourgeons de laine.
Bourrou, bourgeon de vigne, enlevure de visage.
Bourrouna, bourgeonner.

Boussi, un morceau, une pièce, un lopin; se prend aussi pour nullement, point.

Boutja, bouger, badiner, se mutiner; *boutjayre*, bouderon, capricieux.

Bouts, voix.

Bouytac, outre à huile.

Bouyteja, boiter, clocher.

Bouytoux, boiteux.

B R

Brabetat, valeur, mérite.

Braga, piafer; *bragardiso*, piafe; *bragardomen*, bravement, joliment.

Bram, cri de divers animaux, braiement, mugissement, rugissement; *brama*, braire, mugler, rugir; *bramofam*, affamé, qui crie à la faim.

Brandi, secouer, épousseter, étriller; *brandido*, secousse, choc, heurt, coup.

Bransoula, brandiller; *se bransoula*, se branler, faire la cloche.

Brassat, brassée de quoi que ce soit; botte de foin; *à bel brassat*, à pleins bras, sur ses bras.

Braü, taureau, bouvillon.

Braüataillo, troupe de taureaux.

Braüdo, fange battue, brouet.

Braülha, crier à haut de tête, à perte d'haleine.

Braüto, ordure du visage, crasse.

Braütous, barbouillé.

Brego, bruit, noise, grabuge.

Bremba, souvenir, ressouvenir.

Brenico, mie de pain.

Bres, berceau, bers.

Bressa, bercer.

Bresso, sorte de corbeille faite en façon de berceau: *brescat*, jalousie, fenêtre treillissée.

Bresco de mel, un rayon de miel.

Brespailla, goûter, raciner.

Brespe, soir; *brespado*, soirée.

Brespos, vêpres.

Breü, brevet, charme.

Breza, dégoiser, gringoter.

Brezilla, dégoiser, briser, fracasser, met-

tre en petites pièces.
Brezayno, tromperie au poids.
Brian, un ciron.
Briban, truant, bélitre, caymant, fainéant.
Bribandeja, bélitrer, gueuser, coquiner, truander.
Brico, bricaillo, briqueto, mie de pain, petit morceau de quoi que ce soit. Il se prend aussi pour point, nullement ; *cap de brico*, point du tout. *Nou n'y a pas uno soulo brenico*, il n'y en a pas un brin : *bricaillo, bricaillou, bricaillounet, briquet*, petit morceau, petit lopin.
Bristoulat, basané, hâlé, brûlé du soleil.
Bristouladuro, hâlure, rougeur qui reste du hâle du soleil.
Broc, brouquet, buchète; *plantats aqui'n broc*, il en faut demeurer là : se dit d'un homme qui demeure court sans pouvoir se démêler d'une question.

Broco, brouqueto, le même que *broc*.
Broucal, bocal.
Brougnou, pêche, noix, fruit.
B.oundel, grignon de pain.
Brounzi, siffler, faire un bruit pareil à celui d'une pierre en sortant de la fronde. *Fa brounzi*, jeter avec impétuosité, faire siffler.
Brounzina, siffler autour, bourdonner, grommeler, marmoter.
Brounzinayre, grommeleur, marmoteur, grondeur.
Broutou, un bouton de fleur, un bourgeon, une bube : *broutouna*, bourgeonner; *broutounat*, se dit d'un homme qui a le visage couperosé, et couvert de bubes.
Bru, pa bru, du pain bis.
Bruc, brouc, bruyère; *brugos*, pays de bruyères.
Bruguet, c'est une sorte de champignon.
Brumo, écume; *brumos*, brouillard,

28..

bruines; *bruma*, écumer, jeter de l'écume.
Brustio, boîte : *brustieto*, petite boîte.

BU

Buc, une ruche d'abeilles : *budel*, boyau.
Bufa, souffler : *bufobren*, bavard ; *bufofoc*, souffleur.
Buféc, creux, vuide, gâté : on dit proprement *uno nouze buféco*, d'une noix bouferète ou boufelète ; et par métaphore on appelle *buféc*, tout ce qui est inutile.
Bufetos, soufflets à feu.
Bufos, les fesses.
Bullo, bulle, et se prend encore pour un vaurien, las d'aller, cagnard.
Bul, un bouillon, ou bouillonnement que fait l'eau dans le pot.
Buta, pousser : *butado*, choc, heurt, secousse, boutade, caprice : *bailla la butado*, pousser ; *à belos butados*, à reprises, à ondées.
Buto-l'oli, jeu de la pousse.
Buzac, milan, oiseau.

CA

CABAL, le fonds d'un marchand, toute sorte de denrée, ou marchandise; *bendre soun cabal*, vendre sa marchandise, sa boutique.
Cabalet de San-Jordi, cheval fondu, jeu d'enfans.
Cabas, cabas de figues, panier de boucherie, et par métaphore, un laideron, une vieille croupière : *cabasset*, petit cabas: *cabassou*, *cabassounet*, petite garce, petite coureuse.
Cabeco, cheveche, oiseau, la femelle du hibou.
Cabede, cabot, poisson.
Cabeja, tourner de tous côtés.
Cabés, chevet du lit ; traversin.
Cabessié, dossier de lit.
Cabessal, torchon, chifon.
Cabifol, écervelé, tête de linote.
Cabilhario, pointille : *cabilheja*, pointiller;

Cabilhous, pointilleux.

Cabirolo, cabriole, capriole.

Cabirou, chevron.

Cabosso, caboche, tête d'homme, d'épingle, d'ail, etc.

Cabousseja, menacer de la tête, dodiner.

Cabussa, faire la culbute.

Cabusset, culbuté.

Cacaroco, se dit par corruption, pour cataracte, taye en l'œil.

Cacay, le caca : c'est un mot de nourrices, pour signifier toute sorte d'ordure.

Cacha, presser, serrer. L'y n'an cachados de bounos, on lui a baillé ou appliqué de bons coups, on l'a bien tapoté, on l'a battu bien serré.

Cacho-muséu, petit chou, casse-museau, pièce de pâtisserie.

Cacho-niü, c'est proprement un oiseau niais, qui n'a que le duvet, et n'ose sortir du nid ; mais il se prend pour un homme faible, fluet et casanier.

Cachourra, bous n'abéts cachourrat, vous avez sauf correction, c'est-à-dire, menti.

Cadaün, cadun, chacun.

Cadde, caddenou, tête, têtebleu, têtenon, juron.

Cadel, petit chien, et par métaphore, jeune enfant.

Cadela, chienner, pulluler.

Cadeno, chaîne.

Cado, chaque : cado cop, à chaque bout de champ, de temps en temps.

Cafouyé, chenet, lendrier.

Cagal, cagaillou, un excrement, un petit bout d'homme, un avorton.

Caigna le nas, coigner ou écacher le nez à quelqu'un.

Cago-miaillos, pince-miaille, chiche, taquin.

Cajaroco, cahute, petite loge, taudis, chaumière.

Cayre, un angle, un coin, un carré ; cayrut, carré.

Cayrié, charrier de lessive.

Cays à bèl cays, à belles dents.
Cayssal, dent machelière.
Caytiù, misérable, chétif : *caytibo*, chétive, *caytibié*, misère.
Cal, il faut.
Cala, taire, caler la voile.
Calasse, se cala, se taire. *Mangen calemus*, taisons-nous.
Calandreja, dégoiser, ou sauter comme une calandre, se réjouir, se donner du bon temps.
Calandres, drolles, bons compagnons, goinfres.
Caül capus, chou capus, chou pommé.
Calél, lampe à queue, chaleu, comme l'appellent les Bourbonnais.
Calhibari, charivari.
Calhibo, cheville ; *calhiba*, cheviller, la cheville du pied.
Calhiù, cailliù, cendre chaude, ou chaleur du foyer.
Cailhol, pie, bœuf ou autre animal de deux couleurs, blanche et noire ou rouge. *Nous en cailhols*, nous sommes perdus, nous sommes fricassés.
Calimas, vapeur chaude, air étouffé, chaleur étouffée.
Callo, callat, caille, cailleteau.
Cambajou, jambon.
Cambi, change : *cambia*, changer hardes, troquer ; *cambiouteja*, changer souvent.
Cambo-bira, tordre les jambes à quelqu'un, le renverser, lui faire prendre la culbute.
Caminolo, sentier.
Cammas, hameau.
Campano, cloche ; *campagné*, sonneur de cloches.
Camparol, potiron, champignon.
Camparolo, un grand collet de femme à la vieille mode.
Campis, fils de Protée, champi.
Campissado, friponnerie, frasque.
Campo, douna la campo, donner la chasse. *A la campo, à la campo*, donne, donne, avance, à moi, à moi. C'est par ces termes

que les enfans s'encouragent à poursuivre vivement le parti contraire, lorsqu'ils se battent à coups de pierre.

Cana, caneja, auner.

Canabiéro, canne, roseau.

Canabou, chenevi, graine de chanvre.

Canal, canal, conduit, étier. *Teule canal*, tuile creuse.

Canaülo, long gâteau sans œufs pour le carême, sorte d'échaudé.

Canchou de pa, quignon de pain.

Candeletos, *fa las candeletos*, faire le chêne fourchu.

Canéyo, haquenée.

Canel, se dit du blé lorsqu'il se forme en tuyau.

Canélo, canelle, hauche de cuve, chantepleure de muid, robinet de fontaine.

Las tres-canélos, fontaine hors les murs de Toulouse.

Cano, aune et demie, mesure de huit pans à mesurer le drap.

Cansalado, chair de porc, le maigre et le lard tout ensemble, et se prend pour le corps en raillerie : *boli que s'oublige la cansalado*, je veux qu'il s'oblige au corps.

Cantou, ruelle, ruelle, petite rue, angle, ou coin de quelque chose ; *cap de cantou*, coin de rue.

Canturleja, dégoiser.

Cap, tête, bout, faîte, sommet, nul, nulle, pas un, aucun ; *cap de boussi*, *cap de brico*, nullement, point du tout ; *cap d'an*, le jour de l'an ; *tu es cap é cause d'aco*, tu es l'auteur, la cause, l'origine de cela. *Tout cap daban*, tout le premier, qui va à la tête des autres.

Capbilha, tomber la tête la première, culbuter.

Capbira, tordre le cou, tourner, changer.

Capdenou, *capde*, têtenon, têtebleu.

Capayrou, chaperon.

Capel, chapeau.

Capela, prêtre.

Capelado, charreti, taudis.

Capetos, les paysans, parce qu'ils vont ordinairement couverts de capes.

Capigna, *capigneja*, fraper doucement; se dit des chats qui caressent à coups de patte, et des enfans qui s'entrebattent sans malice : *capigné*, un enfant qui se plait à frapper ses compagnons, hargneux.

Capitani, capitaine : *capitani, mal goubér*, le jeu de l'abbé.

Capitorbo, voyez *catitorbo*.

Capitouls, magistrats populaires de Toulouse, pareils aux Echevins, jurats, consuls. *Capitoulat*, charge de capitoul, paroisse ou quartier de ville dépendant d'un capitoul.

Capo, *capo de Béar*, chasuble et chappe de prêtre. *La capo del cel*, la voûte du ciel.

Capurlo, hupe, huper. *Pijoun capurlat*, pigeon hupé.

Car, chair, viande, cher. *Le car de las armos*, le charriot, constellation.

Caramel, *caramelo*, chalumeau.

Carbé, chanvre; *carbenail*, chenevière, champ couvert de chanvre.

Cardino, chardonneret, oiseau ; *cardineja*, dégoiser en chardonneret.

Carestio, cherté; *carestious*, cher, qui est de grands cours, ou qui fait acheter chèrement.

Carmantran, carême prenant, le mardi gras, Bacchus. *Un carmantran*, se dit de toute chose hideuse, difforme et mal propre.

Carnal, charnage, le temps qu'il est permis de manger de la viande.

Carnalatges, charnage, dîme d'agneaux.

Carnus, voyez *carraügnado*.

Caro, visage.

Carobira, tordre la tête à quelqu'un, transformer, tournebouler : *carobirat*, affreux, hagard.

Carpa, battre, étriller, frotter.

Carpans, des coups.

Se carra, se quarrer, piafer.

Carrado, charrettée, voie de bois.

Carraügnado, charrogne.

Carrayrol, carrayrou, sentier.

Carrech, charroi.

Carreja, charrier, porter : *aquest'aygo carrejo*, cette eau traîne du sablon, ou est trouble.

Carelo, poulie.

Carretal, ornière : *cami carretal*, chemin particulier.

Carriéro, rue.

Carrinca, crisser, gronder, se plaindre comme les roues d'une charrette mal graissée, ou une porte dont les gonds sont rouillés.

Carrogno, garce.

Carrolis, carolus, pièce de deux blancs.

Carriolo, brouette, civière, roulerette.

Carrou, mouture, mélange de froment et d'orge.

Cart, cartet, mesure de vin plus grande que la chopine de Paris d'environ deux tiers, un quarteron d'autre chose.

Cartipél, cartel.

Casca, frapper contre, choquer, dauber.

Cascal, le bruit que font deux coques de noix en se choquant ; et par métaphore, babil.

Cascailleja, faire un bruit sourd comme d'une bale qui roule dans une coque de noix, causer, babiller, caqueter.

Cascou, casque, et en raillerie la tête.

Cassé, chêne, arbre.

Cassenat, jeune chêne, baliveau.

Cassanolo, noix de chêne, approchante à la galle, dont se jouent les petits enfans.

Casseto, poëlon.

Castiga, châtier : *castigofol*, qui châtie les fous : se prend pour le temps et pour le bâton.

Catetos, fa catetos ; faire le pingot, prêter l'épaule pour monter, épauler.

CA

Catitorbo, le jeu de coquelimas bouché, du colin-maillard.

Catsou, fer d'aiguillette; *catsa*, ferrer une aiguillette.

Caücal, un lâche, un homme mou et pesant, butor.

Caülado, du caillé.

Caület, chou.

Caünit, trépassé.

Caüre, pouvoir ranger, pouvoir tenir, que les Champenois disent chevoir.

Caüzeno, de la chaux.

Caüsi, choisir; *caüsit*, choisi, choix.

Caüso, chose, cause. *El n'és en caüso*, il en est la cause, il en est l'auteur.

Caüssat, chaussé, une chaussure ou paire de souliers.

Caütelo, pointille; *caütelous*, rioteux, pointilleux, fâcheux.

Cayma, languir de misère.

Cayrié, *cays*, *caytiü*, voyez *cairié*, *cais*, *caitiü*.

Çazins, céans.

CE

Cebo, oignon.

Cémentiri, cimetière.

CE

Cendrassou, cendrier cagnard, casanier.

Centeno, centaine, le bout du fil d'un écheveau. *Aqui nou y a cap ni centeno*, il n'y a ni rime ni raison.

Ceriéro, guine.

Cero, cire.

Cérs, vent d'occident, contraire à l'autan, sud-est.

Cezé, pois, légume.

CH

Chac, le bruit que fait une pierre ou un ferrement en tombant; un coup de dent.

Chaca, mâcher, manger avidement.

Chambouta, rendre son, tinter: il se dit seulement du bruit que fait une liqueur dans une bouteille ou autre vaiseau qui n'est pas bien rempli, quand on le secoue, que quelques-uns appellent gargoter ou segroter.

Chantum, chose: *calque chantum*, quelque chose qu'on ne sait ce que c'est, quelque drôlerie.

Chapa, mâcher: *chapa la brido*, ronger sou

frein, mâcher à vuide, être privé de ce qu'on desire et dont on voit un autre en possession.

Chapo-frésos, qui semble avoir la bouche pleine de féves : se dit d'un homme qui beguaye à chaque mot, et ne fait que brédouiller.

Chapouta, chapouteja, laver, tremper, plonger et remuer dans l'eau comme les lavandières. *Se chapouteja*, se dodeliner dans l'eau, se guéer.

Chapoutarios, guenilles, bagatelles.

Chardit, n'a garde, on n'oserait, si hardi.

Charnegou, metis.

Pharro, flacon, grande bouteille d'étain, ou de cuivre, buye. *Perdic charro*, perdrix grise.

Charrouta, couler à reprises, gargouiller ; *charroutado*, filet de vinaigre, huile, etc. la quantité de liqueur qui coule à une fois de quelque vase.

Charrot, le bruit que fait une liqueur en tombant, secousses, gargouillement.

Chatou, fripon, brouillon.

Chaüchina, manier salement, patrouiller.

Chaücholos, soupe au vin.

Chaüdelet, gâteau plat sans œufs fait en triangle, échaudé.

Chaüpi, fouler aux pieds, mal mener, gourmander.

Se chaüta, se soucier. *Nou m'en chaüti pas*, il ne m'en chaut.

Chay, cave.

Chic, petit ; *à chicos é micos*, à parcelles.

Chiü-chiü, piulement, cri d'un petit poulet. *Jamay nou fara boun chichiü*, il ne profitera point, il ne fera jamais vieux os, il ne prosperera jamais.

Chi, chichou, chichet, un chien.

Chima, couler goute à goute à travers quelque chose ; il se dit proprement du vin qui pousse et dégoute par quelque fente du muid, distiller.

Chimpo, en chimpio, du biais qu'il faut,

avec adresse. On s'en sert le plus souvent à contre-sens : ainsi dira-t-on à un homme mal adroit à faire quelque chose : *B'y bas en chimpo*, qui est autant que si on disait, tu le prends bien, ou de l'air qu'il faut.

Chincha, *nou'n chincharas pas*, tu n'en tâteras point.

Chita, parler bas. *Nou gaüso pas chita*, il n'ose ouvrir la bouche, il n'ose souffler.

Chop, mouillé, tout trempe ; *choupa*, tremper, mouiller.

Chot, chat-huant, hibou.

Chotum-botum, à l'étourdie, en désordre ; on dit d'un ivrogne ou autre personne maussade et déconcertée, *ne ba chotum-botum*.

Chourra, tarder, muser, être long-temps en quelque lieu.

Chuc, suc, jus. *Aco n'a ni chuc ni muc*, cela n'a point de goût, point de suc ; *chuca*, succer.

Charlumela, buveter, charlemeler, humer à reprises.

Chuta, voyez *chita*.

C I

Cibado, *sivado*, avoine.

Cimbél, cordelle, filet.

Cimec, punaise.

Cingla, sanglier, se sangler.

Cinglos, sangles.

Cinta, ceindre.

Cinto, ceinture, ceint.

C L.

Claba, fermer à clef, achever, accomplir.

Clabel, clou : *clabela*, clouer, ficher, attacher avec des clous.

Claca, claquer, briser, manger avidemment, friper.

Clapa, frapper ; *clapassal*, coup.

Clareja, briller ; *clarou*, lueur.

Classés, *clas*, sonner les clas ; c'est une sonnerie triste qu'on fait pour les morts.

Claü, clef : *las claüs de Sant-Jordi*, le mouchoir derrière le cul, jeu d'enfans.

Claüfit, plein, rempli abondamment.

Clécus, *cléquos*, michon, de l'argent.

Cleda

Clédo, claie.
Clésc, coque d'œuf ou de noix ; il se prend encore métaphoriquement pour la caboche ou tête.
Clin, crin.
Closco, caboche.
Clot, fosse, tombeau ; *cloto*, *cloutero*, fossette.
Clouci, glosser, clousser, gémir comme les poules, se plaindre continuellement.
Clouco, poule-glouce; et par métaphore, une personne maladive, qui ne fait que se plaindre incessamment.
Cluca, fermer les yeux ou les boucher à quelqu'un, éteindre le feu et couvrir le brasier de cendre.
A cluçat, se dit pour, il est mort.
Cluquets, *tout de cluquets*, à yeux clos.
Cluquet, le jeu de cligne-mussette, ou cache-cachète.

CO

Co, voyez *couo*.
Coco, gâteau.
Cofo, coëffe, bonnet de nuit, et en raillerie la tête. *Boli parla d'an sa cofo*, je veux parler à lui tête à tête, quand on veut faire des reproches à quelqu'un.
Colé, chommer une fête, fêter ; *de qui festos coulén*, dont nous chommons la fête ; se prend pour celui dont on parle, l'homme dont est question.
Colo, de la cole ; *bailha la colo*, donner une cassade, fourber.
Colofonio, *colofano*, c'est un morceau de résine servant à frotter l'archet d'un violon.
Col-torsé, tordre le cou.
Col-trinqua, rompre le cou.
Cop, coup, fois ; *un cop*, un coup, une fois, autrefois. *Aco's un cop ér'un homé*, c'est une fable, un conte fait à plaisir : *cops y a bés cops*, parfois : *d'un cop que*, etc. depuis, dès que, *aütrecop*, encore, derechef.

Cor, cœur, chœur d'église.
Corfailhi, évanouir, pâmer.
Cos, corps. *El és cos*, il est mort, il est perdu.
Coze, *coyre*, cuire.
Cossoul, consul.
Costo, côte d'animal, côte ou côteau, contre-joignant.
Coti, écouer : se prend quelquefois pour gentil, propre, troussé.
Coua, couver, muser, tarder, s'arrêter inutilement en quelque lieu.
Coual, queue de mouton.
Couard, *couardillo*, etc. ce sont termes d'enfans, dont ils se servent pour faire honte à ceux qui n'osent se battre contre un de leur taille, afin de les exciter par ce reproche de lâcheté.
Coubés, cupide, avide, convoiteux, qui veut tout pour lui seul.
Coubezeja, désirer passionnément, poursuivre ardemment, convoiter, rechercher :
coubezejat, recherché, poursuivi, désiré.
Coubezenço, avidité, convoitise.
Coubida, convier, inviter.
Coubit, sémonce.
Coucagno, le pays imaginaire de Cocagne ; taloche, des coups.
Couch, coi, on dit ordinairement d'un chien qui de crainte se couche à terre, et demeure-là, sans remuer, *fa couch*, *esta couch*.
Couchayrou, terme de fournier, pour avertir les boulangers qu'il est temps de se retirer.
Coucou, cocon, coque de ver à soie.
Coucoudésco, *coucourésco*, coquelicoq, le cri d'une poule ou d'un coq. *Fa la coucoudésco*, caresser, coqueter.
Coucouroucou, le cri d'un poulet.
Couleno, couenne de lard.
Coudérc, jardin.
Coudérlo, champignon.
Coudoun, coin, fruit.
Coudounhac, codiguac.

Coudounhé, coignié, arbre.

Coudounhéro, le pied d'un coignié planté sur les limites d'un bien, les bornes qui séparent deux héritages voisins.

Coudouissa, frapper du coude, battre.

Coudrilho, camarade, escadre, marmaille, troupe d'enfans.

Coueno, *bailha la coueno*, bailler une fourbe ou cassade.

Coueto, queue.

Coufa, coëffer.

Coufal, tape, noque, horion.

Coufeto, bonnet de nuit, coëffe. *F'a coufeto*, s'enivrer.

Coufi, confire, être long-temps en quelque lieu sans rien faire.

Coufit, se prend pour mort, perdu, ruiné.

Coufimens, de la dragée.

Coufin, coin, recoin.

Coufla, enfler.

Coufrié, coffretier.

Cougeto, calebace, et métaphoriquement la tête.

Couget, cagot, cafard.

Coujo, courge, citrouille.

Coula, *un coula*, alose poisson, collier à chevaux ou chiens.

Coulado, accolade, salut, révérence.

Coulca, coucha, coucher.

Coule, *soulel coule*, soleil couchant.

Coulent, chommable, fêtable, vénérable; *festo coulento*, fête chommable. *Ly aü bailho coulent*, il lui en baille à garder, il lui en conte.

Coulet, collet, rabat, bourde, baye.

Couletino, collet ou pourpoint de cuir.

Coulobro, couleuvre, un laideron.

Coumando, *besougno de coumando*, besogne commandée, faite exprès, chose bien travaillée.

Coumoul, comble, rempli, regorgeant.

Coumpagnéro, compagne.

Coumpagnoulet, jeune compagnon, cher ami.

Coumpanatge, pitance, viande, l'ordinaire qu'on dépense en une maison, outre le pain et le vin.

Coumpanatgeja, ménager.

Coumparanço, à coumparanço dire, par manière de dire.

Coumpayreja, banqueter entre compères.

Coumunal, pâturages communs d'un village.

Counco, bassin de fontaine.

Counilhéro, détour, échappatoire.

Countimen, incontinent, soudain.

Countugna, continuer.

Couo, quo, queue. *De co d'el*, du coin de l'œil : *tu es tout cos*, tu as mille affaires.

Coupet, chinon du col.

Couquéto, petit gâteau.

Courado, les poumons; *las couradilhos*, la fressure.

Courail, du corail, du chêne en œuvre.

Courda, lacer.

Courdetos, cordelettes, cordons et glans à rabat.

Courneto, cornette, cornichon, petite corne.

Cournifustibulat, troublé, affligé, malade de fâcherie, de chagrin.

Cournudo, baignoir, cuve à se baigner.

Couro, quand, en quel temps.

Courolo, tresse de cheveux entortillés autour de la tête.

Courpoissou, courte haleine, difficulté de respirer provenant d'avoir trop mangé.

Courredis, coureur, batteur de pavé.

Courredisso, une coureuse, une garce.

Courredou, allée de maison.

Courregudo, courrudo, course.

Courrejo, courroie ; *courreja*, attacher avec la courroie.

Courrezat, herbes potagères.

Courriü, couriü, voyez *courredis*.

Courroc, corvée, travail que le vassal doit à son seigneur : *courrec, courrouquet*, petit morceau de sucre, ou chose semblable.

Courtisou, dameret, damoiseau, amant;

il se dit ordinairement par mépris.

Coussegas, corps faible et gâté, pauvre corps.

Cousseno, couette.

Coussent, complice, consentant.

Coussi, comment, en quelle façon.

Coussi quicom, enfin, à la fin, à peine.

Coussolo, cassolo, lechefrite.

Coussoulat, consulaire; *coussoulat*, consulat.

Coustala, côteau, coline.

Coustelo, côte d'animal, côtelette.

Coustesi, coustousi, soigner un malade.

Coustic, caulère.

Coustrenhe, contraindre.

Coustupa, constiper.

Couta, enrayer, arrêter une roue de charrette avec un levier ou autrement, s'arrêter en un mauvais pas contre quelque chose sans pouvoir passer outre.

Coutal, voiturier.

Coutel, coutelas, couteau, coûtelas, et par métaphore, un homme avare, et tenant outre-mesure, un chiche-maille.

Choutetos, poules : se prend entre écoliers pour la dernière classe.

Coutinaüt, gentil, joli, propre.

Coutso, couxo, course.

Couyoul, cornard.

Couyre, cuivre, coude.

Couydièro, coudière, accoudoir de fenêtre.

Couyssi, coussin, oreiller, carreau.

Couyta, hâter; *l'y aü an bailhat couytat*, on l'a extrêmement pressé, on ne lui a point donné de relâche.

Couytiou, couytiboul, qui cuit facilement, aisé à cuire.

Couyto, couytanso, hâte.

Couze, coudre.

CR

Crabida, chevreter; languir, être malade.

Crabié, chevrier.

Crabimé, pourta al crabimé, porter sur ses épaules, à chevre morte, faire à la chèvre morte.

Crabit, chevreau.
Crabo, chevre ; *crabo es-tu crabo* : c'est un jeu d'enfant qui se fait en marquant le foyer d'un bout de tison.
Crabot, cautère.
Cramal, cremal, cremaillère.
Crambo, chambre.
Cranc, cancre, homar, écrevisse.
Crassi, sécher, et par métaphore, languir, s'ennuyer en quelque lieu, sécher sur ses pieds.
Crassit, desséché excessivement : se dit d'une viande qui reste sans suc et sans goût à force d'être rôtie.
Craüc, creux, vuide.
Craünél, voyez *cremél*.
Crac, étourgeon, poisson.
Creat, se prend pour pécunieux.
Créaü, créü, nou n'a créü, il n'a pas la maille.
Crebadél, mounta sul perié crebadél, crever de dépit, bouder.
Creysse, croître.
Crema, crama, flamber quelqu'un.

Cremél, une cage à poules.
Cresta, châtrer.
Crestado, une truye châtrée.
Crestadouro, siflet de châtreur.
Crestat, châtré, un cuir de bœuf.
Crestayre, châtreur.
Creze, creyre, croire.
Crezenço, croyance.
Crida, quirda, crier appeler quelqu'un.
Cridadis, cridésto, crierie.
Cridayre, cridayras, criard, criailleur.
Croco, crac, diable : c'est une exclamation.
Crouca, béqueter. *S'encrouca*, emporter, enlever, griper, attraper.
Crouchet, agraffe, boucle, fermoir.
Crouchouna, agraffer, attacher avec la boucle.
Croumpa, acheter : *croumpo*, achat, *croumpayre*, acheteur.
Crouquignolo, noque, tape, coup sur la tête.
Crouquet, grignon du pain.
Croustas, croûte qui

se forme sur une ulcère ou plaie.
Crousteja, mâcher de la croûte, briser.
Croustet, morceau de pain, bribe.
Croux, croix; crouzeyo, croisée de fenêtre.
Crubel, crible.
Crubi, couvrir.
Cruchi, crussi, criqueter, froisser ou rompre du bois avec éclat.
Fa cruchi, dépêcher, friper: cruchit, froissé, perdu.
Crusca, écraser : fa crusca, faire craquer.

CU

Cubat, petite cuve, pressoir.
Cubertouro, couvercle.
Cuco, sorte de vermisseau.
Cugnat, cugnado, beau-frère, belle-sœur.
Culéfo, bourse de raisins : fa culéfos de quicom, par métaphore se prend pour mépriser et rejeter quelque chose.
Cunch, coin à fendre le bois, un quartier de lard.
Cura, curer, caver ; cura les lugres, pocher les yeux.

Curbi, voyez, crubi.
Cussou, calandre, catepeleu.e, charançon, ver. Cussounat, mangé du charançon, vermoulu.
Custodio, coffre ou poitrine d'aminal, squelette.

DA

DABAN, devant, avant.
Dabantal, damantal, tablier, devantier.
Dabegados, d'abescops, d'aüscops, par fois, quelquefois.
Daqui'ndaban, dorénavant.
Dagueja, daguer, poignarder.
Dailha, dalha, faucher.
Dailhayre, faucheur.
Dailho, faulx à couper le foin.
Dac, dambé, ambé, avec.
Da-nobis-odié, une sainte n'y touche.
Du pas, pas à pas. Dapassié, lent, tardif, qui va pas à pas.
D'aquel houro'ndaban, dès-lors, depuis ce temps-là.
Daqui'ntr'aqui, à chaque bout de champ.

Dargné, darrié, dernier.
Darno, arno, tègne, gerce, ver qui ronge les habits. *Darnat*, rongé de tel ver, degercé.
Darno de salmou, tranche de saumon.
D'ar'enla, dorénavant.
Darraye, derraye, tardif, se dit des fruits qui viennent en l'arrière-saison.
Darré, derrière.
Darriga, voyez *derriga*.
Dat, dez à jouer.
Datil, date, fruit de palme.
Daü-daü-li, dali, donne, donne, courage.
Daüra, dorer.
Daürayre, gadouard.

D E

Débana, dévider, réduire le fil en peloton, dépêcher vite une besogne.
Debanadouros, dévidoir, tournettes à dévider.
Debargina, brouiller, mettre en désordre; *debaginat*, brouillé, en désordre, désajusté.
Debariat, égaré, oublieux.
Debariza, dévaliser, bouleverser.
Debarizat, dévalisé, désagencé, désarrangé.
Debé, deber, un devoir.
Debergougnat, éhonté, effronté, impudent.
Deberdia, cueillir un fruit avant le temps; et par métaphore, éveiller trop matin.
Debés, devers, vers.
Dibignayre, divin; *debignayro*, devineresse.
Debigoussa, mettre en désarroi, en désordre, renverser sans dessus dessous, assommer : *debigoussat*, démis, fracassé, accablé de lassitude, ou de coups, en désordre.
Deboucassat, déshonnête en paroles.
Debousigua, défricher.
Debouta, debuta, enfoncer, rompre, ouvrir à force, mettre à bas, renverser.
Debremba, oublier.
Dec, borne, limite.
Dechuca, exprimer le suc, mettre à sec, épuiser.

Decosto, decountro, tout contre, auprès, contre.

D. coura, réciter par cœur, déclamer.

Defat, li n'es défat, il le trouve bien à dire.

Defecile, pour, difficile, terme de paysan.

Deforo, dehors; *deforo bilo*, aux champs, à la campagne.

Degat, dégat, profusion.

Degailhiü, degailliboul, dépensier, qui dissipe tout.

Degargaillat, débraillé, mal ajusté, en désordre.

Degaügnat, décontenancé : *degaügnassé*, se contrefaire, se rendre difforme par trop d'afféterie.

Degoudilha, se degoudilha, se démener, sauteler, écarquiller ses jambes : *degoudilhayre*, dispos.

Degouilha, dévoré, avalé.

Deguert, affecté, qui se contrefait et se rend difforme par trop d'afféterie.

Deguilhou, penaut, camus, étonné : on dit d'un homme qui ne peut venir à bout de son entreprise : *és deguilhou*, pour dire, c'en est fait, il n'y doit plus songer.

Degun, deguno, nul, nulle, aucun, aucune.

Degus, nul homme, personne.

Degut, diügut, diü, ce qui appartient à quelqu'un.

Dejouts, dessous.

Dejugni, découpler, dételer, déjoindre.

Deju, jeûne, abstinence de viande: *és deju*, à jeûn.

Dejuna, déjeûner.

Del, du, *d'él* de lui, *d'élo*, d'elle, etc.

Delagasta, arracher, distraire.

De-là-hier, avant-hier.

De-là oun, où, auquel lieu, en quel endroit (sans interrogation.)

Delata, bailler, causer, debagouler.

Delia, découpler, dételer.

Delouga, déboîter, disloquer.

Delougat, déboîté.

Demarga, démancher.

Se demarrima, s'attrister, s'affliger infiniment ; *demarrimat*, affligé, éploré, éperdu.

Dementre que, tandis, pendant que : *dementretan*, cependant.

Demescounta, mécompter.

Se demesi, se consumer, se diminuer : se dit proprement du potage ou autre liqueur qu'on laisse diminuer par le feu.

Se demespesa, diminuer de poids.

Demest, parmi, entre.

Deminga, diminuer, amoindrir.

Demusclassa, rompre les épaules.

Demusclassat, épaulé, rompu, ou découvert des épaules.

Dénaüs, haut-de-chausse.

Dendespey, depuis.

Denouil, genou ; *dadenouilhous*, à genoux.

Denousadou, l'endroit par où on défait un nœud d'une affaire.

Denta, jeter les dents : se dit des petits enfans.

Dentilho, lentille.

Deüte, dette.

De pés, débout.

Derraye, voyez *darraye*.

Derrambouilha, démêler, débrouiller.

Derriga, *darriga*, déraciner, arracher, enlever à force.

Derrouca, abattre, renverser.

Des, de ceux.

Desagafa, *desarrapa*, décrocher, dépendre.

Desaguici, *deshaici*, niche, déplaisir.

Desayrat, désagréable, qui n'a point de grace.

Desanat, défait, pâle.

Descahestrat, déchevetré, libertin.

Descapelado, bonnetade, salut.

Descarat, affreux, hideux, hagard, horrible, furieux : *descaradomen*, furieusement.

Descasut, déchu.

Desclaba, ouvrir.

Desclabela, déclouer.

Desco, corbeille ; *desquet*, *desqueto*, petite corbeille.

Descourda, délacer.

Se descrestiana, renier son baptême, se tourmenter.

Descrouchouna, dégrafer.

Desculefa, écosser, égousser, ôter l'écosse; *desculefat*, écossé.
Desembesca, degluer.
Desembouloupa, développer.
Desembriayga, désenyvrer.
Desembuilha, débrouiller.
Desembulla, délivrer d'une chose qui ne vaut rien, décharger d'une mauvaise marchandise.
Desempacha, dépêcher, dépêtrer, délivrer quelqu'un de chose qui l'incommode, désembarrasser.
Desempetra, dépêtrer.
Desencoulat, décolé, dépris.
Desencrousa, tirer le bled d'un creux.
Deseneusa, excuser.
Desenjouca, déjucher, dénicher.
Desentutat, qui est hors de sa caverne, de sa tanière, de son trou, déniché.
Desfilfra, défiler, mettre un linge à petits filamens; et par métaphore, déchirer la réputation de quelqu'un.

Desfrounzi, défoncer.
Desoundra, défigurer, rendre difforme, déshonorer: *desoundrat*, défiguré du visage.
Despalla, abattre, démolir, détruire, bouleverser : *despallat*, démoli, détruit.
Se despana, disparaître, évanouir, se retirer à la dérobée.
Despazimentat, un plancher dégarni de carreaux.
Desperbezit, dépourvu.
Despieyt, dépit.
Despita, défier : *en despitan d'el*, malgré, en dépit de lui.
Desplega, déplier, étaler: *desplego*, étalage.
Despouderat, estropié, paralitique.
Despoupa, sevrer un enfant de la mamelle: *despoupat*, sevré.
Desproufita, gâter, perdre, dissiper : *desproufitat*, perdu, gâté, mal employé, dépensé inutilement.
Despunta, épointer.
Dessensat, insensé, égaré.
Dessentéri, dissentérie.
Dessousterra, déterrer, désensevelir.

Destalentat, faire passer la faim ou l'envie de quelque chose : *se destalenta*, goûter d'une viande désirée.

Destararagna, housser; abattre les araignées.

Destermenat, troublé, brouillé, chagrin, qui est hors de soi, déréglé, déconcerté. Il se prend quelquefois pour démesuré : *un cop destermenat*.

Destour, desturbi, détourbier.

Destourba, détourner.

Destourrat, dégelé, dégourdi.

Destragna, étranger, désapprivoiser, chasser quelqu'un d'un lieu, désaccoutumer.

Destric, divertissement, détourbier.

Destriga, divertir, détourner : *se destrigua*, employer son loisir à quelque chose.

Destroupa, démailloter, désammailloter, dépaqueter, développer.

Dex, dix, bornes.

Deyme, dîme; *deymari*, dîmaire.

Dezanat, desentutat; voyez *desanat, desentutat*.

Diahuruhoou, c'est le cri d'un charretier. On dit : *Se n'és anat enta diahuruhoou*, de quelqu'un qui s'en est allé fort loin, ou de quelque chose qui s'est perdue en l'air, et dont on ne sait plus de nouvelles.

Diabléro, drôlerie : *fa la diabléro*, faire le diable à quatre, tempêter et se réjouir extraordinairement.

Dibendres, vendredi.

Didal, dé à coudre.

Digna, daigner.

Diguadiéro, dinharolo, tirelire.

Digné, denier.

Digomendiü, voulant dire, faire semblant, comme ceci ou cela était ; *calque digomendiü*, quelque chose, quelque drôlerie, quelque diablerie.

Dijaüs, jeudi.

Dilus, lundi.

Dimars, mardi.

Dimecres, mercredi.

Dimenge, dimanche.

Dinne, digne. *Aco n'és le dinne*, il est expert, adroit, entendu, c'est l'homme

DI

l'homme le plus propre du monde.

Dinquios, *dunquios*, jusques.

Dinquio-que, jusqu'à ce, jusqu'à tant que.

Dins, dans, dedans.

Dire, dire, enchérir, surdire ; *jusquos à dire d'oun benets*, à double carrillou, extrêmement, longuement.

Dissalde, samedi.

Distre, l'autre jour.

Dit, doigt, dire on dit ; *de fayt é de dit*, aussitôt dit, aussi-tôt fait, à même-temps.

Dito, bonheur, fortune, enchère : *abé bouno dito*, réussir heureusement : *aco n'a pas de dito*, cela n'a point de débit, de cours : *tira un aütré de dito*, enchérir par-dessus un autre.

Dittat, dicton, dire de quelqu'un.

Diüs, *Dioüs*, Dieu, *tant que de Diü pousquec*, autant qu'il put, de toute sa force. *Tens que Diüs ajo, tens que Dioü bejo*, anciennement, au temps jadis.

DO 349

Dioüet, petit Dieu ; *diütelet*.

Diüre, *dioüre*, devoir quelque chose.

DO

Dol, deuil : *pourta dol*, faire le deuil.

Dolço ou *golfo*, côte ou gousse d'ail.

Dolé, douloir.

Dome, se dit pour homme après une voyelle. *Paüré domé*, pauvre homme.

Doublos, carolus, pièces de deux blancs.

Douma, demain : *douma passat*, après demain.

Doumayzelenc, damoiseau, mignard.

Douminica, dominer, maîtriser, gourmander.

Douna, donner : *se douna de quicon*, se mettre en peine, s'affliger de quelque chose. *Qu'yeu m'en douni ?* Que m'en chaut-il ? C'est de quoi je ne me mets guère en peine. *La qualitat que li'n douno*, la qualité qui lui est avantageuse, en quoi il réussit.

30

D'ount, d'où.
Dounda, dompter.
Dounzel, damoiseau, délicat, propre : *dounzelo*, jeune dame ou jeune demoiselle, fille agréable, gentille.
Doûrno, cruche.
Dourneto, petite cruche, buye.
Dous, doux, deux.
Doux, source d'eau.

DR

Drac, drago, une fée. *Fa le drac*, faire le diable, faire merveilles pour ou contre quelqu'un.
Dredredre, claquement de dents provenant du froid.
Dret, dreyt, droit, l'endroit d'un drap. *Li ben de dret*, cela lui vient à main, l'accommode : *de dret*, droit, sans s'écarter.
Dret é dret, vis-à-vis. *Tort ó dret*, à tort ou à travers.
Drindran, carillonnement, son de cloches.
Dronos, des coups, des tapes. *Te baillaré dronos*, je te dauberai.

Droullet, petit drôle; petit garçon.
Droulleto, jeune fille, petite friponne.
Drubi, durbi, ouvrir.

DU

Durdurdur, chant de rossignol.
Durbi, voyez *drubi*.

EF

EFANTET, petit enfant, enfançon.

EG

Ego, jument, cavale.

EI ou EY

Eissalanca, ébauché.
Eissalancat, ébauché, estropié.
Eissalata, rogner les ailes. *Eissalatat*, qui a ses ailes rognées.
Eissaurilha, essoriller, bretauder un cheval.
Eissinja, dépêtrer, dépêcher, délivrer, dégarnir, dépourvoir, priver de quelque chose. *Eissinge, eissinjat*, délivré, privé. *M'en soun eissinjat*, je m'en suis défait.
Eissermen, sarment.
Eissourba, c'est proprement aveugler ; mais on s'en sert ordinairement pour étourdir, essourder, incommoder quel-

qu'un à force de le presser. *Eissourbat*, étourdi.

Eissourdous, importun.

Eissut, sec. *Eissuga*, sécher, essuyer.

EL

El, lui, il ; *elis*, eux, ils.

El, œil ; *els*, yeux. *A belis els bezens*, devant tout le monde, à vue d'œil.

Eléu, hé vite, sus-vite.

Ellumina, illuminer, éclairer, enluminer ou colorer.

EM

Emagut, émaügut, ému.

Embabouti, embabouiner, engéoler, étourdir de paroles. *Embaboutit*, étourdi, brouillé, étonné.

Embabit, établi, entrepris.

Embala, embaler, avaler.

Embalaüzi, étourdir, troubler, étonner. *Embalaüzit*, étourdi, étonné, surpris. *S'embalaüzi*, s'étonner, être surpris de crainte.

Embarra, enfermer, serrer quelque chose.

Embarrasse, se tirerer, s'enfermer.

Embegetos, fa'mbegetos, c'est une façon de parler d'enfant, pour dire faire montre, faire parade de quelque chose, pour donner de l'envie aux autres.

Embegut, embeügut, amaigri, desséché.

Embejo, envie, désir. *Embejasso, embajayre*, folle envie, désir imparfait.

Embejous, envieux.

Embelina, ensorceler, enchanter, charmer ; *embelinayre*, enchanteur, charmeur ; *embelinomen*, charme, enchantement.

Embenta, éventer, inventer ; *embento boulofos*, conteur de balivernes.

Embérs, embért, envers, au prix, en comparaison de, etc.

Embesca, engluer ; *embescat*, englué, attaché à quelque chose sans s'en pouvoir déprendre.

Embinagra, arroser de vinaigre, jeter du vinaigre sur le visage d'un homme pâmé, pour le faire revenir à soi.

Embinassa, abreuver ou tacher de vin.

Emblayma, épouvanter, étonner : s'*emblayma*, se troubler, s'étonner : *emblaymat*, étonné, pâle de peur.

Embounil, nombril.

Embourgna, éborgner, défigurer.

Embouti, écacher.

Embrenica, émier, frouer du pain.

Embriayc, ivre ; *embriayga*, enivrer.

Embricailha, émier, amenuiser, mettre en petites pièces.

Embrouisselat, ébréché, équignonné.

Embuilha, embrouiller, accrocher.

Embulla, voyez *empouboula*.

Embut, un entonnoir.

Emmagena, imaginer.

Emmali, irriter : s'*emmali*, se mettre en colère : *le tens s'és emmalit*, pour le temps s'est obscurci, il fait mauvais temps.

Emmalit, irrité, courroucé, furieux.

Emmerça, employer.

Emmidouna, empeser.

Emmousta, abreuver ou couvrir de moût ; s'*emmousta*, salir ses habits de moût, boire du vin nouveau.

Empach, *fa'mpach*, empêcher, incommoder quelqu'un.

Empaches, embarras, toutes choses qui incommodent, ou qui donnent de l'empêchement : les paysans disent *empachucos*.

Empailha, garnir de paille : *n'y a d'or r'empailhat*, il y a bien des affaires, bien du grabuge.

Empara, soutenir : s'*empara*, s'appuyer.

Empaüt, *empéut*, ente ; il se prend aussi pour un petit coup qui fend la main ou le doigt.

Empéuta, enter, couper ou fendre ; *empéutat*, enté.

Empega, poisser, empoisser.

Empegoumit, sale, crasseux, noir comme poix.

Empegna, engager :

EM

empegnat, engagé, engagé, obligé à un créancier.

Empensat, pensif, mélancolique.

Empimparra, emplâtrer, enduire de chose molle et gluante, salir un drap, ou autre chose de quoi que ce soit en divers endroits.

Empimpounat, ivre, chargé de vin.

Empouboula, pourvoir quelqu'un de méchante marchandise.

Empouboulut, mal pourvu.

Empoussible; le vulgaire s'en sert pour impossible.

Emprigundi, caver profond, enfoncer bien avant, approfondir.

Empudesina, empuantir, infecter.

EN

En, se prend pour ains. *En fèt d'aco*, au contraire; mais plutôt il fit cela : *en tout be que*, encore que.

Enart, *ennart*, échafaud de maçon, échafaudage : *ennarta*, échafauder.

Enasta, *ennasta*, embrocher.

Enbatre, digérer, faire digestion : *s'enbatre*, s'abattre.

Enbalaüsit, *enbenta*, *enbesca*, etc. cherchez *embalaüzit*, *embenta*, *embesca*.

Ença, *fazéts-bous ença*, approchez-vous.

Encadenat, enchaîné.

Encalcilha, parer, ajuster.

Encant, *enquan*, *anquan*, *encau*.

Encés, *ensés*, encens.

Encanta, enchanter, charmer, crier, mettre aux enchères, publier, divulguer.

Encantayre, crieur public.

Enclabat, encloué.

Encloutat, enfoncé bas dans un vallon.

Enço de, chez.

Encoudenit, gras, crasseux, sale comme une couenne de lard.

Encoula, coler.

Encoulerit, échauffé de colère.

Encounsoumit, endormi.

Encountimen, incontinent, soudain.

Encourda uno baüdufo, lacer une toupie.

Endagnéro, lindagnéro, landiniéro, seuil de la porte, linteau.

Endarré, en arrière ; à l'endarrié, en arrière, au rebours.

Endarréna, éréner.

Endebados nou, non sans cause, ce n'est pas sans sujet que, etc.

Endebeni, rencontrer; s'endebeni, s'accorder.

Endeberos, à malos endeberos, à l'étourdie.

Endebio, endive, chicorée.

S'endigna, s'irriter, s'envénimer ; se dit d'une plaie : endeignous, à qui le moindre petit coup cause une ulcère, délicat.

Endentat, brechedent, édenté.

Endimenja, parer comme aux bons jours : endimenjat, paré, ajusté.

En dito d'un tal, au dire d'un tel.

Endoulouma, assomer, meurtrir de coups : endouloumat, tout meurtri ou chargé de coups, qui se deul des coups reçus.

Endroumi, endormir : le pé se m'és endroumit, le pied me fourmille.

Enemistat, inimitié.

Enfadesit, affollé, qui affolle, qui s'attache follement à quelque objet : s'enfadesi, s'accoquiner.

Enfanfarna, plâtrer, emplâtrer, entacher, souiller entièrement.

Enfanga, embourber.

Enfangat, embourbé, engagé.

Enfeci, infecta, infecter ; enfecit, infect.

Enferouni, enflammer: enferounit, transporté de fureur, furieux, ardent : s'enferouni, s'enflammer de colère, entrer en fureur.

Enferrios, entraves, fers, ceps.

S'enfinestra, se présenter à la fenêtre.

Enfounil, enfounilho, entonnoir.

S'enfuma, s'enfumarda, se prend pour se mettre en colère : enfumat, enfumacat, enflammé de colère.

Engabela, javeler, enjaveler.

Engana, tromper, duper, faire un partage inégal : *enganat*, dupé, mal partagé.

Engargassa, gorger, remplir de viande jusques à regorger, engouer.

Engarlandat, couvert d'une guirlande, environné de quoi que ce soit.

Engarra, c'est proprement couper ou blesser le jarret, et se prend ordinairement pour offenser un muscle ou tendon, et par ce moyen ôter la liberté du mouvement.

Engarrat, blessé dans le nerf ou muscle d'un coup qui en empêche le mouvement, rompu.

Engina, agencer, ajuster, apprêter.

Englanda, abattre, assommer, écarbouiller.

Englantino, fleur d'églantier, églantine : on prend aussi souvent l'*englantino* pour les jeux floraux qu'on célèbre tous les ans dans l'hôtel-de-ville, pour le prix des chants royaux, le 1.er et le 3 de mai, parce qu'un des trois principaux prix est l'églantine.

Englazi, frayeur, effroi : *englazia*, effrayer : *englaziat*, effrayé, éperdu, étourdi, écervelé.

Engorg, cherchez, *gourgas*.

S'engouyssa, s'engouer, ennouer, se suffoquer à force de manger goulument.

Engourga, engouffrer, noyer, submerger.

Engourgat, se dit proprement d'un moulin qui a trop d'eau, et par métaphore, du papier et de l'écriture qui a trop d'encre.

Engourmandit, affriandé.

Engourrinit, accoquiné.

Engrafatat, empêtré, accroché, engagé dans quelque embarras dont on ne peut se développer.

Engrafiat, se dit d'un joueur de billard dont la boule est collée contre le rabat.

Engrana, balayer, balier.

Engragnéro, balai.

S'engrima, s'escrimer.

Engrimo, escrime.

Engrumelat, amoncelé, accroupi.

Enguen, onguent.

En guiso de fa, au lieu de faire.

Engulha, enfiler.

Enjaüri, effaroucher, épouvanter.

Enjaürit, éperdu, étourdi, effrayé, écervelé, éventé.

Enins, bien avant, bien profond.

Enjouca, asseoir ou mettre sur le juchoir, jeter dessus quoi que ce soit, élever : *s'enjouca*, se jucher, monter ou sauter sur quelque lieu relevé.

Ejoucat, juché, perché, haut monté, élevé.

Enjouts, en bas.

En-la, *se cal fa en-la*, il se faut reculer ou s'éloigner.

Enlugra, pocher les yeux.

Enluzi, enduire, éclairer, illuminer.

Enluzimen, enduisson, clarté.

Ennarta, voyez *ennart*.

Ennasica, énaser, couper le nez.

Ennasicat, énasé.

Ennayra, élever en l'air, jeter parmi l'air : *s'ennayra*, se guinder : *ennayrat*, élevé, suspendu en l'air.

Enneaüassat, *enncaüssat*, couvert ou rempli de neige, blanc comme neige.

Ennégrat, *enroujat*, etc. vêtu de noir, vêtu de rouge, etc.

Ennegri, noircir.

Enpéut, voyez *empéaüt*.

Enramela, couvrir de fleurs, ou de ramée.

Enramelat, orné de bouquets ou rameaux, paré, agencé.

Enraümassat, enrhumé.

Enré, en arrière. *Fayt'enré*, retire-toi, éloigne-toi de moi.

Enré, cherchez, *ré*.

Ensanna, ensanglanter.

Ensus, en haut.

Ent, en, ains : *ent'esbé*, mais bien plutôt c'est, etc.

Enta, vers quelque lieu, environ.

Entan, *n'incan*, ni près ni loin, en façon du monde.

EN

Entaüla, mettre à table, festiner.
Entaülat, assis à table.
Entec, humeur peccante, mal intérieur : *entecat*, cacochime, maladif, morfondu.
Entemena, entâmer.
Entindouna, enchanteler, ranger au chantier, et par métaphore, disposer ou établir une affaire.
Entorche, torche.
S'entoupina, s'enferfermer comme dans un pot, se dorloter.
Entrabouilla, dévider en écheveau, embrouiller.
Entrebic, la fraise d'un porc ou autre animal.
Entrecujat, outrecuidé.
Entrecuillit, cueilli avant la saison.
Entremiéjos, entrefaites, entre-deux.
Entresignos, enseignes, marque servant de preuve : *en talos entresignos*, à telles enseignes.
Entretan, cependant.
Entrouca, enfiler ensemble.
Entrumi, obscurcir.
S'entuta, se retirer dans la tanière ou petite caverne. *Entutat*, enfermé dans sa tanière.
En-unos, coi, en repos.

ER

Eri, *ero*, j'étais.

ES

Escafit, étroit, étranglé.
S'escagagna, *s'escagassa*, grimacer en tempêtant, s'éguenler, s'égargater ; *qui prumié gaigno, darrié s'éscagaigno*, qui gaigne le premier, s'écorche le cul dernier.
Escay, un reste de marchandise, un échantillon, un sobriquet.
Escayré, *escase*, rencontrer, arriver, échoir. *Escasut*, arrivé, rencontré.
Escajenco, hazard, rencontre.
Escalabissa, voyez, *esparrabissa*.
D'escalampadas, de biais, en passant.
Escaleto, petite échelle: *fa le pèl à escaletos*, berlauder, tronçonner, faire le poil inégalement.
Escalfeto, rechaud, chauferette.
Escalfoliéyt, bassinoire, chaufe-lit.

Escalfurat, escalfat, échauté.

Escalo, échelle, l'escalier, les degrés, la montée.

Escalou, échellon, degré, marche.

Escalopeta, friser en passant.

Escambouta, rompre les jambes.

Escampa, verser, épancher, répandre.

S'escampa, s'épandre, s'écouler.

Fa'scampo de fé, disparaître.

Escampilha, disperser, éparpiller : *s'escampilha,* s'épandre.

Escana, égorger, étrangler : *escanat,* étranglé, étroit.

Escanaülit, maigre, défait, fluet, mince.

Escanti, éteindre, amortir.

Escapado, escapade, frasque.

D'escapado, à la dérobée.

Escapita, décapiter.

Escarabas, escarbot.

Escarabillo, chervi.

Escarabisso, écrevisse.

Escagarol, limaçon, escargot.

Escagarol bibarol, etc. colimaçon borgne ; etc. jeu d'enfans.

S'escargagna, voyez, *s'escarlambica.*

Escareas, gros crachat.

Escardassa, carder, étriller, tétonner.

Escardusat, gentil, propre, bien troussé, égrillard

Escarjoso, escarjoffo, artichaut.

Escariot, inhumain, traitre comme Judas.

S'escarlambica, écarquiller ses jambes.

D'escarlambicous, à chevauchons.

Escarmena, battre ; dauber, étriller.

S'escarmena, s'entrebattre, escarmoucher.

Escarni, contrefaire, imiter la posture ou parole de quelqu'un.

Escarnimen, imitation.

Escarrabilhat, dispos, alaigre, *escarrabillat.*

Escarraüigna, égratigner, effleurer la peau.

Escarrié, esquarrié, gaucher, étrange, qui ne vient pas bien à main : *ma'scarrié,* gaucher.

Escartayra, mettre en quatre quartiers.

Escassopenos, escasso-

men, à peine, tant soit peu.
Escata, écailler le poisson, tondre ou duper quelqu'un.
Escato, l'écaille du poisson, la crasse de la tête.
Escatsa, couper au jeu de cartes : *aü escatsa*, le trancher net, parler franchement.
Escaüda, échauder : *bi escaüdat*, vin tourné ou poussé.
Escaüto, écheveau.
Escay, voyez, *escai*.
Escayré, équerre, rencontrer.
S'escayré, se rencontrer, arriver.
Esclafa, écacher.
Esclapos, coupeaux de bois.
Esclata, crever.
Esclayre, clarté.
Esclop, soulier de bois dont se servent les paysans : *escloupet*, petit sabot.
Escoyré, cuire de douleur.
Escousou, *escousentou*, cuison.
Escouatat, écoué.
Escoubas, écouvillon, long balai à nettoyer le four.
Escoudouma, *escougouma*, ébrancher un arbre.
Escousit, décousit, à sec ; se dit d'un joueur qui a perdu tout son argent.
Escourja, écorcher : *escourjadou*, écorcherie, boucherie.
Escourrenço, flux de ventre.
Escoussiéros, remparts de la ville.
Escoustarra, érener, rompre les côtes.
Escoustarrat, *descoustarrat*, érené, se dit ordinairement d'un cheval.
Escouyssendré, fendre à force, déchirer ou rompre du drap : *escoussendut*, déchiré, fendu à force.
Escrassaduro, friquet, friquete, cueiller percée à écumer le pot.
Escrasso, brouillard, papier de crasse.
Escroutadouro, décrotoire.
Escudié, écuyer, un valet au jeu de cartes.
Escumenjat, excommunié.
Escup, crachat : *éscupi*, cracher.

Escur, obscur.
Escureto, âpre, l'herbe à écurer la vaisselle.
Esfiüla, *istifla*, siller.
Esfiülé, voyez, *fiülél*.
S'esfregi, *s'esfredi*, se refroidir.
Esfregimen, frisson.
Espallat, estropié, érené, éhanché.
Espalla, épauler, rompre les épaules de coups, abattre un bâtiment : *espallat*, paralytique, épaulé, abattu.
Espallut, qui a hautes épaules.
Esparsou, goupillon, aspergés.
Espaüri, épouvanter, intimider.
Espécios, épices : *nou ben pas per bouno espécio*, il ne vient pas à bon dessein.
Espelagassa, déchirer.
Espeltira, tirailler, tirer par les cheveux.
Espelhagoundrit, *espeillagoundrit*, déchiré à lambeaux, houspillé, qui n'est couvert que de haillons.
Espeloufit, échevelé, en désordre, chétif.

Espeli, éclore, épeler : *espelit*, éclos.
Espepisouna, voyez *espipoussouna*.
Esperene, c'est un lacs à prendre les petits oiseaux, qu'on tend sur un bâton plié en forme d'arc.
S'espersourça, s'efforcer, s'évertuer.
Espersorces, efforts : *esfourcet*, petit effort.
Esperreca, déchirer les habits de quelqu'un.
Esperrecat, tout déchiré, délabré, houspillé.
Espesouta, rompre le pied.
Espesoutat, sans pied.
Espia, regarder.
Espic, épi de blé, aspic ou lavande, herbes, garsot, ou ers d'un cheval.
Espiga, épier ou se former en épi ; se dit du blé : signifie aussi glaner : *s'en a pla espigat*, se prend pour, il a bien acquis des commodités.
Espigayro, glaneuse.
Espigo, glane ; *espigos*, glaneures.
Espillo, *esplingo*, épingle. *Espillié*, épinglier;

glier, coussinet à tenir des épingles.
Espinas, halier, buisson.
Espioun, épic, espion, épieu.
Espipoussouna, réplucher exactement. *S'espipoussouna la maysselo*, curer ses dents.
Espital, hôpital.
Esplandi, épanouir, déplier, étendre un drap.
Espleyt, exploit, instrument, outil.
Espleyto, récolte, cueillete, dablée.
Esplingayre, épinglier, faiseur d'épingles.
Espaudassa, couper, ébrancher une vigne ou arbre, tronçonner.
S'espouyla, s'efforcer, s'empresser pour ne rien faire qui vaille, prendre force peine à un ouvrage qu'on n'entend point.
Espourga, émonder un arbre.
Espouta, *espouterla*, couper la levre.
Espouterlat, qui n'a point de levre; et par métaphore, se dit d'un ustensile de terre ou autre à qui on a cassé le goulot, ou partie du bord.
Espouti, écraser.
Esprecatori, purgatoire.
Espréssité, *tout bel espressité*, à dessein, exprès.
Espüga, épucer.
Espirituel, spirituel, ingénieux ; il se prend d'ordinaire à contre-sens.
Esquer, gauche, qui ne vient pas bien à main.
Esquilo, *esquileto*, *esquilou*, clochète, campane de mulet ou de bœuf.
Esquino, échine, dos. *Le bouldrio bézé per esquino*, je ne le voudrais voir que par derrière, c'est-à-dire, je ne l'aime point, il ne m'agrée nullement.
Esquirol, écureuil.
Esquissa, rompre, déchirer.
S'esquita, *se resquita*, s'acquitter.
Esquitat, quitte, qui s'est acquité, qui a payé.
Esta, être, demeurer, tarder ; *s'esta pla*, il est à son aise. *Layssa esta*, laisser quelqu'un

ES

en paix, ne lui rien dire.

Esta siaü, demeurer coi et en repos, se taire. *Un esta siaü*, un silence. *Aco t'esta pla*, cela te sied bien, il t'en prend bien.

Estabani, évanouir, pâmer.

Estabilo, cette ville.

Estable, étable, écurie, bergerie, bercail.

Estabourni, estalabourni, éblouir, ébarluer.

Estabournit, ébloui, étourdi.

Estac, attache de chien, licou.

Estaca, attacher.

Estafihnous, voyez *estefinhous*.

Estaillans, tailhans, cizeaux.

Estalbia, épargner.

Estam, étain. *D'aqui'stan*, de-là avant.

Estanca, arrêter, étancher.

Estaraignadouro, houssoir, long balai à ôter les araignées.

Estaüdels, tréteaux.

Estatjan, locataire.

Estélo, étoile.

Estelos, coupeaux de bois, ateles.

ES

S'estenilha, s'estira, s'étendre.

Esterle, garçon, jeune homme à marier, drôle.

Esters, pur, seul, sans mélange; il se dit proprement des choses sèches et solides, comme *blous*, des liqueurs.

Estibadou, estibandié, métivier.

Estifla, sifler: *estiflet*, siflet.

Estilla, distiller, épreindre avec l'alambic.

Estilladou, alambic.

Estirgougna, tirailler.

Estiü, estioü, l'été.

Estorse, tordre, épreindre en tordant.

Estorso, entorce.

Estoudougna, ébrancher un arbre, et ne lui laisser que le tronc, tronçonner.

Estournobudéls, cherchez *tournobudéls*.

Estournuda, éternuer; *estournud*, éternuement.

Estourri, épreindre, exprimer le suc de quelque chose, mettre à sec.

Estourrit, qui est à sec;

ES

s'estourri, dégoutter jusqu'à la dernière goutte.

Estourrimen, épreinte.

Estre, chose, un tel, du nom duquel on ne se souvient pas.

Estrefa, faire quelque chose que ce soit, dont on cherche le mot propre.

S'estrementi, s'effrayer tout-à-coup, trémousser, trembler de crainte.

Estrenhe, *estregne*, étreindre : *estrengut*, étreint.

Estripa, éventrer, tirer les tripes.

Estroup, le maillot d'un petit enfant : *estroupa*, emmailloter, envelopper.

Estrous, *trinca d'estrous en estrous*, trancher tout net, entièrement.

Estuch, étui ; *estuja*, serrer, enfermer, encoffrer.

Esturrassa, émoter, herser, et par métaphore, dissiper son bien.

EY

Eyme, *à bél eyme*, à eme, à discrétion, en bloc.

Eyssinjat, *eyssut*, voyez *eissinjat*, *eissut*.

FA

FA, faire : *nou m'y faüe pas*, je ne jouerai pas à ce jeu : *que ne fan*, qu'on nomme ; *de fayt é de dit*, aussi-tôt dit, aussitôt fait.

Fabou, faveur.

Facho, *touca la facho*, importuner, se rendre incommode par ses demandes.

Facible, se dit parmi les paysans pour facile.

Fadeja, badiner, passer le temps.

Fadurle, *fadurlas*, un nigaud, un badin.

Fahino, fouine.

Fayssié, crocheteur, portefaix.

Faissou, façon.

Fangas, bauge, bourbier, fondrière.

Fangasseja, crotter, embourber.

Fango, lange, boue : *tout fango*, crotté.

Fangouso, la morue fraîche.

Fantastic, fantasque, bizarre.

31..

Fardo, linge, hardes, habits ; *neteja la fardo*, épousseter : *Se n'intro tout per fa la fardo*, amaigrit extrêmement.

Farga, forger ; *mal fargat*, mal fait, mal travaillé.

Faribolo, baguenaude, bourde, sottise, niaiserie.

Farlabic, frélaterie ; *farlabica*, frélater.

Farnat, le manger des pourceaux.

Fasendos, affaires, besogne, industrie.

Fasti, ennui, contre-cœur : *aco fa fasti*, cela fait mal au cœur.

Fastigoux, ennuyeux, fastidieux, qui fait mal au cœur.

Faüdo, giron : *las faüdos d'uno raübo*, les pans d'une robe.

Faüre, maréchal.

Faüreja, forger, chair-cuter, fagoter, faire une besogne mal proprement.

Faürejat, fagoté, mal fait.

Fay, fau, hêtre, arbre.

Faytilié, *faytilhero*, sorcier, sorcière.

Le fe, le foin : *la fé* la foi.

La féu, une chimère, une moquerie : *fa la féu*, piafer.

Fédo, brebis, garce.

Fel, feuille de livre, fiel.

Felho, feuille d'arbre, *fa pet sus feilho*, disparaître, évanouir, se retirer à la dérobée.

Fendilhat, gersé.

Feneja, fener.

Fenetra, *feletra*, c'est un pardon qui se gagne en carême et fêtes de Pâques, en visitant des maladreries qui sont aux faubourgs de Toulouse. On s'en sert pour toute assemblée de dévotion.

Fenses, fumier.

Fenno, femme ; *fenhouno*, *fennarrou*, femmelette.

Feramio, loup, ou autre bête sauvage, furie, fantôme, toute chose affreuse.

Ferou, fureur, horreur, frayeur.

Ferioux, furieux.

Ferrat, seau à puiser.

Ferrataïlho, ferrailles.

FE

Ferratjo, fourrage.
Ferreto, goye, braquemart, toute sorte de ferrement : *bouta la ma à la ferreto*, mettre la main à l'épée, se battre ; *caga la ferreto de poou*, mourir de peur.
Ferum, sauvagine, venaison.
Fet, fait, *per fet de*, pour ce, ce qui est de, etc.
Fetge, foie.

FI

Fi, fin.
Fiato, un bon coup, ou plein verre de vin.
Fibbla, ployer, fléchir.
Fiél, fil, filet : *nou s'en a laissat fiél d'eissut*, il est à sec, il a tout joué, dépensé.
Fiélfro, filament : *nou n'é fiélfro*, je n'ai pas la maille.
Fielfreja, filer, jeter des filamens.
Fiereja, trafiquer aux foires.
Filhastre, beau-fils.
Filhol, *filiol*, filleul, un baptisé, ou convoi pour le baptême.
Filholo, sorte de cierge.
Finestrou, fenêtrele.
Fissa, piquer : *fissaduro*, piqueure.
Fissou, aiguillon, piquon.
Fiüla, sifler.
Fiülel, siflet, pipeau, égoût de ville, cloaque.
Fiületa, piper, attirer.
Fiületo, terme d'enfans, pour dire que tout s'est évanoui.
Fisable, fidèle, et qui se fie volontiers.
Fizanço, fiance, *à fizanço*, en ami.
Fizo, abe fizo, fa fizo tene-se fizo, avoir confiance, s'assurer : *d'uno causo me fizi*, je suis assuré d'une chose, une chose me console ou me satisfait.

FL

Flac, faible, lâche, fluet : *flaquiéro*, faiblesse : *flaca*, succomber sous sa charge, défaillir, s'affaiblir.
Flagél, fléau.
Flambado, flaüssouno, fougasso, gâteau.
Flambent, *tout flambent noou*, tout neuf.
Flapo, tache, marque, moucheture.

Flapat, tavelé.
Flatingos, flatteries, caresses : *fa flatingos*, amadouer.
Flaünhac, bavard, sot.
Flaümatic, flegmatique, pituiteux : *fléumos*, flegmens.
Flaüt, niais, benet.
Flaüto, flûte.
Flaütot, siflet, petite flûte.
Flayrou, odeur, senteur.
Flessado, couverture de lit.
Flasc, *flisc*, *flesc*, expression du bruit d'un fouet qu'on fait claquer.
Flic, *floc*, son des flots contre le rivage ou semblables.
Flisqua, claquer.
Floc, flocon, houpe, pièce de quoi que ce soit ; *flouquet*, petit flocon ; *flouca*, couvrir de flocons, parer des bouquets : *fa soun floc*, faire ses affaires, profiter de quelque chose.
Flou, *floureto*, fleur : *flous*, fleurs, trefles ; *floureja*, fleurir, être propre, ajusté.
Flouris, florins. Cent *flouris*, terme du jeu de *capitorbe*, ou du coquelimas bouché.
Flouroune, clou, froncle.
Foc, feu, *pé del foc*, foyer.
Foro, *de foro*, dehors, hors d'ici, loin d'ici.
Foro-bandi, bannir, exiler.
Forobia, fourvoyer.
Foronisa, sortir du nid, prendre l'essor, se retirer ; *foronisou*, un oiseau déniaisé, qui commence de sortir du nid.
Fort et mort, opiniâtrement, obstinément.
Fotjo, fouïssement.
Foxo, *força*, force, beaucoup.
Fougayrou, feu de joie que les particuliers font devant leur porte le soir de la Saint-Jean ; tout feu de peu de durée.
Fougna, pousser, cogner.
Fougneto, qui anime les uns contre les autres.
Fouina, s'enfuir, gagner du pied.
Fouissa, piquer, aiguillonner, pousser.

Fouissino, fouine, bâton armé d'un fer à deux ou trois fourchons.

Fouita, fesser, fouetter.

Foulas, folâtre : *fouleja,* folâtrer.

Foulse, foudre.

Founzaraillos, fondrille, lie.

Fourcat, hoyau.

Fourmigueja, fourmiller, démanger.

Fourro-bourro, pêlemêle, comme que ce soit.

Fourrous, sergens, ou gardes des capitouls.

Fourrupa, succer, boire, humer, avaler, avidement : *fourrup,* une gorgée : *fourrupadis,* succement.

Fourtot, fortelet : *fourtaresso,* forteresse.

Fourteja, sentir l'aigre, sentir mauvais.

Fourtunable, puissant, robuste, fort.

Fourrou, aigreur.

Foussalou, bourdon, frélon.

Foussou, bêche, houe.

Foutja, bêcher, fouïr, fossoyer.

Foutjayre, travailleur, fouïsseur, houheur.

Fouzilha, fouiller.

Fourra un gous, piller un chien.

FR

Frayrastre, demi-frère.

Franciman, Français de de-là la Loire, qui parle naturellement français; *francimandeja,* écorcher le français, barguigner, chicoter.

Fraysse, frêne, arbre.

Freüle, freoule, mince, ténué, frêle.

Fredeluc, frilleux.

Frega, frotter en passant, friser, frayer, toucher à peine : *de fregado,* en passant.

Fregi, fregina, se dit proprement de la graisse qui gargote à la poêle; se prend pour mourir ou enrager d'envie.

Frem, ferme, fermement.

Frese, frais : *frescuro,* fraîcheur.

Frezos, féves écossées.

Fresquet, frais.

Frezo, fraise à porter autour du col, collier de mâtin.

Fringos, caresses ; *fa fringos,* caresser, amadouer, comme

les chiens font à leur maître.
Frounzo, fronde.
Frounzi, froncer; *frounzit*, froncé, ridé.
Fruto, fruit : *boun fructus*, bonne pièce, bon drôle.

FU

Fugi, fuir : *futo*, fuite.
Fum, fumée.
Furga, fourgonner, pousser : *furgou*, fourgon.
Furgo, homme extraordinairement haut et grêle.
Fusto, bois à bâtir, charpente : *uno fusto*, poutre : *fustié*, charpentier.
Fustani, futaine.
Fustatge, futaie.

GA

GALET, *beüre à galet*, boire d'haleine.
Ga, le gué d'une rivière.
Gabel d'issermens, javèle de sarmens.
Gabelo, gabelle, javelle de blé.
Gabio, cage.
Gabou, un air étouffé, une vapeur chaude.
Gaf, croc, *gafet*, crochet, doigt : *en gafet*, crochu.
Gagno-petit, émouleur.

Galhé, gros goinfre, vaurien, gros pendard.
Galhofro, goinfre, grand pendard.
Galinat, étoudeau.
Galinhéro, volière, gélinier.
Galitran, *galitrandas*, belître, pendard.
Galluréu, godelureau, petit galant.
Gandi, sauver. *Se gandi*, détourner le coup, esquiver, se défendre.
Galenet, traître.
Gangalho de pél, tresse de cheveux longs.
Ganguié, sale, vilain, souillard, charcuitier, gofe.
Ganida, glapir, criailler, se plaindre comme un chien qui vient d'être battu.
Ganitél, voyez *gargaillol*.
Gansoula d'esclops, vêtir des sabots.
Garats, voyez : *garats-les aci*, les voici : *garo*, voi, voici : *garo pérdits en campagno*, boute perdrix, etc.
Gargailhol, *gargamélo*, gosier.
Garganto, gorge.

Garbo, gerbe : *garbeja*, gerber.
Gardaraübo, surcot de femme, garderobe.
Gardiatge, banlieue.
Gargouta, gargouiller, bouillir; il se dit d'un pot d'eau qui bout.
Garlambisti, le jeu de la mouche.
Garrabot, bateau, barquette.
Garraboutayre, batelier.
Garrabusto, panier ou coffre d'ozier.
Garramacho, gamacho, triquehouse, guêtre.
Garrel, qui tourne les souliers, pied beau.
Garro, jambe, jarret : *alounga la garro*, marcher vîte.
Garrou, jarret de mouton, ergot de coq.
Gaspo, grape, rafle.
Gat, chat : *bailla le gat, la gatusso*, se gausser de quelqu'un, bailler des cassades; *à pam de gat*, tout contre.
Gatet, minon, petit chat.
Gaübiasso, *bailla la gaübiasso*, conter des balivernes.

Gaüch, joie, souci, fleur.
Gaüjoux, joyeux, agréable, enjoué.
Se gaüdina, se réjouir, se donner du bon temps.
Gaülem, grand goula, louvis.
Gaünho, gaügno, ouïe de poisson, joue.
Gaügnas, gaügnassou, laidron.
Gaüpas, vilaine laidron.
Gaüto, joue : *gaütissou, gaüteto*, petite joue.
Gaütimas, grosse joue, soufle, soufflet : *gaütat*, soufflet, jouée : *se gaütéja*, se donner à travers les joues : *rire de gaüto*, rire mocqueur.
Gaütuflat, jouflu.
Gaüs ou *gahüs*, hibou.
Gaüza, oser ; *gaüsard*, hardi.
Gay, gai, geai, large, regorgeant.
Gazailha, métayer, laboureur de nos terres : *gazailho, bailla en gazailho*, bailler le bétail à profit, en commende.
Gazan, gain : *gazagna*, gagner.

G E

Gés païro, vrai Dieu, que vous êtes delicat.
Gensemil, jasmin.
Estre de gést, être en rut.
Geys, plâtre.

G I

Gibre, bruine, brouillard.
Gilous, jaloux.
Gimbelet, forêt, giblet.
Gimbeleto, petit gâteau rond fait en anneau.
Gimbeletayre, vendeur ou faiseur de tels petits gâteaux.
Gimbert, persil.
Gimblas, gaule, houssine, qui est d'un bois ployant en guise de courroie.
Gimèlo, un homme haut excessivement, comme un géant.
Ginésto, genet, herbe.
De ginouilhous, à genoux.
Gintet, par mesure, petit à petit; *fa gintet*, ménager.
Gipou, pourpoint, et par métaphore, estomach.
Girofles, se prend pour le même que *galhofre*.
Girouflado, œillet, fleur.
Girouflié, pot à tenir des œillets.
Gisclet, loquet, cliquet.
Gita, jeter.
Gitou, jeton, mereau, jet.

G L

Glandoulo, glande.
Glas, glace.
Glati, claquer: *las dents ly glatissen*, les dents lui claquent.
Gleyso, église.
Glorio, gloire, superbe, suffisance, dédain.
Gloup, une gorgée d'eau ou autre liqueur.

G N

Gnac, nhac, coup de dent.

G O

Godo, une rosse, un vaurien.
Gof, tout mouillé, tout trempé d'eau comme une éponge.
Gorjo, bouche: *gorjolis*, popin, goinfre.
Gorjo-bira, tournebouler.
Gorjo-birat, défiguré, difforme.
Se gorjo-bira, se contrefaire, se disfigurer.
Golis, golibaüt, bafreur, bribaut.
Gorros, livrées d'épou-

sée, toute sorte d'ornemens.
Gouter, conduite, gouvernement. *Capitani mal gouber*, le jeu de l'abbé.
Goudousi, *fa le goudousi*, c'est proprement se demeurer tout assis; se prend pour piafer et faire le brave.
Goujo, chambrière, servante.
Goulousi, dévorer, avaler, friper.
Gouluda, vautrer.
Gounel, gounelo, cotte de femme, cotillon.
Goubaüt, brifaut, goinfre, gros goulu.
Goudilha, gourdissa, tirailler, traîner.
Gourgas, pâté d'encre, mouche.
Gourgo, un amas ou regorgement d'eau qui se fait en quelque creux de rivière, gouffre.
Gourgourial, excellent, gentil, exquis; mais on ne se sert de ce mot qu'à contre-sens, pour signifier quelque chose mal faite.
Gourmancien, négromancien.
La gourmando, se prend pour la poële métaphoriquement.
Gourmina, griveler.
Gourmet, cochon.
Gourri, vagabond: *gourrina*, *gourra*, errer, vaguer, battre le pavé.
Pel gourri, à l'abandon.
Gourri, gourrou, terme dont on se sert pour appeler ou contrefaire les pourceaux.
Gous, chien: *gousset*, petit chien à feu: *goussas*, clabaud, mâtin.
Gouteja, dégoutter.
Goutent, *tout goutent*, trempé, mouillé.

G R

Gra, grain: *és del gra*, il est de la race.
Grasiü, grefe, jetton d'arbre.
Grasus, charogne, souillard, puant, vilain.
Granisso, grêle: *granissa*, grêler.
Grapa, gratter, fouiller la terre.
Grapos, *ana de grapos*, marcher à quatre pieds, ramper, marcher sur le ventre.
Gratilhous, chatouille-

mens : *fa gratilhous*, chatouiller.

Grounha, gratter, galer.

Graüpigna, égratigner, écorcher avec les ongles.

Graüpignayre, égratigneur, grafineur.

Graüpignado, égratigneure.

Grazal, un baquet.

Grazalet, petit baquet.

Grazalo, jatte.

Grèc, gadouard.

Grequeja, salir, patouiller, charcuter.

Grèdo, crai, de l'argent.

Grèda, crayer, marquer de craie.

Grella, grêler, vanner.

Grelladou, *un crubel grelladou*, un van.

Grèp, engourdi. *Las mas grepos*, les mains gourdes.

Le grèp, le ferme, le fond de la terre.

Grepio, crêche, mangeoire, et se prend pour un grand mangeur.

Gresilho, gril.

Gresilha, rôtir sur le gril, griller.

Gric-gric, chant d'un grillon ou criquet.

Grisoul, fontaine.

Grit, criquet, grillon.

Grilla, gueter.

Groua, muser, s'amuser, tarder.

Grougnaüt, goujon, sorte de menu poisson.

Groullo, vieille savate.

Groullassou, traineur de savates.

Grouillé, *groulleto*, savetier, carreleur.

Groussié, grossier, marchand épicier.

Gruéu, gru, gruau.

Grumicél, peloton.

Grumicelet, petit peloton.

Gru, grène ou grain de raisin.

Grumado, les grumes séparés de la grape.

GU

Guerlhe, louche.

Guigna, viser, faire signe des yeux, cligner les yeux. *Bailla la guignado*, faire signe des yeux.

Guignou, moustache, perruque.

Guilha, duper, décevoir.

Tu es de guilhou, tu es dupé, c'en est fait, tu n'y dois plus prétendre.

Guimba, sauter, gambader.

La guineu, défi. *Fa la guineu*,

guignéu, chommer, ne rien faire.
Guingassou, fiche, petit clou.
De guingoués, de travers, de biais, en biaisant.
Guinsal, hart, corde.

HA

Hau bi de bigno, bi, c'est le jargon des crieurs de vin.
Haüpalala, haüpalaletos, ho, voilà qui va bien, courage; ce ce sont termes d'enfant, sautant de joie.
Haüt-mal, aüt-mal, mal caduque, épilepsie. *Tombo de l'haüt-mal*, il est atteint d'épilepsie.
Hazira, haïr: *hazis*, ou *azir*, haine.

HE

Hey, hoou, ho, holà, ce sont des termes dont on se sert pour appeler un inconnu.

HO

Home, homme. *Aco's un copèro un home*, c'est une fable.
Hort, jardin: *horto*, grand jardin, *hourtala*, jardinier.
Hourtalecio, herbes potagères de jardin,

bous n'abets d'aco de l'hort, vous avez menti, comme qui dirait, vous avez de la mente qui naît au jardin.
Houro, heure, temps. *A bélos houros*, en certain temps, parfois.
D'houro, de bonne heure.
Houstal, maison.

JA

Ja, c'est assez.
Jagan, gigan, géant.
Jangoula, crier à haut de tête, braire en se plaignant, criailler, clabauder, hurler en chien.
Janicot le pico, la faim le presse.
Jaquetos, es en jaquetos, en pourpoint.
Jas, la couche ou gîte d'une bête.
Jacilhos, es en jacilhos, elle est en gésine.
Jaüparél, petit chien, clabaudeur.
Jaüpadis, aboi.
Jayre, gésir.
Jazen, accouchée.

ID

Idoula, heurler.

IM

Imajayre, imagier, vendeur d'images.

IN

Intra, entrer : *intrado*, entrée.
Joc, jeu : *jouga*, jouer.
Jou, je, moi. *Jou boli*, je le veux.
Jouato, joug.
Jouac, jouquié, juchoir.
Jouené, jeune.
Jouinos, caresses : *fa jouinos*, faire fête, flatter, caresser.
Jouquié, voyez, *jouc*.
Jousiou, Juif.
Jouts, sous.
Jouyel, joyau.

IR

Iroundo, hirondelle.

JU

Junc, jonc.
Jugne, joindre, atteler.
Juillos, lien dont on attache les cornes des bœufs.
Junta, joindre, ajuster.
Justo, pinte, pot de vin.
Jutjomen, jugement.

LA

Labassi, lavasse, une ravine d'eau, quand il pleut à lavasse, à verse, à seaux.
Labayro, lavandière, buandière.
Labets, alors.
Laféu, une cassade ou tromperie : *fa laféu*, abuser quelqu'un, piafer.
Laforo, là, en ce lieu-là.
Lagaigno, chassie des yeux : c'est aussi une petite fleur jaune qui se trouve parmi les champs.
Lagaignous, chassieux.
Lagast, tiquet, louvete : c'est un ver qui s'attache ordinairement aux oreilles des chiens, des bœufs, etc.
Lajouts, là-bas, en bas.
Lalléro, fa lalléro, s'ébaudir.
Lambrec, éclair de la foudre. *Lambreja*, jeter des éclairs, briller.
Lambrusco, grape de raisin, lambruche.
De lan en lan, ouvert tout à fait, tout de grand.
Lançado, élans, élancement, pointe de douleur.
Lancis, la foudre, quand il y a de la diablerie parmi : *fa lè lanci*, faire le diable à quatre.
Landiniero, le seuil de la porte, linteau.
Landra, battre le pavé ; *landrayre*, batteur de pavé.

LA

Landuro, souffrance : *sa landuro*, souffrir la faim ou autre incommodité, tandis que l'on voit les autres à leur aise.

Lamfri, vagabond.

Lagousto, écrevisse de mer.

Languisou, langueur.

Lanssi, *mal lanssi*, diable, juron.

Laparassos, grapelles, herbo poignante.

Lapuc, pelote de grapelle.

Lar, *la lar del foc*, l'âtre, le foyer.

Lardadouro, lardoire.

Lasseto, hélas; il se dit ordinairement par risée.

Lato, houssine, baguette; latte, aisseau à couvrir la maison : *latis*, gaule : *latassado*, coup de gaule.

Latou, leton, cuivre jaune, blanc.

Laügé, léger.

Laüqueto, loche.

Laüra, labourer la terre.

Laüsceto, alouette.

Laüze, lods, rente, censive.

Laüzert, lézard.

Laxa, *lacsa*, lâcher, débander, détendre, élargir, faire large.

Laxe, lâche, non bandé.

Layrounici, larcin.

Lazins, là-dedans.

LE

Le, le, celui : *la*, la, celle.

Leleno, haleine.

Léu – léu : tôt, vîte, bientôt. *Dicio léu*, bientôt, dans peu de temps.

Lebadis, levis.

Lebadou, sage-femme.

Lebat, *bosc lebat*, bois de haute futaie.

Lec, suffisant : *leco*, coquette, friquette : *lequiso*, coquetterie.

Lédro, lierre.

Lefignous, *estifignous*, dédaigneux, méprisant, dégoûté, délicat.

Legi, lire.

Legno, bois à brûler. *Un legnas*, une grosse bûche : *legnerat*, linier, tas de bois.

Légo, lieue.

Leguena, glisser : *leguent*, glissant : *leguenado*, glissade : *leguenadou*, glissoire.

Lengueja, langayer un porc.

Lenguobourrat, begue.

Lengut, lenguard.
Letrut, letroferit, lettré, savant : se dit le plus souvent par risée.
Léuge, liège.
Leze, loisir.
Lezeno, alêne, un esprit fin, subtil, pointu.

LI

Lifre, gras, embonpoint.
Ligneto, ficelle.
Limaüc, limace, limaçon sans coquille.
Lio, lien de paille.
Lirgo, glayeul.
Liri, un lis, fleur.
Lis, lissé, poli, uni : *fassen les pots lises*, s'engraisser le museau, s'en donner à travers les joues : *dono Lizeto*, dame Lise, la bouche.
Lisops, hysope.
Listro, une tranche, pièce, lambeau.
Litsou, leçon.

LO

Loc, lieu : *laissa à loc*, laisser quelque chose en repos et en sa place. *Aco me fa beni le sang à loc*, cela me rend l'âme, la vigueur.
Loufo, vesse : *loufa*, vessir.
Louga, louer, prendre ou bailler à louage.
Louguié, louage, loyer.
Lozo, ardoise.

LU

Lucano, lucarne.
Lugra, l'étoile du matin, l'étoile de Vénus.
Lugreja, briller, étinceler comme une étoile.
Lugrayre, lugrejayre, éclatant.
Lugre, louche.
Les lugres, les yeux.
Lum, lumenario, lumière, luminaire.
Luneysso, linote ; *luneyssat*, petite linote.
Luquet, allumette.
Luscrambo, ver-luisant.
Luscrna, épier, regarder de près.
Lustro, huître.
Lux, clarté, jour.
Luzeto, luette, aluette.
Luzi, luire.

MA

MA, main ; *maneto*, petite main, ou délicate, menote.
Maca, donner un coup orbe, faire une meurtrissure, agacer les dents. *Macat*, meurtri, agacé.

Machou, gros lourdaut, sot, idiot.
Madur, mûr.
Madono, *madounetto*, madame, dame de basse condition.
Magagno, grabuge, débat, querelle : *mettre en maganho*, mettre en trouble, en confusion.
Mageno, image ou médaille de pélerin.
Magnayo, douillet, délicat, mou, efféminé, doucet.
Mayenc, qui vient au mois de mai, le débordement des rivières qu'arivent ordinairement en ce mois-là.
Mailluca, rouer un criminel.
Mainatge, voyez *maynatge*.
Majoso, *majouso*, fraise, sorte de fruit.
Majouraüt, l'aîné de la maison, le coq de la paroisse, un gros garçon.
Maytinos, des heures.
Mayran, marrain, bois de charpente.
Maysselo, mâchoire.
Mal, mauvais, âcre.
Malaüt, malade : *malaütis*, maladif : *malaüeja*, être malade, ne pouvoir se ravoir.
Maleba, emprunter.
Mal-fazié, *mal-faseyre*, malicieux, désobligeant, importun, qui se plaît à faire du déplaisir, à faire des malices.
Mal-ingert, mal bâti, mal propre, en désordre, mal mis.
A malabero, avec peine, incommodément.
Malo-bestio, le moine bourru, loup-garou.
Malo-pérco, *malo-perquessiü*, *malo-percanto*, *malo-raco* : c'est autant comme en français, vertu coi, vertu bleu, vertu non pas de ma vie.
A de malos, malicieusement, tout de bon.
A malos endeberos, à l'étourdie, comme que ce soit, par voies directes ou indirectes.
Manat, *manadet*, poignée.
Mandelaté, *mandespitan*, diable, juron. *Un mandelaté*, un ferragus.
Mandro, renard : *man-*

drat, renardeau : fin mandrat, un matois, un madré.
Manéflo, qui suborne et séduit les chambrières.
Maniéro, manière : escalo-manhero, échelle à main.
Manitorto, un jeu que l'on fait en renversant la paume de la main.
Manjatiboul, comestible, appétissant.
Manjo-crucifix, manjo-sans, hypocrite, cafard.
Manjuqueja, manger souvent.
Mano, brebis.
Mant'un cop, maintefois, souventefois.
Marco-siaü, un homme qui bat froid, rusé, matois.
Margue, un manche, marga, emmancher.
Margo, une manche.
Maridadouro, nubile, en âge d'être mariée, grande.
Mario-méco, une sainte-n'y-touche.
Marmul, murmure, bruit, rumeur.
Marmulha, murmurer.
Marqua, marcher dessus, fouler.
Marra, marret, bélier.
Marrassal, coupereau, gros couteau de boucher.
Marrel, marraine, un jeu d'enfans.
Fa mars é mouns, faire rage, faire merveilles.
Mascaigna, charcuter.
Mascara, charbonner, barbouiller, machurer, noircir.
Masclou, mal de masclou, colique.
Masel, boucherie ; maselié, boucher.
Massip, jeune homme.
Massipo, fille ; massipeto, fillette.
Mastulha, mâcher mollement et sans appetit.
Mat, vin bourru.
Matas, buisson, halier.
Matras, matrassino, matras, flèche.
Maulha, assommer, meurtrir.
May, le mois de mai ; davantage : é may may, et encore : may que may, le plus souvent, ordinairement : tant é may, autant qu'il se peut, au possible.

Maynatge, enfant.
Mayral, maternel.
Mayran, *maysselo*; voyez, *mairan*, *maisselo*.

ME

Mé, c'est la voix d'un agneau qui bêle; *mé mé*, agneau, mouton: c'est un terme d'enfant.
Melço, la rate.
Memoy, violette blanche.
Menado, conduite, une quantité de bois flotant qu'on jette dans la rivière de la montagne, pour la conduire dans la plaine.
Menestral, artisan.
Menganos, flatteries, caresses.
Menimous, délicat, fantasque.
Mentre, tandis, pendant: *mentretan*, cependant.
Menusos, fressures, menusailles de chair frite.
Mericles, bésicles, lunettes.
Merlusso, morue: *merlussiéro*, *merlussayro*, vendeuse de morue, harangère.

Més, mois; mis.
Mes, mais, moutons.
Mesoul, moüelle.
Méuco, *fa méuco*, manquer au besoin, faire faux feu, faire touquet.

MI

Micos, miettes, boules de millet cuit à la chaudière ou marmite. *En micos*, excellent; *à chicos é micos*, à parcelles.
Miélgrano, migraine, pomme de grenade.
Miéy, milieu, à demi.
Miflo, chiquenaude.
A migé, *migeromen*, en commun, par moitié.
Milanto, un million.
Milhas, pain de millet.
Milhou, meilleur, mieux.
Mimarélos, berlue: *fa mimarélos*, faire venir la berlue, éblouir.
Minaût, *minaüdo*, *mineto*, minon, minet, chat ou chatte.
Minous, *tout minetos*, affecté, doucet, minaudier.
Mirailla, mirer, regarder au miroir.
Miracouca, enjoliver.
Mirgailha, diaprer, va-

MI

rier, peindre de diverses couleurs : *mirgailhat*, diapré.

Mirgailladuro, variété de couleurs, diaprure.

Mirgo, mirgueto, souris.

Miro, visée ; *prene miro*, viser.

Miscarolo, petite alouette.

Mistouflet, poupin, délicat, mignon, enjoué.

Mistras, pain de millet.

Miü, mibo, mien, mienne, qui est à moi.

Aco fourec miü, j'eus cette infortune pour ma part.

MO

Morburro, morbieu. *Per la morburro*, par la mordienne : *mort d'un ture*, mort non pas de ma vie.

Mandourre, grosse tête d'âne, idiot.

Moufida, renifler.

Se mouca, se moucher, se moquer : *moucadou*, mouchoir : *moucadou de posté*, visage de bois.

Mouilhé, femme, épousée.

Mouleto, aumelette.

Mouli de prat, minon, moine, herbe bourrue qu'on souffle sur les habits.

Moulzé, traire une vache, etc. décharger, épreindre.

Mouna, faire le chien couchant. Voyez *bouca*.

Mounard, singe : *mounino*, guenon, guenuche. *Prene la mounino*, s'enyvrer.

Moundi, Toulousain.

Mounge, moine : quenouille, herbe à souffler sur quelqu'un.

Moungetos, fèves d'Italie.

Mounjo, religieuse.

Mouno, mounetto, chatte.

Mouquet, un bout de chandelle.

Mour, museau, grouin, hure.

Mourdassado, morsure, coup de dent.

Mourlec, mourleco, mourlebat, mourlebado, coquet, coquette, éventé, éventée, suffisant.

Mourniflo, chiquenaude.

Mourous, mourouso, mourousetto, mignon,

mignonne, amiable, aimable.

Mouscailha, émoucher.

Mouscailhou, moucheron, biberon.

Mousco-dabit, musca vadit, jeu d'enfant.

Moussega, mordre, entâmer avec les dents: on se sert encore de ce mot pour dire appeler du nom de monsieur, ou lui donner du monsieur.

Moustelo, belette, moutoile.

Mousti, mâtin, dogue.

Moustous, plein de moût, qui rend quantité de moût.

Moutou-gras, la mouche, jeu d'enfans.

MU

Muda, changer, prendre un autre logis, se retirer, s'en aller, mourir.

Mujol, moyeu, jaune d'œuf, sorte de champignon roux, muge, poisson.

Mutus, qu'on se taise.

NA

Nade, n'avoir, en avoir.

Nadal, la fête de Noël.

Nani-nou, non, non.

Nap, naveau.

Nas, nez: *nazet*, petit nez. *Douna del nas*, hocher la tête, rejeter, mépriser : *tant que le nas me fumara*, durant ma vie: *tanto de naso*, un pied de nez : *de nases*, à hochons.

Nasitort, cresson.

Nat, brassée : *Nadadou*, baignoire, lieu propre pour la nage.

Naüc, auge ; *naüquet*, petite auge.

Naüt, haut : *naütou*, hauteur.

Nazic, narine.

NE

Neu, neige : *neuassados*, *nebassados*, des boules de neige.

Nebout, neveu : *neboudo*, nièce.

Nega, nier, dénier, noyer: *negofol*, petit bateau de pêcheur.

Negre, noir : *negrou*, noirceur.

Nenet, nain, nabot, nabotin.

Nerbi, nerf.

Nessi, idiot, niais, nigaud.

NH

Nharro, trogne, grouin.

NI

Niboul, nuée, nuage.
Nichoulo, pecore, grosse bête.
Nilha, hennir.
Nina, *fa la nino son*, dormir au langage des nourrices qui bercent leurs petits poupons : se dit aussi d'une toupie.
Nino son, sommeil.
Nintan, *nincan*, en nulle façon, ni près, ni loin.
Nizal, *niü*, nid d'oiseau.

NO

Nobi, jeune marié : *nobio*, *noubieto*, épousée, jeune mariée.
Noro, bru, belle-fille.
Noubelari, *noou*, neuf, apprenti, niais.
Nouël, un noël, ou hymne à l'honneur de la Nativité du Sauveur.
Nouerci, du noir à noircir.
Nouirigat, nourrisson.
Nougaillou, cerneau; *fa de nougaillous*, écerner des noix.
Noul', ne le.
Noun', n'en.
Nourré, rien : *dins nourré*, dans un rien, dans un moment.
Nousel, nœud : *nouselut*, noueux.
Nouzela, nouer.
Nouze, noix.

O

O, ouy, ou bien, or est-il.

OB

Obé, *obe o*, *oleno*, *opla*, oui, oui-da, oui bien.
Obro, œuvre, bord de quoi que ce soit.

OL

Oli, huile.

OP

Ops, *prene sous ops*; prendre ses ébats.
Per ops, tout de bon; pour la dernière main, pour n'y plus revenir.

OR

Orb, aveugle.
Ordo, tocsin.
Orre, sale, vilain; ord.
Orromen, mal, vilainement, horriblement.
Ort, jardin : *ourtet*, jardinet.
Osco, osche ou coche. *Passa l'osco*, aller trop avant, s'émanciper, plus que de

raison, prendre trop de hardiesse.
L'osso, les os, la carcasse, etc.
Osses de pressée, etc. noyaux de pêche.

OU

Ouéy, aujourd'hui.
Oulo, pot : *oulhé*, potier.
Oum, *ourm*, orme, ormeau.
Oun, *ount*, où, en quel lieu. *Ount as tas egos, cor de may*, le jeu de la toile.
Oundado, flot, vague.
Oundencomen, à guise des flots.
Oundra, orner, parer.
Oungan, *ounganassos*, cette année.
Ourela, orler ; *ourel*, orlet.
Ourginos, orgues.
Ourreza, salir, machurer : *ourresié*, ordure, crasse.
Ourso, ourse, housse à cheval.
Les oussets, les grillons, cordelettes dont on serre les doigts des criminels.
Oustal, maison.
Ouyre, outre à huile.

PA

PA, pain.
Pabillou, pavillon, dais, poêle.
Pachachac, le coup qu'on prend, faisant une lourde chûte.
Padeno, poêle à frire : *padenat*, frit, fricassé.
Pagelo, le moule, la mesure de quoi on mesure le bois à brûler. On le prend encore pour la taille d'une personne. *Es de ma pagelo*, il est de ma taille.
Pagela, mesurer le bois.
Pagés, paysan, villagois. *Pageso*, villageoise. *Fa la pageso*, faire le pot à deux anses ; mettre les mains sur les rognons, se quarrer : c'est un terme de nourrice.
Se payra, se passer, se priver de quelque chose.
Payssiéro, écluse, digue, chaussée de moulin.
Paleficat, impotent, perclus.
Fa le palalam, faire montre et parade de

quelque chose. C'est proprement une réjouissance d'enfans ou bergers, qui s'en vont le long des rues chargés de rameaux ou feuillages.

Palanco, planche à passer un ruisseau.

Palabira, remuer avec une pêle : *n'y a à palabira*, il y en a si grande quantité, qu'on ne sait qu'en faire.

Palhas, les ordures ou balayeures d'une maison.

Palho, ne lebo la palho, il excelle en cela, il l'entend en perfection.

Palot, gros lourdaut, coëlle ou panier d'une fronde.

Palpa, manier doucement et à tâtons : *nou si palpo boussi*, il ne se feint nullement.

Palpuga, palpugueja, tâtonner.

Se palussa, frimper ou remuer les épaules comme les gueux, faire un tour d'hôpital.

Pampaligosso, le pays imaginaire de Cocagne.

Pamparrugo, perruque, chevelure.

Pampoulho, noyau, griotte.

Pana, dérober : *panouteja*, griveler, escroquer : *panatori*, larcin.

Pancoussié, boulanger.

Panja, caillette de porc.

Panséyo, pensée, petite fleur.

Panseto, ventre de mouton, ventru, pansart.

Pantayssa, panteler, haleter, prendre haleine, respirer avec peine.

Pantoufla, griper.

Papach, gorge, gosier.

Paparraïgno, fantôme dont on fait peur aux petits enfans.

Papet, bouillie : *papa*, manger, au langage d'enfans.

Para, parer, tendre, avancer : *para la ma*, tendre la main : *para la bolo*, arrêter la boule. *Ea bélo parado*, être en visée. *Sensé dire ni paro ni garo*, à la volée, sans dire qui l'a perdu ni qui l'a gagné.

Paradosses,

Paradosses, faux paradis, paradis imaginaire.
Paraülassos, paroles inutiles et ennuyeuses.
Parlufeja, essourder de discours frivoles, dégoiser, gringoter, chucheter.
Paredou, siège de brique ou de terre devant une maison.
Un parél, un couple, une paire.
Pariou, pareil.
Parrabist, parrabast, expression du bruit que fait quelque chose en tombant.
Parrabastado, une grande quantité, une batelée.
Part, outre, sans.
Pasimen, les carreaux d'un plancher. *Pasimenta*, carreler.
Passadou, flèche.
Se passeja, se promener.
Passiü-coutélo, comment, vertudienne, juron.
Passogen, coupe tête, jeu d'enfans.
Passolis, auge de moulin, coulis d'eau.
Passotens, passetemps, un bouquet de pois-chiches.
Pastis, pâté, un lourdaut; *pastissou*, petit pâté.
Pastissa, pastisseja, charcuter, charpenter, patouiller, gâter.
Pasto, pâte à pêtrir. *Bouno pasto de goujat*, un bon garçon.
Pastouro, pastourelo, pastoureléto, bergère, bergeronnette.
Pataes, coups.
Pataqueja, débattre, palpiter.
Pataflesc, le bruit d'un coup qu'on reçoit, et se prend pour le coup même : *pachachac*, pour une chûte.
Patarocos, petites nipes et guenilles d'enfant.
Paterlos, les fesses.
Patét, finet, un homme madré et alléchant.
Páti, cour, basse-cour.
Patole, taloche, des coups de fouet.
Paüre, pauvre, chétif.
Paüriéro, paüretat, pauvreté.
Paüromen, pauvrement, malheureusement, misérablement, mal, peu.
Paüsa, poser, quitter;

33

asseoir quelque chose : *se païsa*, chommer, se reposer.

Païso, pose ; *lelo paüso*, longuement ; *belos paüsos*, il y a bien long-temps.

Païto, patte, main. *Tomba de païtos*, *s'apaüta*, chéoir sur ses mains, à bouchons.

Païtrado, la lie du vin.

Payral, paternel.

Payrol, *payroulet*, chauderon.

Payrolo, chaudière ; *payroulié*, chaudronnier.

Paysse, paître, apâter un enfant à manger.

Payssel, échalas.

Payssière de mouli, digue de moulin.

PE

Pé, pied ; *penet*, petit pied.

Pebrino, poivrette.

Pebre, poivre, épice.

Pebra, poivrer, surachcter.

Pebrado, civé.

Le pecat, le péché ; et se prend pour le diable.

Pec, sot, niais.

Peca, manquer ; *peco*, manquement, faute.

Pecoul, pied d'un tréteau, ou banc, quenouille d'un lit.

Pech, pui, colline.

Péfou, *pefou*, drôle, bon compagnon ; *pefounario*, galanterie, raillerie, gausserie : *pefouna*, *pefouneja*, se donner du bon temps, gausser.

Pega, c'est une mesure de vin plus grande d'environ deux tiers que la quarte de Paris.

Pego, de la poix : *Tiro la pegueto*, un savetier.

Pegoumas, c'est proprement un emplâtre de poix, et se prend pour toute sorte de torchon ou drap sale et noir comme de la poix.

Pel, par le.

Pél, poil. *Aco éro un home d'an tout le pél*, c'était un homme accompli ; *tout pél*, vélu.

Pel, peau, écorce d'arbre.

Pelagousto, pelure ; *pelaillo*, qui n'a que la peau et les os.

Fa la pelléro, *la tantaro*, vivre en fainéant et batteur de pavé ; ébaudir.

Pelferit, engourdi de froid.

Pel capdenou, par la tête-non.

Pelho, haillon, petit morceau de linge effilé.

Peillot, peilloutet, lambeau, haillon.

Pelouquet, un paüre pelouquet, pauvre, chetif, de vile et basse condition.

Peltira, tirer par les cheveux, tirailler.

Peltiromens, tiraillemens.

Pelufous, duvet, poil folet.

Penche, peigne, seran : *penchena*, peigner, serancer.

Penja, pendre.

Penjourla, pendiller.

Penouteja, remuer les pieds.

Pensatiü, pensif, mélancolique.

Pépi, sot, égaré : *pépiaige*, rêverie.

Pepideja, avoir la pépie, être longuement ou souvent malade.

Pé-ranquet, parranquet, cloche-pied : *pé-ré*, révérence.

Per, pour, par : *per asso*, pour ceci, à cause de quoi : *per atal, per aco*, pour ce.

Perbezi, pourvoir, *perbezit*, pourvu.

Pourta perel, porter guignon.

Perel, mal de tetins.

Pereanto, pour ce qui est.

Perdigal, perdreau.

Perengo, biset.

Pericle, la foudre qui tombe avec grêle : *Periclado*, orage. *Dessarro pericles*, lancefoudre, foudroyant.

Peri, gâter, dévisager.

Permo, peramo, pour, à cause, pour l'amour.

Permo que, d'autant que.

Permofés, par ma foi, sur ma foi.

Per monts é colles, par monts et par vaux.

Perno, couvre-chef, lange d'enfançon.

Perneto, artisane ou villageoise affublée d'un couvre-chef, bavolet.

Perniobatre, se débattre des pieds, mourir.

Per ops, pour la dernière fois, une fois pour toutes, pour un bon coup.

Perpaüs, propos.

33.

Perque, pourquoi, puisque : *le perque*, le sujet et l'occasion.

Pérrec, haillon, lambeau.

Perrou, drôle, galant.

Per tal astre, d'avanture, de hazard.

Pertouca, toucher, concerner.

Pescajou, bignet.

Pezoul, pou : *fa pezouillot, pezouilhet*, contester opiniâtrement.

Pesquié, vivier.

Pessomen, souci.

Pessuga, pinser : *pessuc*, pinsade.

Petas, pièces de drap, haillon.

Petassou, ravaudeur, bobulineur, fripier.

Petselsis, c'est un bourg en Albigeois, assis sur le haut d'une colline. *Trametre à Petselsis*, renvoyer bien loin.

Pét-Dabit, c'est un côteau le long de la Garonne, tout contre le faubourg Saint-Michel de Toulouse.

Petego, noise, bruit, debat, grabuge.

Petoffios, sornettes, entretiens inutiles.

Petouffieja, conter des sornettes.

Peulho, lien de cheveux : *peulha*, lier des cheveux.

Péy, à péy, après, ensuite.

Péyssoun, puis après.

Peys, poisson ; *peyssounhé*, chasse-marée.

Péyre, fa de bel péyre, faire le vagabond, faire le roger-bontemps.

Peyrié, basse-cour.

Péyro, pierre, caillou ; *péyro batre*, fracasser, foudroyer. *Fa à la péyro magado*, jouer au cachemiton.

PI

Piboul, peuplier.

Pic, un pic, un coup d'épée : *pics é pataes*, des coups donnés et reçus. *Acos le pic*, c'est-là le point. *Be n'auré pic ô pelado*, j'en tirerai quelque lipée, j'emporterai cuisse ou aile, j'en tirerai parti.

Pica, hâcher, couper du bois : *picayre*, bûcheron.

Picassa, bequeter.

Picagneja, battre dou-

PI

cement et sans malice.

Picagné, enfant qui se plait à battre ses compagnons.

Un *pico-croustos*, un braquemard rouillé, qui n'est bon qu'à chapler le pain.

Pichèrro, picher.

Pichou, *pichot*, petit, petiot.

Picoto, petite vérole.

Picoutat, *picoutous*, gâté de la petite vérole.

Piéja, étayer, étançonner : *piéjo*, étaye, étançon.

Piétat, pitié, compassion : *piétadous*, pitoyable, porté à compassion.

Pifre, fifre. Un gros *pifre* ou *pifaüt*, un gros pendard.

Pigasso, coignée, hâche ; *pigassou*, hâchette, toupie.

Pilot, monceau, tas, pile : *piloutet*, un petit monceau : en *pilo*, en foule, ensemble : à *pilos*, à foison.

Pinca, parer, embellir, ajuster.

Pinsou, pinson, oiseau, larron.

Pinta, peindre.

Pipot, petit tonneau. Quatre *pipots*, pet en gueule, jeu d'enfans.

Piqueto, serpe.

P. scouaillo, marmaille.

Pistoulado, revenue au jeu des quilles.

A *bèl pissol*, à gros tendons.

Pitraco, vieille garce.

Piüla, pioler comme les petits poulets. Las *aureillos me piülon*, les oreilles me cornent.

Pyuse, *piouse*, puce.

PL

Pla, bien.

Plaigne, plaindre ; *plangut*, regreté.

Platissal, un coup de plat d'épée.

Platou, petit emplâtre.

Plega, plier, ployer bagage ; se retirer.

Plegadis, pliant, pliable, souple.

Plouro-micos del castèl, pleurard, pleureur.

Plumaillet, volant à jouer.

PO

Poylo, fessier.

Popu, peur.

Popoou, fantôme à faire

33...

peur aux petits enfans.
Porc-espic, hérisson.
Poste, ais.
Pot, levre, pot de verre : *poutet*, petit pot, petite levre, un baiser pris sur la levre.
Poudé, pouvoir.
Poudo, serpe : *pouda*, ébourgeonner, effeuiller la vigne.
Poueso, putain.
Poul, coq : *pouliquét*, poulet.
Poulbero, poussière : *poulberoux*, poudreux.
Poulit, gentil, joli, mignon ; *poulidomen*, *poulidetomen*, bellement, doucement.
Poulidou, polissoir, beauté.
Pouls, le molet de la main, souffle. *Les poulses*, les tempes.
Poulsa, respirer, prendre haleine, souffler.
Poun, pount, point, nullement.
Poupo, poupeto, tettin, mammelle : *poupel, poupelet*, le bout du tetin : *poupa*, tetter, sucer, suçoter.
Pourcino, tonnine.
Pourquet, chair fraiche de porc.
Pourquié, porcher.
Pourcatié, écorcheur ou vendeur de pourceaux.
Poustam, des ais.
Poustémo, pus, boue ou vilainie qui coule d'une apostume.
Poustemeja, jeter le pus.
Poutarro, lipe, grosse levre.
Poutestat, puissance.
Poutouneja, baisoter.
Poutouno, poutouneto, mignonne.
Pouts roudié, puits à roue.

PR

Pradié, de pré.
Pregodiü-bernado, sauterelle, bigotte.
Prens, femme grosse, enceinte.
Prenso, graisse, gage.
Prep, près.
Presséc, pêche, fruit.
Presseguié, pêcher, arbre.
Presti, pêtrir : *prestidouro*, farinière, blutoir.
Prigoun, profond.
Prim, tenué, mince, menu, délié.
Primomen, finement ;

écharsement, chichement.

Primo-fi, qui file menu, une coquette ou rencherie.

Primou, chicheté, avarice, taquinerie : *primouti*, avare, qui regarde de près, exact, taquin, tenant : *primouteja*, éplucher exactement, regarder de près, chicoter.

Primoutado, *fila à primoutados*, filer inégalement.

Primo, printemps.

Primaye, hâtif, de hâtiveau.

Prou, assez, profit.

Proubatjo, provin : *proubatjina*, proviguer.

Pruzi, démanger : *pruziéro*, démangeaison.

PU

Pu, plus : *amay pu* : et qui plus est. C'est le (*pure*) des Italiens. Les Français n'ont point de mot qui y réponde parfaitement.

Pugnat, poignée.

Pugni, poindre : *punhiduro*, piqueure.

Puléu, plutôt, auparavant.

Pun, un point.

Puntié, adroit à tirer une arquebuse, qui donne toujours dans le but.

Puo, pointe.

Putarrou, petite putain.

QUA

Quado, *cado*, chaque : *quad'un*, chacun.

Quant, quantis, quantos, combien : *tout quant qu'abio*, tout ce qu'il avait au monde. *A l'houro quanto que*, etc., à toutes les heures que, etc.

Per canto, pour le regard, pour ce qui est.

Quatre pipots, pet en gueule, jeu d'enfans.

QUE

Que, que, qui, quoi, car.

Quec, begue : *quequeja*, bégayer.

Quer, cuir.

Quero, artison, ver qui ronge le bois : *querat, queroux*, vermoulu.

Quéysso, cuisse : *caus ourazic de la queysso*, aîne.

QUI

Quicom, quelque chose, *quicoumet*, quelque chosette.

Quin, quum? quel, lequel? *Quinomen*, comment, en quelle façon : *quin que se sio*, lequel que ce soit, le premier venu.

Quiér, cœur. Le vulgaire se sert de ce terme, lorsqu'il veut écorcher le français, le vrai mot du pays étant *Cor*.

Quilhat, planté comme une quille, droit.

Quinaüt, coquin, ébausy, chétif, misérable.

Quinzebin, se dit pour aveugle.

Quioul, cul.

Quioul frega, se remuer sans cesse avec l'incommodité des autres.

Quirda, voyez *crida*.

Quiscabel, sonnette, grillot.

Quitti, quitte : *la pus quitto*, la plus chétive : *le quitti grouilhé*, jusques aux savetiers ; *sion quitis*, ne nous demandons rien l'un l'autre, je n'ai que faire de vous, de lui, etc.

QUO

Quo, coüo, queue.

QUU

Qu'un, quun, qui, quel, lequel.

RA

RABASTINA, mettre la viande sur le gril ou à la poêle pour la réchauffer.

Rabent, roide, rapide, vite, c'est le propre d'un torrent ou chose semblable.

Rabeja, guéer un cheval.

Racailho, marmaille.

Rach, radeau.

Racodignérous, raquedenare, pincemaille.

Rafatailho, de la ferraille.

Rafit, ridé, vieil, moisi.

Rafité, revire-marion, horion, soufflet.

Ray, aco ray, c'est tout un, ce n'est rien, n'importe, hé bien, qu'est-ce? voila bien de quoi.

Raja, découler, dégoutter, distiller, couler goutte à goutte, luire, rayonner. *A bel rajol*, à gros bouillons.

Rajado, rayc, poisson, dégout, un filet

de vinaigre, d'huile, etc.

Rajo, à la rajo dél soulel, aux rayons du soleil : *l'esclayre que rajo*, la clarté qui nous luit.

Rajat, rejat, grille, grillat de fer.

Ralh, babil, devis.

Ramadeto, ramée, feuillée, jonchée.

Rambulha, embrouiller. *Rambulhat*, embrouillé, mêlé confusément; se dit du fil, des cheveux, etc.

Ramassado de pléjo, borrée, guilée.

Rameja, bécher une vigne, lui donner la première façon.

Ramié, isle dans la rivière.

Rampéu, jeu de longue boule.

Rampo, crampe, goutte.

Rampoyno, quelque réliqua de fièvre.

Ranh, ranq, boiteux.

Ranqueja, boiter, clocher.

Se rancura, se plaindre de quelqu'un.

Randouleja, roder, tourner à l'entour.

Randuro, haie : *randura*, environner, entourer de haie.

Ranguil, se prend pour la difficulté qu'on a de respirer quand le rheume descend sur le gosier, et pour les abois de la mort.

Ranqueja, voyez *ranc*.

Rascle, râle, oiseau.

Rascla, râcler, ratisser : *rasclamayt, rasclet*, ratissoire : *rasclo chiminéyos*, ramonneur de cheminée.

Ras-caüd, cendre vive.

Raspal, chenevote.

Rastoul, éteule, chaume, foarre.

Rasum-potum, un plein verre.

Rato-peno, chauve-sourri, rate penade.

Rastel, rateau, herce, grille, porte-coulisse.

Rat-grüle, rat-bufou, liron, loir.

Ratelo, rate.

Raüc, raüquilhous, enroué, rauque, casse.

Raüquilheja, parler casse.

Raümas, rheume, défluxion.

Raümasilhos, reliefs, restes de viande.

Raüjo, rage : *raüja*,

enrager, folâtrer :
raiijous, enragé.

Raünha, voyez *rena*.

Raüso, lie, tartre, gravele.

Ray, aco ray, c'est tout un, c'est peu de chose, ce n'est pas grand cas.

Razic, racine : *rasic de la quéysso*, aine.

RE

Ré, rés, rien : *nou'n podi estre en ré*, je n'en puis chevir, je n'en puis être le maître.

Rebelencial, courtois, grand faiseur de révérences.

Rebeillé, crieur des trépassés, clochetteur.

Rebendeyro, fruitière.

Rebenjo, revanche.

Rebens, hotons.

Rebés, un revers, le rebours, l'envers.

Rebensina, *rebetchina*, relever la moustache, retrousser, récoquiller.

Rebiscoula, ressusciter, revivre.

Reboufa, voyez *refoufa*.

Reboundre, ensevelir, enterrer, enfoncer : *reboundut*, enterré :

rebousteri, sépulture, terme de paysan.

Rebrec, un reste, un haillon.

Rebrega, chifoner.

Rebregat, chifoné, haillonné, soupi.

Recatta, récéler, loger, marier.

Recauado, pourvue, mariée : *recattadou*, récéleur.

Recroustilhous, relief de viande, fressure.

Recrobit, recouvrement, récréance.

Redorte, riorte, tortis, tortillon, hard.

Redoula, rouler : *à redoulets*, en roulant.

Redougna, rogner. *Redougnaduros*, rogneures.

Refacha, rehabiller.

Refresca, rincer.

Refrescaduros, lavailles.

Refité, voyez *rafité*.

Refoufa, se dit d'un vaisseau si plein qu'il regorge.

Regach, *regachou*, goujat.

Regacha, se dit des poules qui changent de plume.

Regagna las dents, rechigner.

Reganhat, bagard.
Regagnadomen, en rechignant, en furie.
Regala, vomir.
Regard, on s'en sert pour égard.
Regassa les els, érailler les yeux.
Regita, réjaillir contre : *de regitado*, en passant de bricole.
Rego, ligne, sillon : *rega*, rayer, tirer une ligne.
Se reguilha, se regaillardir. *Reguilhat*.
Reguerguilhat, joyeux, embonpoint.
Reguinna, regimber.
Se regussa, se retrousser.
Regussat, troussé.
Relambi, relâche, allegement.
Relays, mauvais accent, accent long.
Relaxa, relaxer, abandonner.
Relopi, rebours, vicieux, dur d'éperon.
Relotge, horloge, quadran.
Rem, aviron.
Remenda, provigner un plantier.
Remira, regarder souvent et avec admiration, manger des yeux.

Remoulina, tournoyer, pirouetter ; c'est lorsque l'eau s'entrepoussant pour entrer dans le rouet d'un moulin, fait un cercle en rond ; et de-là on appelle *remoulis* ou *remoulinets* les cercles que l'eau fait par-tout ailleurs, tournant en rond, au lieu de faire son cours ordinaire.
Remounta, remonter, enrichir : *remountat*, enrichi, accommodé.
Remous, précieux, réservé, retiré, rencheri : *teni remous*, tenir en crainte, tenir dans le devoir.
Remulhé, être moite.
Rena, glapir, gronder, clabauder.
Renous, hargneux.
Rendo, rente : *biûre de sas rendos*, être aisé, vivre de son revenu, n'emprunter rien de personne.
Repapi, radoteur.
Repapia, rêver, radoter.
Repica, tinter, sonner la messe ou le sermon pour la dernière fois.
Repoumpi, résonner, rétentir : c'est pro-

prement le bruit que fait une pierre : *de repoumpido*, de bricole.

Repoulis, voyez *rafilé*.

Repoutis, *respoutis*, mentir deux fois ou doublement.

Requinca, enjoliver, parer : se dit proprement d'une vieille femme qui fait la jolie. *Se requinca*, reprendre ses beaux habits.

Resta, rester : *non resto pas*, il ne laisse pas de faire telle chose : *douna restos*, surpasser, vaincre, damer, métaphore prise de jeu de paume.

Ressega, scier : *rességo*, scie : *tira la rességo*, renifler.

Ret, reseuil.

Retrouni, rétentir du tonnerre.

Réyr'aüjol, bisaïeul.

Reyrebi, beuvande.

Reyre-boutigo, magasin.

RI

Rialga, aloès.

Ribblou, blocaille.

Ribiéro, rivière.

Riboun ribéyno, bon gré malgré.

De riflo ô de raflo, de quoi que ce soit.

Rigot, tresse, chevelure.

Rigoulistis, ripaille, un bon repas ou carrelure de ventre.

Risoulhé, rieur.

Rispo, pelle de fer, pelle à feu.

Riü, ruisseau.

RO

Ros, rosée : *rousa*, rouir, tremper.

Roudié, charron.

Roufla, roufler, sangloter.

Rougagna, ronger.

Rougagnou, vieleur, ou joueur de quelque chétif violon.

Rougnounal, les roignons.

Rouilhous, enrouillé.

Rouméc, ronce, épine.

Roumiü, pélerin : *roumioüatge*, pélérinage.

Rouna, clabauder, gronder.

Rounca, ronfler.

Roundina, murmurer, gromeler.

Se rounga, se défier, se douter, soupçonner.

Rounça, jeter, lancer.

Rous, blond.

Rousent, ardent.

Rousséga,

Rousséga, traîner par terre.
Rouzéga, ronger.
Royre, *n'oun pot pas royré*, il n'en peut manger ou avaler un morceau.

RU

Ruco, chenille.
Rufa, rechigner, fronder: *rufat*, ridé: *rufadis*, rechignement, froncement.
Rul, crasse du visage, rouillure.
Ruma, rôtir, brouir, cuire excessivement.
Rupa, rider, heruper.
Rusca, buer: *ruscado*, buée.
Rusquié, cuvier de lessive, mortier à buée,

SA

S', se prend pour *les* après une voyelle: *tumos'autres*, cosse les autres.
Sabatou, soulié: *a troubat sabatou de soun pé*, il a trouvé son pareil, ce qu'il lui fallait.
Sabé, savoir: *me sab mal*, il me fâche, il me déplait de voir, etc.
Sabou, savon, saveur, appétit.

Sacoman, voleur, brigand, bandoulier, coupe-jarret.
Sacopaütras, une personne maussade, sale et mal-propre.
Sadoul, saoul, rempli de viande.
Sagan, peine, toute chose qui donne de la peine ou du souci.
Sagaigna, charcuter, se peiner à couper quelque chose avec un ferrement malpropre.
Sagel, sceau, *sagéla*, sceller.
Sahuc, *sahuquié*, sureau.
Salbe, *n'a pas salbe*, tu n'as plus affaire d'aller ou de dire, etc. Il n'est plus temps, cela est superflu.
Salbitome, revient à ce terme du jeu de paume pour néant, ou bien à celui-ci du jeu de rafle, je romps ce coup.
Salmité, l'aulu, le change, le rendez-vous du jeu de cligne-musette.
Salprés, chair de porc salée.
Salsa, sausser, tremper.

SA

Sampa, sans doute.
Sana, châtrer : sanayre, châtreur.
Sanna, saigner : sannadou, écorcherie : sannadis, saignée.
Sancér, entier.
Sanglot, hoquet.
Sansoyno, vièle : sansounayre, vieleur.
Santo nicouté, sainte-n'y-touche.
Sante, pour saint. *Tout le sante baten del jour*, tout le long du jour.
Touto la santo de la neyt, tout le long de la nuit.
Sarci, rentrer, sarcir : sarceyre, sarcisseur, rentreur d'habits : sarcidure, rentreure.
Sarrabéc, sorte de rets à pêcher.
Sarrou, gibecière.
Sartre, tailleur d'habits, couturier, bobelineur.
Saümié, tref, poutre.
Saümo, ânesse : saümirou, saümirot : ânon : saümatié, ânier.
Sautoguiralido, espèce de sauterau.
Sayla, retrousser au four, couvrir.

SC

Scariot, inhumain, barbare.
Scalfura, cherchez escalfura.
Scousentou, cherchez escoyre.

SE

Sé, si, le sein.
Séc, sec, crac-diable, exclamation.
Secouti, secouer, ébranler.
Secoutre, jeter, lancer, élancer, jeter par terre, plaquer, appliquer des coups.
Sédas, sas, tamis.
Sedou, lacqs.
Sega, scier : *sego'm bountils*, couteau de sage-femme.
Semal, bouiller, tinette, cuveau.
Semena, semer : *bira del semenat*, tuer.
Sen, sens ; *de boun sen*, tout de bon, ah, certes ! sans feinte, à bon escient.
Sencio, science.
Senet, petit sein, conseil de femmes.
Senil, serin, oiseau.
Sentido, *abé sentido de quicom*, avoir le vent de quelque chose.

SE SI

Sepadel, lacqs.
Serba, garder, ne se gâter point.
Serbicial, garde, aide à malade.
Serbitur, pour serviteur, par raillerie.
Sereno, syrène, serein.
Sernaillo, lésardeau.
Serne, sasser, passer par le tamis, tamiser.
Serp, couleuvre, serpent.
Sers, vent d'Occident contraire à l'Autan.
Ses, sense, sans.
Setino, appuye-pot.
Séuda, souder.
Séudado, gages d'un valet, salaire.

SI

Si, mauvaise qualité : *cadun a soun si*, chacun a son défaut, son vice.
Siaü, paisible, doucement, sans bruit : *esta siaü*, se taire, demeurer : *tout siaü, tout siaüet*, tout bellement.
Sibado, avoine.
Si cap, de soun si cap, de sa tête.
Sieto, assiette.
Sil, silho, cil, sourcil.
Sisela, criailler, crier avec éclat ; *siselaulis*, criaillerie, coquetterie.
Siselet, loquet, cliquette, cri.
Siü, sien.

SO

So, ço, ce.
Sobros, restes, reliefs, excès.
Soubra, rester, regorger.
Soubrat, aisé, riche.
Sogre, beau-père : *sogro*, belle-mère.
Sol, sol, aire, terre : *alounga pel sol*, étendre sur la terre : *soulado*, étendue de la gerbe dans une aire.
Sobre, tremper, mouiller : *soubut*, trempé.
Solo, sole, poisson, semèle de soulié ou de bas.
Son, sommeil.
S'or, sœur : *sourretos*, sœurs, jumeles : *sourrastro*, demi-sœur.
Soubarbado, coup sous le menton.
Souc, bûche, grosse pièce de bois.
Souquo, souqueto, sep de vigne : *souquet*, billot, poteau.
Soucianço, souci.
Soufle, souple, agile, dispos.

34.

Soufrayto, manque: *me fa pla soufrayto*, je le trouve bien à dire. *Nou n'passaras pas soufrayto*, tu n'en auras pas manque, tu n'en chommeras point.

Soula, carreler, semeler.

Souleto, seule, semèle.

Soulfina, flairer comme un chien.

Soulomengos, seulement.

Soun, ils sont, elles sont, je suis.

Sounque, *souiiquos*, si ce n'est, sinon que, n'était que.

Soupetos, la soupe de ricochets. *Manja soupos sul cap*, être plus haut de toute la tête.

Soura, bailler, desserrer des coups.

Souspiral, éventoir, ventouse de muid.

Soustre, litière de chevaux, étrein.

Souyssida, solliciter, presser, exciter.

Stroupa, cherchez *estroupa*.

SU

Subée, espèce d'apoplexie.

Subrecel, ciel du lit.

Subropés, comble, bonne mesure, charbonnée, surcroît.

Subrunda, regorger, nager par-dessus.

Subros, fardeau, poids, charge.

Su'l, sur le.

Sup, louche, qui a la vue courte.

Supel, une bute, un lieu un peu élevé.

Supela, choper, broncher.

Supelado, bronchement.

Surjo, laine crue, non apprêtée.

Sus, sur: *su's*, sur les. *Sus aco*, là-dessus, sur ces entrefaites.

Susou, sueur.

TA

TATATA, son du marteau quand on frappe à la porte rudement.

Tabar, taon, mouchard, frélon.

Tabaza, noircir, salir, mâchurer, barbouiller. *Tabazat*, taché, sali, flétri.

Tabé, *tabés*, aussi.

Tarbi, terme de bouvier, dont ils se servent pour faire marcher les bœufs.

TA

Tabicalhol, se prend pour un bœuf.
Tacheto, fiche.
Tafurel, cherchez *afizoulat*.
Tahut, bière, cercueil.
Tays, taisson, blereau.
Tal, tel, tranchant d'épée. *A bel tal*, sans choix.
Talen, faim, appetit.
Tail, voyez *tal*.
Tailhado, taillis.
Tailhadou, volet.
Taillans, ciseaux, forces.
Talibournas, nigaut, étourdi.
Talos, *és pla talos*, c'est dommage, c'est grande perte.
Talos, trousseau de clefs, un sot.
Talus, oiseau approchant à la chauve-souris. *Fa toucal'talus*, faire perdre temps, se gausser de quelqu'un, le repaître de fausses espérances.
Talpun, dès aussi-tôt que.
Tanc de nouze, brou, écaille de noix.
Tanca, fermer, boucher, enfermer. *Tancadou*, bouchon.

TA 401

Fa la tantaro, cherchez *pellero*.
Tap, tertre.
Tapaïe, non-plus, aussi.
Taperos, capres.
Taquan, traître : *tacan de pas*, coupe-jarret.
Tapo, c'est assez, il n'en faut pas attendre davantage.
Tardibal, légume qui vient en l'arrière-saison.
Tararaigno, araignée.
Targo, minois, démarche.
Se targa, se quarrer.
Taro, tache, vice, défaut.
Tarrabusteja, tabuster, faire du bruit en cherchant quelque chose.
Tarraigna, harceler. *Se tarranha*, s'entr'harceler.
Tarraillou, pionier, gastadour, piocheur.
Tarraügoulado, batelée, traînée de quelque chose.
Tarrida, quereller, agacer, harceler.
Tartugo, tortue.
Tasto-bi, gourmet.
Tasuqueja, tâtonner, manier.
Tatarot, fossette, fossé

34..

Tatinas, badin, badaut, sot, niais.
Taülié, établier, étail.

TE

Té, tien. *Un grand tété*, voyez *cancan*.

Teco, tache. *Teca*, salir, tacher. *Teco*, gousse, écosse.

Tefle, un gros animal, un buffle.

Templego, jointure de la jambe.

Per tempouriü, au temps propre; au point qu'il faut.

Teneco, se prend quasi pour tout ce qui pendille, comme pour la roupie qui pend au bout du nez, pour une chandelle de glace, et pour une crête de coq-d'inde.

Fa tengan é tengan, ne bailler point sans tenir.

Tentat, se dit pour attentat.

Tenilho, moule, petite coquille.

Terro de l'aüle, c'est un juron; *un terré de l'aüle*, un fanfaron qui se sert de tel juron.

Tessou, cochon. *Tessouna*, cochonner.

Test del cap, tais, crâne. *Test d'oulo*, *testis*, pièces d'un vase de terre rompu.

Teugne, ténué, mince, menu, grêle, délié.

Téulo, *téoulo*, tuile: *téulado*, toit: *téulocanal*, tuile creuse.

Teysseyre, tisserand.

TI

Tifo, tafo, le bruit que font les machoires quand on les remue vite. *La gorjo me fa tifo tafo*, j'enrage, ou je suis gros de parler, de manger, etc.

Tiba, tendre, ajuster: *tibat*, tendu, ajusté.

Tilha, être tenant comme de la glu: *tillent*, gluant.

Le tin, le teint, le son.

Tinda, tinter, résonner. *Fa tinda*, faire sonner.

Tindal, sonnerie. *N'auren trés tindals*, nous en parlerons, nous en dirons trois mots ensemble.

Tindóus, tindouls, chantier.

Tino, cuve.

Tinéto, cornet d'écritoire.

Tintéyno, caprice, fantaisie, humeur, envie.

Le tintansoyo gorjolis, c'est comme qui dirait le fils de la poule blanche.

Tinto, encre à écrire.

Tinta, teindre.

Tiquetos, cliquettes, étiquettes.

Tira, tirer, déduire, ou défalquer. *Tiral'capél*, ôter son chapeau. *Fa tira*, faire sonner, déployer.

Tiradis, qu'on tire souvent.

Tirou, cercelle, canard.

Tiü, tien, qui est à toi.

TO

Toc, un toc, une espèce de folie. *Toc de campano*, son. *Toc é toc*, joignant.

Tocaze, ânier du moulin.

Tocossén, alarme, tocsin.

Tor, gel, gelée : *tourra*, geler : *tourrado*, gelée.

Tourrat, gelé.

Torse, tordre.

Tortipé, boiteux.

Tostos, voyez *chaücholos*.

Touailho, nape.

Touca, toucher, sonner. *Toucats-m'en un'autro*, parlons d'autre chose. *Tout toucant*, épais, fréquent, en grand nombre, en foule.

Toudos, un bout de balai.

Tougnas, toni, touninas, un badin, un nigaut.

Touillaüt, un gros garçon.

Toulsa, un double tournois.

Tombaduro, chûte.

Tondufèu, tondu ras, échevelé.

Toupi, toupino, toupinet, petit pot de terre, godet. *Toupinat*, plein un pot de lait, vin, eau, etc.

Tourna, revenir, retourner : se dit aussi des esprits qui rabattent.

Tournebudéls, combellete.

Tourra, voyez *tor*.

Tourroufle, pel' tourroufle, à l'abandon.

Se tourrilha, se chauffer.

Tourteja, clocher, boiter.

Tourtis, torchis, paroi

de fange et de bûches.
Tourtissa, bâtir de torchis, fagoter, mal accommoder.
Tourtissat, hourdé.
Tourtouriéro, cable de charrette.
Tousquira, tondre, raire, goderonner : *tousquirat*, tondu, propre, mignon, poupin.
Toustou, *toustounet*, mignon, fanfan, poupon ; *toustouno*, poupée, mignonne.
Toutjoun, é jamay, à jamais, éternellement, incessamment.
Touts, tous, la toux. *Toutis néu*, tous couverts de neige, ou pleins de neige.

TR

Traba, entraver.
Trabatél, soliveau.
Fa trabaulos, bailler le croc en jambe.
Traboul, dévidoir ; *traboulha*, dévider, réduire le fil en écheveau.
Trabuca, broncher, choper, trébucher.
Trabucado, chopement.
Trac, bruit, un coup de flèche.
Se tracha, s'aviser, prendre garde.
Traydourici, traître.
Traytomen, traîtreusement.
Tramettre, envoyer, mander, renvoyer.
A trampoulados, à pas comptés, comme un ivrogne ou un petit enfant qui ne peut marcher ou se soutenir.
Trandoula, balancer, *trandol*, balançoire.
Trap, *trapetet*, il se dit d'un homme de petite taille, quarré et ramassé.
Traquet, petit poignard.
Traüc, trou : *traüquet*, petit trou ; *traüca*, trouer, percer.
Traüquillat, tout percé, fendu, troué.
S'entraüla, s'enfuir, faire regile.
Traüpi, fouler aux pieds.
Traüpeyre, fouleur de vendange.
Trayre, tirer.
Treba, rabattre ; se dit proprement des esprits et fantômes qui rabattent en quelque lieu ; se prend aussi pour fréquenter, visiter souvent.
Trebira, tournebouler, pêlemêler, renverser sans dessus dessous.

Treboula, troubler : *treboulat*, troublé, affligé.

Treboulet, *treboulèri*, ardent, vif, éveillé.

Treboulacyu, tribulation, fâcherie.

Triginié, voiturier ; *tregi*, voiture, trac des chevaux.

Tregita, se remuer, se démener.

Tregitayre, folâtre, vif.

Trejo, truie, coche.

Tremoula, trembler, trembloter. *Tremoulis*, tremblement de terre.

Tremuda, transformer, convertir, métamorphoser. *Se tremuda*, se changer, devenir tout autre.

Trenél, tresse.

Trepa, danser, sauteler, trépigner.

Trepeja, danser, fouler en dansant.

Trepi, voyez *traüpi*.

Trespourrat, tranporté.

Trestat, soupente, appentis.

Trichot, fripon.

De triconiquos, homme de néant, chiche.

Tridoula, *tredoula*, trembler de froid.

Trigoussa, traîner.

Trigos, embarras.

Triga, tarder.

Trille, maigre, étrillé.

Trinc, train.

Trinca, trancher, couper, rompre, casser. *Trinco amellos*, voyez *amello*.

Trinfla, triompher ; *trinfle*, triomphe.

Trio, élite, triage.

Tripos, boudins. *Tripos*, *tripous*, petits boudins.

Troquo de claüs, trousse de clefs.

Tros, grosse pièce, lambeau. *Del tros métis*, tout égal, de la même pièce, de même façon.

Troumpo-bilén, hape-lourde.

Troumpil, sabot à jouer.

Trouneyre, tonnerre.

Truc, coup : *truca*, frapper : *paga truquet*, payer comptant.

Truco-taüliés, fainéant, vaurien, vagabond.

Se trufa, se mocquer, se rire, se gausser.

Trufos, des trufes, gausserie, risée.

Trufandié, mocqueur.

Trufo, *trufan*, sans faire semblant de rien.

Trum, obscur.

Trumaüt, un homme noir, dangereux, ou de mauvaise humeur.

Trumado, orage, tempête qui obscurcit le ciel.

TU

Tucoulet, tuquel, petit tertre, bute.

Tuségo, toux feinte.

Tufo, toufe, c'était une vieille coëffure de femme; couverture de poil.

Tuma, cosser, frapper de la corne.

Tupel ou *tuquel*, tertre, coupeau.

Turro, gazon.

Turras, mote de terre.

Tusta, heurter, frapper à la porte.

Tustassal, tustassado, heurt, choc.

A tustos é bustos, ab hoc et ab hac, en désordre, à l'étourdie.

Tust-tust, c'est le son qu'on fait en frappant doucement à une porte.

Tutét, guet, sentinelle. *Fa tutét*, regarder par un trou, être aux écoutes.

Tuto, petite caverne, repaire, gîte, tannière.

U

UCHAU, petite mesure ou petit huitième d'un pega, d'une livre.

U, égal, *ac'os tout u*, cela est égal.

Ufer, pour *ifer*, enfer.

Uferto, offrande.

Ufla, enfler : *uflat*, enflé, boursoufflé.

Ufa, voyez *nharro*.

Ugneyre, taneur, baudroyeur, corroyeur.

Ulhal, dent œillère.

Unta, oindre, frotter.

Uscla, brûler à demi.

Usclat, brûlé, hâlé, basané.

Ussen, absinthe.

Utisses, outils, instrumens.

Y

YBROUGNO, ivre : *s'ybrougna*, s'enivrer.

Yeu, yu, je, moi.

Yoou, œuf; *d'yoous al burre*, des œufs au miroir *à la braso*, à la coque : *bourrats*, au verjus; *cisillats*, pochés ou frits au beurre noir.

Yrago, ivraie.

Z

Zigo, zago, le bruit qu'un coup fait allant et venant.

Zist é zast, frist et frast.

Zoust, zest, il n'y a rien de pris.

FIN.

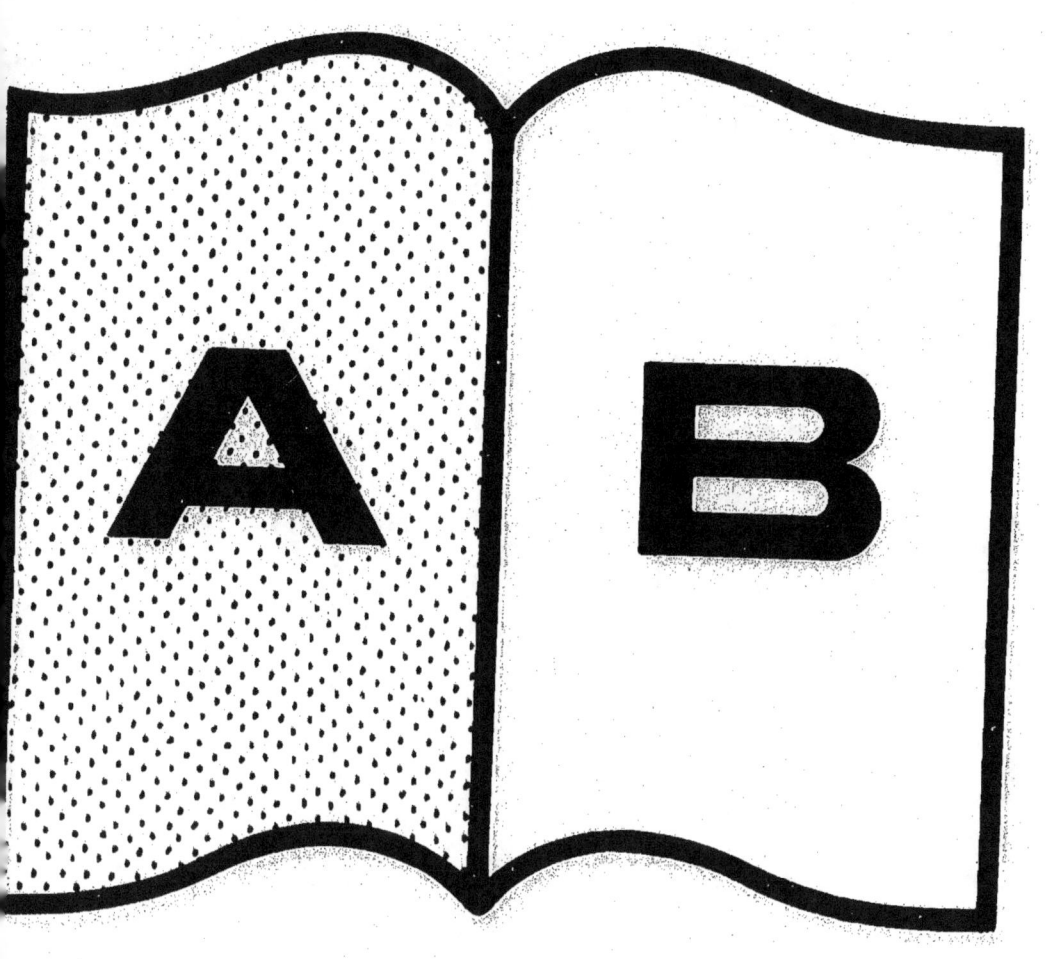

Contraste insuffisant

NF Z 43-120-14

www.ingramcontent.com/pod-product-compliance
Lightning Source LLC
Chambersburg PA
CBHW070821250426
43671CB00036B/729